AS TRANSFORMAÇÕES DO MITO ATRAVÉS DO TEMPO

JOSEPH CAMPBELL

AS TRANSFORMAÇÕES DO MITO ATRAVÉS DO TEMPO

Tradução
HELOYSA DE LIMA DANTAS

Editora
Cultrix
SÃO PAULO

Título do original: *Transformations of Myth Through Time.*
Thirteen Brilliant Final Lectures from the Renowned Master of Mythology

Copyright © 1990 by Mythology Limited.

1ª edição 1992.

2ª edição 2015.

3ª reimpressão 2021.

Publicado mediante acordo com a Harper & Row, Publishers, Inc..

Todos os direitos reservados. Nenhuma parte desta obra pode ser reproduzida ou usada de qualquer forma ou por qualquer meio, eletrônico ou mecânico, inclusive fotocópias, gravações ou sistema de armazenamento em banco de dados, sem permissão por escrito, exceto nos casos de trechos curtos citados em resenhas críticas ou artigos de revistas.

A Editora Cultrix não se responsabiliza por eventuais mudanças ocorridas nos endereços convencionais ou ele-trônicos citados neste livro.

Capa: *O cortejo de Dionisio.* Baixo-relevo, Museu Nacional de Nápoles.
Revisão: Vilma Barildi
Diagramação: Ponto Inicial Estúdio Gráfico

Dados Internacionais de Catalogação na Publicação (CIP)
(Câmara Brasileira do Livro, SP, Brasil)

Campbell, Joseph, 1904 - 1987
 As transformações do mito através do tempo / Joseph Campbell ; tradução Heloysa de Lima Dantas . - 2. ed. - São Paulo : Cultrix , 2015.

 Título original : Transformations of myth through time.
 Bibliografia.
 ISBN 978-85-316-1295-4

 1. Mitologia I . Título.

14-11846   CDD - 291.13

Índices para catálogo sistemático
1. Mitologia 291.13

Direitos de tradução para a língua portuguesa adquiridos com exclusividade pela
EDITORA PENSAMENTO-CULTRIX LTDA., que se reserva a
propriedade literária desta tradução.
Rua Dr. Mário Vicente, 368 - 04270-000 - São Paulo - SP
Fone: (11) 2066-9000
E-mail: atendimento@editoracultrix.com.br
http://www.editoracultrix.com.br
Foi feito o depósito legal.

Sumário

1 - No começo: origens do homem e do mito 7

2 - Lendas de onde os povos viviam: mitos dos índios americanos 30

3 - E lavamos nossas armas no mar:
    deuses e deusas do período neolítico 52

4 - Os governos faraônicos: Egito, o Êxodo e o mito de Osíris..................... 73

5 - A fonte sagrada: a filosofia perene do Oriente 92

6 - O caminho da iluminação: budismo 109

7 - Do Id ao Ego no Egito: yoga Kundalini - Parte 1 126

8 - Da psicologia à espiritualidade: yoga Kundalini - Parte 2 146

9 - A descida ao Paraíso: o Livro Tibetano dos Mortos 166

10 - Das trevas à luz: as religiões de mistérios da Grécia antiga 183

11 - Onde não havia caminho: as lendas arturianas
     e o feitio ocidental 204

12 - Um coração nobre: o amor cortês de Tristão e Isolda 223

13 - Em busca do Santo Graal: a lenda de Parsifal.. 239

No começo: origens do homem e do mito

O material do mito é o material da nossa vida, do nosso corpo, do nosso ambiente; e uma mitologia viva, vital, lida com tudo isso nos termos que se mostram mais adequados à natureza do conhecimento da época.

Uma mulher com seu filhinho é a imagem básica da mitologia. A primeira experiência de qualquer indivíduo é a do corpo da mãe. E o que Le Debleu denominou *participation mystique*, participação mística entre a mãe e o filho e entre o filho e a mãe, constitui a derradeira terra feliz. A Terra e todo o universo, como nossa mãe, transportam essa experiência para a esfera mais ampla da experiência adulta. Quando consegue experimentar, em relação ao universo, uma união tão completa e natural quanto a da criança com sua mãe, o indivíduo está em completa harmonia e sintonia com esse mesmo universo. Entrar em harmonia e sintonia com o universo, e permanecer nesse estado, é a principal função da mitologia. Quando as sociedades evoluem, distanciando-se de sua condição primeva inicial, o problema consiste em manter o indivíduo nessa *participation mystique* com a sociedade. Neste momento, olhando à sua volta, você percebe quão poucas são as nossas oportunidades, sobretudo quando se vive numa grande cidade.

Temos também o problema da mulher e do homem em relação à experiência mitológica. Apesar do que apregoa o movimento *unissex*, as diferenças são radicais do princípio ao fim. Isto não se aplica apenas a uma situação culturalmente condicionada, mas também aos animais, aos chimpanzés amigos de Jane Goodall, por exemplo. Um dos problemas do desenvolvimento humano é a infância prolongada. Até a altura dos 15 anos, a criança permanece em situação de dependência em relação aos pais. Essa atitude de dependência e submissão, que espera a aprovação e receia a disciplina, é a condição primordial da psique, que nela está inserida. Nela também são impressos os costumes particulares, as noções peculiares do bem e do mal e dos papéis a desempenhar na sociedade.

Cada pessoa, ao nascer, é como um papel em branco – uma criaturinha biológica, vivendo espontaneamente, pela força da natureza. Logo depois do nascimento, porém, a sociedade começa a imprimir sua marca nessa criatura – a começar pelo corpo e por todas as atitudes da mãe. Você pode ter uma mãe gentil, carinhosa, ou então uma mãe ressentida com o parto, e isso condiciona toda uma situação de desajuste psicológico. Surpreendi-me ao ouvir de Jane Goodall que também o jovem chimpanzé passa por um longo período de dependência da mãe. E um dos problemas psicológicos do chimpanzé é muito semelhante ao enfrentado pelo ser humano: depois de desmamar e cortar os laços que o prendem à mãe, ele precisa libertar-se dela, ativa e psicologicamente.

Até há bem pouco tempo, a função da mulher na sociedade humana foi a de garantir a chegada e a preservação da vida, da vida humana. Este era seu único papel – de centro e continuadora da natureza. O homem, porém, tem uma relação muito breve e, em última análise, pouco importante em todo esse problema. Suas preocupações são de outro tipo. Os macacos de Jane Goodall controlam uma área de cerca de 48 quilômetros de circunferência, e sabem onde encontrar as bananas. Quando estas começam a faltar numa determinada área, eles sabem aonde devem ir buscar outras bananas. São também defensores. Defendem seu território contra a invasão de outras tribos. E, à maneira dos homens primitivos, a função do macho nessa sociedade é preparar e preservar um ambiente no qual a fêmea possa gerar os espécimes futuros. São dois papéis muito diferentes. E seus corpos são distintamente adequados para desempenhá-los. O macho não tem o encargo constante dos filhos, como acontece com a fêmea. Sobra-lhe muito tempo livre. Ele sabe onde se encontram as bananas, mas não está na hora de ir buscá-las e ninguém o está importunando. Que faz ele, então? Vai despiolhar-se nos clubes masculinos. Trata-se, pois, de uma instituição que vem de longe: o grupo de caça dos homens, o grêmio esportivo, o clube dos homens.

É o que ocorre com as tribos da Colina da Nova Guiné. O interessante é que se trata, aqui, de uma batalha cerimonial, só que travada a sério. Existe alimento em abundância. Não há necessidade de uma tribo invadir a outra para tomar-lhe o que lhe pertence. E o que fazem esses homens? Ficam por ali sentados, sem ter o que fazer, e então inventam uma guerra. É uma brincadeira de guerra, mas as lanças são para valer. Assim, quando um homem é morto, a batalha termina e há, então, um período de expectativa de novo ataque. Isso proporciona aos homens uma ocupação. Ficam o tempo todo alerta, preparando-se para a batalha, à espera de que o outro grupo desencadeie um novo ataque. Aí está: o macho precisa ter alguma coisa importante para fazer.

    O corpo do macho foi feito para a luta, para a defesa. De fato, cada músculo do corpo humano está impulsionado para a ação, e a pessoa só se sente plenamente viva quando está em ação. Eis por que a invenção de jogos é uma constante nas sociedades. Jogos de força, de habilidade, jogos competitivos, como na antiga Grécia. Na comunidade masculina, o que importa é a preeminência, a hierarquia, o que Jane Goodall denominou "Macho Alfa". Que vem a ser Macho Alfa? Quem é o macho supremo? Numa exibição de investida, um macaco desce da árvore derrubando os galhos e aquele que estiver disputando a posição de macho supremo terá de desafiá-lo nessa proeza. O vencedor será o macho supremo. Ela descreve um macaquinho que poderia ser tudo, menos um chefe, mas que descobriu ser capaz de causar uma grande impressão chutando latas de óleo à sua volta. Foi macho supremo durante alguns dias, até os outros compreenderem a manobra.

Jane Goodall descreveu um episódio muito interessante, que muito me impressionou; reproduzo-o aqui a título de sugestão. Sentada na encosta de uma colina, ela observava com o binóculo alguns de seus amigos chimpanzés espalhados pela ladeira do outro lado do vale. Eram uma meia dúzia de machos, outro tanto de fêmeas e alguns filhotes. Chovia; de repente, houve uma trovoada e os machos ficaram extremamente excitados. Entregaram-se, um após outro, a manifestações hostis. Ao ouvir isso, lembrei-me de que o filósofo Giambattista Vico (1668-1744) sugerira que a primeira ideia de divindade fora suscitada ante o impacto produzido pelo ruído do trovão. Esse estrondo é a primeira sugestão da existência de um poder superior ao da comunidade humana.

O peso do chimpanzé macho é quase o dobro do da fêmea. A supremacia física é indiscutível. Isso também se aplica à relação macho/fêmea na esfera humana: Teseu raptando Antíope, rainha das Amazonas – o poder do macho e a submissão da fêmea a esse poder. A fêmea é fisicamente vulnerável. É também uma presa, e um dos problemas do macho consiste em evitar o rapto das fêmeas da comunidade. Esta é uma situação antiquíssima, e os padrões de comportamento da espécie ressaltam essas duas organizações físicas opostas. Desse modo, todos os mitos têm de lidar com este fato, e o corpo do macho, assim como o da fêmea, adquire seu valor simbólico no sistema mítico.

Ora, no tocante à espontaneidade biológica, uma jovem chimpanzé carrega o irmãozinho ou a irmãzinha como uma boneca, imita a mãe e brinca com o filhote. Os machos não procedem dessa maneira. O jovem macho começa importunando as jovens fêmeas à volta. Passa depois a importunar as mais velhas. Quando se torna grande e forte, passa a fazer parte do grupo de adultos e assume seu lugar na escala hierárquica. Duas espontaneidades inteiramente distintas. Duas naturezas bastante diferentes.

Costumava-se pensar que o que distinguia o homem do animal era a capacidade de construir instrumentos. *Homo habilis*, o homem construtor de instrumentos. Mas eis que uma chimpanzé fez um feixe de bambus. Arrancou as folhas e preparou para si mesma um sistema de instrumentos. Introduziu um bambu num orifício de térmitas, e os insetos que estavam lá embaixo agarraram-se a ele; ela então o puxou para fora e os lambeu. Cerca de meia hora depois, o bambu começou a amolecer. Ela jogou o bambu fora, apanhou outro que havia preparado e continuou a agir da mesma forma. E assim fez durante duas ou três horas, como uma mulher que estivesse comendo doces e lendo um romance francês. Mas aqui ela dispunha de um verdadeiro instrumento.

Passemos à representação de um australopiteco por um artista. Talvez seja este o grau mais primitivo de hominídeo até hoje identificado. É encontrado no sul e no leste da África. Atualmente, acredita-se que esse tipo de criatura remonte a 4 ou 5 milhões de anos. Pois bem: ele apanhou um instrumento e está correndo, mas o importante são as pernas. Aparentemente, o primeiro desenvolvimento essencial do hominídeo, o que veio a distingui-lo do macaco arborícola, foi esse tipo de pernas que correm deixando as mãos livres. O macaco caminha utilizando as articulações das pernas dianteiras, ou braços. Julgava-se que o aumento do tamanho do cérebro fosse a principal distinção entre os dois gêneros, mas hoje já não se pensa assim. Tal distinção reside nas pernas. Foi isso que deixou as mãos livres para manipulações, permitindo o crescimento do cérebro.

Uma mão proveniente do sul da Etiópia e datada de 4,5 milhões de anos não apresenta sinais de marcha apoiada nos cotovelos. Já é mão humana, com 4,5 milhões de anos. Ora, esse primeiro tipo de ser humano, quando chegamos à fase posterior à do australopiteco, cuja capacidade cerebral é apenas a de um macaco, é o *Homo habilis*, como o designamos atualmente, com capacidade cerebral um pouco maior que a de um gorila macho, a qual atinge aproximadamente 800 centímetros cúbicos. Em seguida chega-se ao segundo grau de desenvolvimento humano, conhecido como *Homo erectus*, cujo exemplar primitivo foi o *Pithecanthropus* de Java, denominado Homem de Java. Sua capacidade cerebral é de cerca de 900 centímetros cúbicos.

Dispomos também de instrumentos dessa época, em torno de 500000 a.C. – instrumentos práticos. Se os macacos fossem capazes de manipular a pedra e quebrá-la, seus instrumentos deveriam ser utensílios desse tipo. Existe, porém, um instrumento particular que, na minha opinião, representa a emergência de um tipo humano de consciência – o nascimento, poderíamos dizer, da vida espiritual – e que nenhum animal jamais poderia ter inventado. Esse instrumento, também datado de 500000 a.C., foi encontrado às margens do rio Tâmisa. Com 15 ou 20 centímetros de comprimento, é demasiado grande para ter alguma utilidade. É o que o poeta californiano Robinson Jeffers chamaria de "beleza divinamente supérflua".

Há dois tipos de seres humanos. Há o ser humano animal, prático, e o ser humano humano suscetível de se deixar seduzir pela beleza divinamente supérflua. Eis a diferença. É este o primeiro gérmen de uma preocupação e de uma necessidade espiritual, às quais os animais são inteiramente alheios. Como seu tamanho é exagerado para qualquer finalidade prática, sugeriu-se que esse utensílio teria sido utilizado em alguma espécie de ritual. Há aqui, pois, uma leve sugestão da probabilidade – ou, ao menos, da possibilidade – de algum tipo de ação ritual, talvez associada à carne ou ao alimento a ser consumido.

Chegamos ao *Homo sapiens*, à primeira categoria de *Homo sapiens*, o *Homo sapiens neanderthalensis*, o Homem de Neandertal. Costumava-se designá-lo como homem-macaco, mas se descobriu que sua capacidade craniana ultrapassa, em alguns casos, os 1.600 centímetros cúbicos, sendo atualmente essa capacidade, em média, inferior a esse valor. Portanto, cumpre-nos respeitar esse nosso camarada. Era uma figura tremendamente poderosa, que surgiu e se instalou ao sul das grandes geleiras da glaciação Riss-Wurm, a última das glaciações, por volta de 200000 a.C. e sobreviveu até aproximadamente 40000 a.C. Foi um período extremamente longo, e faço questão de enfatizar isso. Tal é o *Homo sapiens*. O cérebro atingiu um certo tamanho, há uma transformação da consciência e é nesse período que aparecem os primeiros indícios indiscutíveis de um pensamento mitológico. E este se manifestara sob dois aspectos.

O primeiro diz respeito aos sepultamentos. Numa sepultura datada de cerca de 60000 a.C., situada no Monte Carmelo, em Israel, foi encontrada a mandíbula de um javali. Em outras palavras, associara-se ao sepultamento uma oferenda sacrifical. O corpo está na posição encolhida de feto – uma volta ao útero. É a primeira experiência do mistério que está além da magia da beleza divina e supérflua. Esse personagem é nosso conhecido: ele caminha ao léu, cálido, falando. Então ele se deita, alguma coisa se vai, ele se torna frio, enrijecido, e começa a se decompor. O que o terá abandonado? A noção de que aquilo que o abandonou continua vivo é o que sentimos nessa sepultura: enterro com acessórios fúnebres. É nesse período do Homem de Neandertal que aparecem os primeiros sepultamentos. Algumas sepulturas notáveis do Homem de Neandertal, datadas de cerca de 60000 a.C., foram recentemente encontradas no norte do Irã e do Iraque. Em Shanidar, um macho, um imponente macho, foi sepultado com o corpo coberto de flores. Os polens, que

subsistiram e foram identificados, compunham-se em sua maioria de plantas medicinais. Talvez se tratasse de algum xamã. Mas embaixo dele havia também os ossos de duas mulheres e de uma criança. Estaríamos aqui na presença de um enterro sati? Não o sabemos. A data é aproximadamente 60000 a.C. Por conseguinte, o espírito humano já vive além da muralha do tempo e está ligado ao indivíduo.

Um dos filhotes dos macacos de Jane Goodall morreu de poliomielite. Uma epidemia de poliomielite vitimara a pequena comunidade. Aquela pobre fêmea não tinha a menor ideia do que acontecera e durante dias continuou a andar ao léu, segurando o macaquinho pela mão, até que ele começou a cheirar mal. Então ela o colocou nos ombros, dirigiu-se à floresta e voltou sem ele. Alguma coisa tinha ocorrido, mas não havia nenhuma relação consciente com o acontecimento; não havia como lidar com ele, transformá-lo em algo significativo. É o oposto do sistema de experiência humana.

Voltemos aos tempos de Neandertal. Havia dois indícios de um princípio de experiência e pensamento mitológicos. Primeiro, era um sepultamento humano; segundo, havia a adoração de crânios de ursos das cavernas. Na região alpina da Suíça e da Silésia foi encontrada meia dúzia de pequenas cavernas-capelas contendo nichos com crânios de ursos, esconderijos onde haviam sido preservados os referidos crânios. Alguns deles tinham anéis de pedra à sua volta. Outros traziam na boca um osso de urso, como se este tivesse comido sua própria carne. Outros, ainda, tinham um osso atravessado nas órbitas – talvez por medo de mau-olhado. Mas, assim como o ser humano que morreu continua ali, o mesmo sucede com o animal, a indicar que precisamos nos acautelar contra a vingança, a malícia, e assim por diante.

O sistema de crenças típico dos povos caçadores – que passam o tempo todo matando e comendo animais e não sentem, como nós, que o animal é uma forma inferior de vida – admite ser o animal uma forma equivalente à humana, só que sob um aspecto diferente; o animal é reverenciado, respeitado e, não obstante, morto. Segundo o tema mítico básico das culturas caçadoras, a morte do animal é um sacrifício autoconsentido. Ele aceita ser morto. Isso pode ser encontrado em todos os mitos. É com um sentimento de compreensão e gratidão que o animal marcha para a morte, numa cerimônia que lhe permitirá regressar à fonte materna a fim de renascer no ano seguinte. Daí decorre, também, a ideia de um animal específico – que é, pode-se dizer, o Animal Alfa ao qual são dirigidas as preces e a adoração que interessam a toda a comunidade animal. É como se houvesse um pacto entre o animal e as comunidades humanas no sentido de respeitar o mistério da natureza: é matando, e só matando, que a vida existe. E, nessas duas manifestações, é a própria vida que está vivendo, matando e comendo a si mesma. E nessa imagem do crânio de urso consumindo a própria carne já temos, talvez, a imagem do que é a vida e que é, na minha opinião, a imagem primordial.

Hoje em dia, não somos nós que matamos os animais que comemos. Para isso existem os açougueiros, e a carne nos chega às mãos muito bem embalada, particularmente nos *shopping centers*. Vemos pessoas separando este ou aquele pedaço e dizendo: "Vou levar este". É uma atitude diferente.

Aquela gente agradecia ao animal por ele se entregar. Nós agradecemos à nossa noção de divindade por nos propiciar esse alimento. É uma psicologia de todo em todo diferente. A psicologia primitiva é a da vida consumindo-se a si mesma em suas várias manifestações.

No norte do Japão, em Hokkaido, ainda subsiste uma raça de indivíduos caucasoides, e não mongoloides. São conhecidos como Ainos, e seu culto principal é o do urso. Isto acontece *hoje*, passados 40 ou 60 mil anos. O conservadorismo do homem primitivo é fundamental. Mudar uma forma, até mesmo a de um utensílio, é como perder a sua força. É por isso que no norte do Japão, entre os Ainos, ainda se encontra um culto que remonta a 60000 a.C. Existe um santuário de crânios de urso negro dos Aino, o equivalente das cavernas da Suíça de 60 mil anos atrás. Essa ideia do animal-chefe é básica: o pacto com os animais, a noção do físico como algo subordinado à energia da vida espiritual, o ritual de agradecimentos e de retorno da energia à sua fonte para uma outra visita.

Chegamos ao *Homo sapiens* tardio, ao homem de Cro-Magnon. Esta sequência da espécie humana aparece por volta de 30000 a 40000 a.C., e não apenas na Europa, mas também no sudeste da Ásia e em dois ou três outros lugares, como se estivesse ocorrendo uma evolução paralela. Essa reconstituição feita por W.K. Gregory baseia-se no primeiro crânio de Cro-Magnon encontrado na Dordogne. Conhecido como o "Velho de Cro-Magnon", foi ele quem realizou as belas obras de arte encontradas naquelas cavernas.

Entre as primeiras imagens contavam-se as estatuetas da chamada Vênus Paleolítica. Sua altura é de alguns centímetros e, ultimamente, cerca de duzentas delas foram encontradas ao longo de um cinturão que se estende desde a costa atlântica da França e da Espanha até o lago Baikal, nas fronteiras da China. Todas elas pertencem essencialmente ao mesmo tipo. Não há nenhum trabalho no rosto, não existe rosto algum, ao passo que os seios, os quadris e a região lombar são muito enfatizados. Eis o milagre do corpo feminino, o mistério do corpo feminino que é o gerador e o alimento da vida – aquela mãe a que nos referimos no início. Não há pés, o que se explica quando nos lembramos que elas foram feitas para ser colocadas de pé, em relicários de pequenos altares domésticos. Com efeito, duas ou três delas foram encontradas *in situ*. As estatuetas estão associadas a locais de moradia, saliências rochosas, debaixo das quais vivia a comunidade. Não aparecem nas grandes cavernas, mas apenas nos locais de moradia. É a mãe da vida. Simboliza aquilo que todas as mulheres encarnam.

Esta estatueta provém de uma prateleira rochosa da França, denominada Laussel, e constitui uma figura importante e sugestiva. A pequena Vênus de Laussel segura, na mão direita erguida, um chifre de bisão com treze traços verticais, que correspondem ao número de noites entre o primeiro crescente e a lua cheia. A outra mão está pousada sobre a barriga. O que se sugere aí – não dispomos de nenhuma escrita proveniente desse período – é o reconhecimento da equivalência dos ciclos menstrual e lunar. Seria este o primeiro indício de correlações entre os ritmos celestial e terreno da vida.

Em seu formidável livro *The Roots of Civilization* (As Raízes da Civilização), Alexander Marshack trata de alguns bastões desse tipo, providos de chanfraduras. Depois de examinar alguns deles com um microscópio, descobriu que em nenhuma das peças os entalhes tinham sido produzidos pelo mesmo instrumento ou na mesma ocasião. Diz ele que se trata, provavelmente, de divisões de tempo. Muitos deles nos autorizam a pensar em contagens do ciclo lunar. Assim, é possível que, a partir do interesse das mulheres por esse ritmo que elas haviam reconhecido nos próprios corpos, se tenha chegado ao cálculo matemático e até ao astronômico.

Esta estatueta é conhecida como Vênus de Lespugue. Foi danificada, e por isso não é tão bonita quanto talvez o tenha sido outrora. Mas apresento-a aqui para demonstrar que não estamos diante de composições naturalistas, e sim estéticas. Brancusi talvez se tivesse interessado por isso. Toda a magia da mulher, aqui, está contida num círculo. Os seios e os quadris são puxados para baixo; temos, então, o elegante movimento ascendente do tórax para a cabeça, e depois os pés sobre os quais a colocaram num pequeno relicário. Essas imagens remontam a cerca de 18000 a.C., ao período magdaleniano, ou mesmo a uma data mais antiga.

Voltando ao problema do homem nessa sociedade, penetramos nas grandes cavernas-templos. Ninguém as poderia habitar. São frias, perigosas, escuras, assustadoras. Os eruditos admitem unanimemente que elas representam os santuários dos ritos masculinos, pelos quais os meninos se tornavam homens. O que lhes cumpria aprender era a coragem. Tinham de se submeter aos rituais de morte e ressurreição. Morriam para sua infância dependente e chegavam à maturidade como homens autorresponsáveis, ativos e protetores. Tinham de aprender não somente a arte da caça, como também os seus rituais.

Esta figura especial é conhecida como o Feiticeiro de *Trois Frères*. Uma enorme caverna dos Pireneus, com 1.600 metros de extensão, é conhecida pelo nome de Les Trois Frères porque foi descoberta por três irmãos que estavam brincando com seu cachorro. Este caíra num buraco e, ao descerem para procurá-lo, os três garotos se viram naquela fantástica caverna. A câmara principal é enorme e ostenta essa figura dominante. Penetra-se nela, atualmente, por aberturas artificiais porém, originariamente, segundo parece, isso só podia ser feito através de uma comprida calha, semelhante a um tubo com cerca de 45 a 68 metros de comprimento, ao longo do qual era preciso avançar rastejando, como se tratasse de um tema de renascimento. Um dos grandes conhecedores do assunto, Herbert Kühn, descreveu esse rastejar. Segundo ele, uma pessoa que sofresse de claustrofobia dificilmente conseguiria passar por ali. Ora, pode-se imaginar que um grupo de quatro ou cinco adolescentes forçados a passar por ali se deparava, ao chegar à outra extremidade, com essa figura olhando para eles. Em toda a volta da caverna há animais entalhados na pedra: os animais das grandes planícies de caça. Nessas planícies abundam animais, como os do Serengeti. O Feiticeiro é parte homem, parte animal. É o animal-chefe num contexto ritual. É muito plausível a evidência de ação xamânica nesses períodos. Ele tem o corpo de um leão, e é desse felino a localização dos genitais na parte posterior. As pernas são as de um homem, os olhos talvez sejam de uma coruja, ou de um leão, os cornos são de veado. O veado adulto perde seus cornos todos os anos, mas os traz de volta, sendo assim uma encarnação do espírito da floresta. Todo animal que tenha um ciclo anual, como o pavão, por exemplo, que perde as penas da cauda, torna-se simbólico do processo que movimenta as estações. Tal é, pois, o misterioso Feiticeiro de *Les Trois Frères*. Representa ele alguma divindade ou um xamã? Há controvérsia a esse respeito, mas o problema é irrelevante, porque o xamã, sob esta forma, seria a divindade.

Insistimos em pensar na divindade como numa espécie de fato; Deus é um fato. Deus é simplesmente a nossa noção de algo que simboliza a transcendência e o mistério. O importante é o mistério e a possibilidade de ele se encarnar num homem ou num animal; ou de não se encarnar, mas de ser reconhecido num homem ou num animal. Na região ao norte do rio Missouri, entre os índios Mandan, George Catlin pintou um xamã Mandan, um animal-homem. Numa das cavernas existentes na França, veem-se as mesmas figuras em postura de dança.

Na grande caverna de Lascaux, na Dordogne, numa outra grande câmara conhecida como a Rotunda, existe um friso de animais. No canto esquerdo pode-se ver esse estranho animal provido de estranhos chifres. Não há nenhum animal no mundo parecido com ele; no entanto, aqueles artistas pintavam animais como ninguém mais foi capaz de o fazer. Que teriam eles em mente? Passemos à Austrália. É notável a continuidade entre essas cavernas e a Austrália e o que ali se pode encontrar. Eis um ancião australiano em seu traje ritual, com os mesmos "galhos que apontam", como são aqui designados. Ora, o galho que aponta foi minuciosamente descrito por Géza Róheim em sua obra sobre a psicologia australiana. O galho que aponta é um falo negativo: em lugar de gerar, ele mata. Enquanto vão sendo sussurradas algumas fórmulas mágicas, ele é apontado para o meio das pernas do inimigo, que morrerá ao ser rasgado desde o reto até os órgãos genitais.

Em Lascaux, na cripta ou câmara subterrânea, pode-se ver essa famosa imagem. Trata-se, indiscutivelmente de um xamã. Presa ao seu *bâton de commandement*, ele exibe a máscara de uma cabeça de pássaro. Lá está o falo ereto, o falo negativo, o galho que aponta; e, por milagre, uma lança atravessou o animal-chefe, que é um bisão, e lhe rasgou as entranhas tal como o faria o galho que aponta. Essa imagem, em particular, suscitou inúmeras discussões. Alguns autores sugeriram que ela representa um acidente de caça, o que é ridículo. O que sabemos sobre a magia indicaria antes que, se fosse pintado um acidente de caça no lugar mais sagrado de uma caverna sagrada, tal acidente seria provocado por magias favoráveis. O que está representado ali decerto é o bisão. O animal mais importante da caça é o animal-chefe. Invoca-se o bisão em nome do pacto pelo qual os animais dão a vida, voluntariamente, graças ao poder do xamã.

Toda a concepção do solo sagrado dos homens, a caverna dos homens, é continuada nas cabanas cerimoniais, associadas ao renascimento. Penetra-se pela portinhola estreita como por uma vulva, ingressa-se no corpo da mãe e ali dentro tudo é mágico. Estamos num campo mágico. Quando, hoje, entramos numa catedral, estamos num campo mágico. Os homens que ali estão não são este ou aquele indivíduo: todos eles estão desempenhando um papel. São as experiências da energia da natureza que flui deles.

Numa grande catedral, como a de Notre-Dame de Chartres, nossa mãe-igreja, a mãe-corpo, estamos novamente no domínio da magia. As imagens são as do sonho. As do mito. As da referência à transcendência. No portal ocidental de Chartres existe uma mandala realmente simbólica da vulva, do útero e daquilo que vem a seguir, o renascimento. E, assim, como o grande mágico primitivo era retratado nas cavernas, também o papa Inocêncio III está ali retratado. Ora, existem dois caminhos para se chegar a esse papel; um deles é temporário, ligado à cerimônia; o outro é permanente. Aqui está um chefe maori, que exerce permanentemente o seu papel. Todo o seu corpo é tatuado. Ele tem um corpo mágico. Vale dizer: os vitrais coloridos, o incenso e tudo o mais foi impresso nele. Poder-se-ia dizer que ele está o tempo todo na catedral. Sua vida é a de seu papel mitológico.

Já dissemos o bastante sobre a primeira crise – a do amadurecimento para se passar da infância à maturidade. Chegamos agora à segunda, à do casamento, no qual o indivíduo se torna membro de um ser duplo. Este belo objeto proveniente de Atenas é uma peça de cerâmica vermelha do século V e mostra uma mulher iniciando um homem. Na realidade, a mulher é a iniciadora em qualquer casamento. É quem está mais próximo da natureza e de tudo quanto lhe diz respeito. Ele está ali apenas para ser esclarecido. Isto se torna particularmente interessante por se tratar de Tétis e de Peleu, a mãe e o pai de Aquiles. É, portanto, um casamento. Tétis era uma bela ninfa pela qual Zeus se apaixonou. Zeus soube, então, que o filho dela seria maior que seu pai e por isso reconsiderou a ligação, retraiu-se e providenciou para que ela tivesse um marido humano. Assim, Peleu é o marido humano e ela uma deusa. Segundo nos diz o texto, quando tentou tomá-la como esposa ela se transformou sucessivamente numa serpente, num leão, em fogo, em água, mas, por fim, ele a conquistou. Bem, não é isso o que vemos aqui, de maneira alguma. Ela tem um poder simbolizado pela serpente e pelo leão.

Seja-me permitido repetir a história básica do sentido desses dois símbolos. A serpente se desfaz da pele para voltar a nascer, assim como a lua espalha sua sombra para também renascer. Por conseguinte, a serpente, tal como a lua, é um símbolo da percepção lunar. Vale dizer, vida e consciência, energia de vida e consciência, reunidas num corpo temporal

– consciência e vida comprometidas no âmbito do tempo, do nascimento e da morte. O leão está associado ao sol. É o animal solar. O sol não traz consigo uma sombra; está permanentemente desligado do âmbito do tempo, do nascimento e da morte, sendo, pois, vida absoluta. São ambos uma mesma energia, uma desligada, a outra comprometida. E a deusa é a personificação materna das duas energias.

Uma serpente pica o jovem entre os olhos, abrindo-lhe o olho da visão interior, que enxerga para além do desfilar do tempo e do espaço. Uma segunda serpente pica-o abaixo da orelha, abrindo-lhe o ouvido para a música das esferas, a canção do universo. A terceira serpente pica-lhe o calcanhar: é a picada do tendão de Aquiles, a picada da morte. A pessoa morre para seu pequenino ego e transforma-se num veículo do conhecimento do transcendente – torna-se transparente para a transcendência. Tal era o sentido das iniciações que estivemos examinando. Na época da menstruação, a mulher se transforma em veículo e o homem, em seu cerimonial, é igualmente um veículo.

O mesmo sucede no mundo da arte. As duas mãos – e isso é importante –, o bem e o mal, juntas. O ciclo do *Yin-Yang* chinês. A dimensão mística está acima do bem e do mal. A dimensão ética está no campo do bem e do mal. Um dos problemas de nossa religião deriva do fato de ela acentuar, desde o início, o problema do bem e do mal. Cristo vem expiar nossos pecados; é a expiação do mal. As primeiras pessoas que deram ouvidos a São Paulo foram os mercadores de Corinto; temos assim o vocabulário da dívida e do pagamento em nossa interpretação dos temas míticos, ao passo que no Oriente a interpretação é feita em termos de ignorância e esclarecimento, e não de dívida e pagamento. Interpretação essa que se torna um contrassenso quando se compreende que não houve nenhum Jardim do Éden, nenhuma queda do homem e, por conseguinte, nenhuma ofensa a Deus. Sendo assim, que história é essa de pagar uma dívida? Cumpre-nos agora ler os símbolos com outro vocabulário. Além disso, tem-se de lidar com a assunção e a ascensão aos céus. Que céu? Ainda que viajassem com a velocidade da luz, os corpos não estariam fora da galáxia. A mitologia, as imagens têm de se ajustar ao que se sabe do universo, porque sua função é nos colocar em harmonia com o universo tal como o conhecemos, e não como ele era conhecido no Oriente Próximo no ano 2000 a.C.

Esta bela obra encontra-se numa parede de Pompeia. O rapaz está sendo iniciado. Há um iniciador e um assistente. Diz-se ao rapaz: "Olhe para esta bacia; é uma bacia de metal e nela você verá seu próprio rosto, seu verdadeiro rosto." Mas a bacia é tão côncava que o que ele vai ver não será o próprio rosto, e sim a máscara da velhice, segura por alguém atrás dele. Que susto! Ele está sendo apresentado àquilo que os índios americanos chamam de "o longo corpo", o corpo todo de sua existência, do nascimento à morte. Tem-se, mais uma vez, a mitologia do longo corpo. Suponhamos agora que um de seus amigos, antes de ele ali entrar, lhe diga: "Veja só, aquele rapaz vai apresentar-lhe uma bacia e dizer que você vai ver o próprio rosto refletido nela. Mas o que você verá não será o seu rosto. Há outro sujeito ali, e ele está segurando a máscara de um velho." Não haveria iniciação. Não haveria susto. Eis por que os mistérios precisam ser secretos; porque o que é experimentado o é pela primeira vez.

2

Lendas de onde os povos viviam: mitos dos índios americanos

Esta gravura foi extraída de um livro curioso e notável de W. B. Yeats, *A Vision*. Yeats encontrou-a numa obra de alquimia do século XVI, *Speculum Hominum et Angelorum* (*O Espelho dos Homens e dos Anjos*). O que se representa aí é o ciclo da lua como equivalente ao ciclo de uma existência humana, correspondendo a décima quinta lua ao trigésimo quinto ano de uma existência. Segundo os termos utilizados por Yeats, nós nascemos a partir do mistério transcendente, e a sociedade começa imediatamente a imprimir sua marca em nós. A máscara que temos de usar nos é imposta pela sociedade. Yeats refere-se a ela como a máscara primária.

A oitava noite da lua é a noite da adolescência, da puberdade. Nesse momento a luz começa a predominar sobre a escuridão, e a atitude de dependência e submissão terá de se transformar na de maturidade. Existem, entretanto, dois tipos de maturidade. Temos a maturidade da sociedade tradicional, na qual o indivíduo passa a assumir o papel da autoridade, que até então fora exercido pela sociedade. Ele se torna, por assim dizer, o executor, o administrador dos rituais transmissores do sentido da cultura. Continua a agir à maneira da máscara primitiva. Por outro lado, no mundo da nossa cultura, temos uma visão mais aberta. Nesse momento o indivíduo pode ter a percepção pessoal de um destino e de um trabalho no mundo dos quais a sociedade não tem a menor ideia. Começamos a estabelecer uma separação.

O indivíduo começa a encontrar seu próprio caminho e a pressão, por assim dizer, da máscara primária vai sendo gradualmente eliminada. É o que se conhece como caminho à esquerda. O caminho à direita é o que leva a viver no contexto da ideologia e do sistema da máscara – *sistema da persona* – do grupo que constitui a aldeia de um indivíduo. O caminho à esquerda é o caminho da busca individual. Cada um de nós é um indivíduo. As sociedades primitivas não davam muita atenção a isso. Em nosso mundo, particularmente nos círculos europeus, o indivíduo é reconhecido como uma força positiva, e não apenas negativa. E eis que chega ao nosso mundo a máscara antitética – a máscara da própria vida do indivíduo –, que forceja por substituir a outra.

Mesmo quando o jovem é estimulado a buscar seu próprio caminho, existe, não obstante, um descompasso psicológico e por isso ocorre um período de grande tensão. Nós não renascemos tão facilmente quanto os primitivos ou os indivíduos das sociedades tradicionais. Nosso parto é mais complicado. Chegamos então à décima quinta lua. A imagem, agora, é a dessas duas grandes luzes: a lunar, que morre e ressuscita, e a solar, que independe das vicissitudes do tempo. Nesse momento, a lua e o sol são luzes equivalentes. Nas planícies abertas da décima quinta lua, no momento do pôr do sol, ao olhar para o ocidente, durante um instante você vê o sol como que parado na fímbria do horizonte. E, se olhar para o leste, a lua estará na mesma posição no horizonte oriental. Presenciei isso duas vezes em minha vida, e em ambas confundi a lua com o sol.

É um momento de grande importância mística. Nossa consciência, nosso corpo e toda a nossa percepção se encontram então no apogeu. E estamos em condições de perguntar a nós mesmos: "Quem, ou o que sou eu?" "Sou a consciência ou o veículo da consciência?" "Sou este corpo, que é veículo de luz, de luz solar, ou sou a própria luz?"

Coube-me certa vez a tarefa de falar sobre esses assuntos – mais precisamente, sobre o budismo – a um grupo de alunos de uma escola preparatória, com idades de 12 a 17 anos; quando chegou a hora de explicar o que vinha a ser consciência budista, ou consciência cristã, olhei para o teto em busca de inspiração e encontrei-a. "Olhem para cima, meninos, olhem para o teto; vocês verão que as luzes (no plural) estão acesas, ou também poderão dizer que a luz (no singular) está acesa; são duas maneiras de dizer a mesma coisa." No primeiro caso, estarão enfatizando as lâmpadas individualmente; no segundo, a ênfase recairá sobre a luz.

No Japão, essas duas alternativas são denominadas, respectivamente, *GeHokkai* e *RiHokkai*: *GeHokkai*, o domínio individual; *RiHokkai*, o domínio geral. Então eles dizem: *Ge, Ri, Mu Gai,* individual, geral, sem obstrução. É a mesma coisa. Ora, quando se quebra uma dessas lâmpadas, o superintendente não vem dizer: "Aquela era a minha lâmpada favorita." Limita-se a tirá-la, jogá-la fora e colocar outra em seu lugar. O importante não é o veículo, e sim a luz.

Olhemos agora para suas mentes. Pergunto-me de que coisa são elas veículos? São os veículos da consciência. Quanta consciência estão elas irradiando? E o que são vocês? São o veículo ou são a consciência?

Quando se identificam com a consciência, embora se mostrem gratos ao veículo, vocês podem descartá-lo. "Ó Morte, onde está a tua ferroada?" Vocês se identificaram com aquilo que é verdadeiramente duradouro, com a consciência que joga as formas para cima e as pega de volta, torna a jogá-las e a pegá-las. É então que vocês compreendem que são unos com a consciência latente em todos os seres. São unos com eles e podem dizer *Ge, Ge, Mu Gai*: indivíduo, indivíduos, sem obstrução. Essa é a experiência mística suprema nesta Terra.

Eis a crise. A morte e a ressurreição da oitava noite é a morte do ego infantil, o nascimento do ego amadurecido. Há a morte para o corpo, a identificação com o aspecto eterno desta no corpo, e a partir de então é maravilhoso observar o corpo prosseguir, acompanhando o curso da natureza. Até a vigésima segunda lua, a escuridão passa a preponderar; o corpo se torna cada vez mais submisso às regras primitivas da sociedade e da natureza. Lembro-me de que certa vez, quando estava falando sobre isso, um cavalheiro me interpelou: "Quando acontece isso?" Respondi: "Você logo o descobrirá!"

No centro, esses sinais que indicam o momento nuclear da crise. *Temptatio*, tentação, a taça de Tristão e Isolda. Não de Isolda e do rei Marcos, o casamento arranjado pela sociedade, mas o despertar dos olhos que se encontram, o despertar do destino individual e sua realização. Há aqui pulcritude, beleza, o momento glorioso. Chega-se ao declínio e à violência contra o próprio ser, que se apresta para a derradeira etapa. E, finalmente, a *sapientia*, o fruto, a sabedoria. Um resultado nada mau.

Assim, isso também faz parte da mitologia do corpo, do corpo que segue o seu curso inevitável – o "longo corpo". Na magnífica pintura de um artista suíço do século XIX, Bolkin, a Morte toca violino para o artista. É a picada da serpente no tendão de Aquiles que abre os dois olhos. Aquiles já não é apenas ele próprio; é também o veículo da voz da musa.

O que vem a seguir condensa, para mim, o sentimento do homem primitivo em sua relação com a natureza. Este famoso discurso foi pronunciado por volta de 1855 pelo chefe Seattle, cujo nome foi dado à cidade de Seattle.

> O Presidente declarou, em Washington, que deseja comprar a nossa terra. Mas como se há de comprar ou vender o céu, a terra? Tal ideia é estranha para nós. Se não possuímos a presença do ar, e o brilho da água, como se há de comprá-los? Cada pedaço desta terra é sagrado para o meu povo. Cada agulha reluzente de pinheiro. Cada praia arenosa, Cada neblina nos bosques sombrios. Cada campina. Cada inseto que zumbe. Tudo isso é sagrado na memória e na experiência do meu povo. Conhecemos a seiva que corre pelas árvores tal como conhecemos o sangue que corre pelas nossas veias. Somos parte da terra, e ela é parte de nós. As flores perfumadas são nossas irmãs. O urso, o gamo, a grande águia, são nossos irmãos. Os picos rochosos, as essências do prado, o calor do corpo do pônei e o homem, todos pertencem à mesma família. A água brilhante que se escoa nos ribeiros e nos rios não é somente água, mas o sangue dos nossos ancestrais. Se lhe vendermos a nossa terra, você terá de se lembrar de que ela é sagrada. Cada reflexo que, como um fantasma, aparece na límpida água dos lagos fala de acontecimentos e lembranças da vida do meu povo. O murmúrio das águas é a voz do pai do meu pai. Os rios são nossos irmãos. Eles aplacam a nossa sede, transportam as nossas canoas e alimentam os nossos filhos. Por isso você deve ter para com os rios a benevolência que teria para com qualquer irmão. Se lhe vendermos a nossa terra, lembre-se de que o ar nos é precioso. Lembre-se de que o ar compartilha seu espírito com toda a vida que ele sustenta. O vento que deu ao nosso avô seu primeiro alento recebe também seu último suspiro. O vento dá aos nossos filhos o espírito de vida. Por isso, se lhe vendermos a nossa terra, você precisará mantê-la à parte, como algo sagrado, como um lugar aonde um homem pode ir expor-se ao vento que é

33

perfumado pelas flores do prado. Ensinará você a seus filhos o que nós ensinamos aos nossos filhos, que a terra é nossa mãe? O que acontece à terra acontece aos filhos da terra. Isso nós sabemos. A terra não pertence ao homem. O homem pertence a terra. Todas as coisas estão ligadas, como o sangue, que nos une a todos. O homem não tece a teia da vida; nela, ele é apenas um fio. O que ele faz para a teia, fá-lo para si mesmo. Uma coisa nós sabemos: nosso Deus é também o seu Deus. A terra lhe é preciosa, E danificar a terra é desprezar o seu criador. O destino de vocês é um mistério para nós. Que acontecerá quando todos os búfalos tiverem sido mortos? Os cavalos selvagens domados? Que acontecerá quando todos os cantos secretos da floresta estiverem impregnados do cheiro de muitos homens, e a vista das sazonadas colinas estiver escondida pelos fios que falam? Onde estará a brenha? Desapareceu. Onde estará a águia? Desapareceu. E o que é dizer adeus ao pônei veloz e à caça, o fim do viver e o começo do sobreviver? Quando o último pele-vermelha tiver desaparecido com sua selva e sua lembrança for apenas a sombra de uma nuvem movendo-se por sobre a pradaria, ainda estarão aqui estas praias e estas florestas? Restará ainda algo do espírito do meu povo? Nós amamos esta terra tal como o recém-nascido ama as batidas do coração de sua mãe. Por isso, se lhe vendermos a nossa terra, ame-a como nós a temos amado. Preocupe-se com ela como nós nos temos preocupado. Tenha em mente a lembrança da terra tal como ela for quando você a receber. Preserve a terra para todas as crianças e ame-a como Deus ama a todos nós. Assim como nós somos parte da terra, também você é parte da terra. Esta terra é preciosa para nós e também para você. Uma coisa nós sabemos: só há um Deus. Nenhum homem, seja ele pele-vermelha ou branco, pode viver isolado. Afinal, somos todos irmãos.

Compare isso com Gênese 3. E veja o que aconteceu. Além do mais, a terra é a terra sagrada. É a terra onde você está, e não a terra num lugar qualquer. Nessas antigas mitologias, o que é santificado não é somente o corpo, mas também a paisagem específica onde os povos habitam. Você não precisa ir a algum lugar para encontrar o sagrado.

Eis o tema que pretendo desenvolver. E, para esta santificação da terra, tomarei como modelo o mundo onde ora nos encontramos, o mundo dos navajos com sua mitologia e suas pinturas em areia. Pretendo examinar uma série dessas pinturas e seu conteúdo mítico. O povo da Islândia dispõe de um termo, *land-nam*, que significa "exigência da terra" ou "tomada da terra". A tomada da terra é santificação dessa mesma terra por intermédio do reconhecimento das imagens mitológicas contidas nas características da paisagem local. Cada detalhe do deserto navajo foi santificado e reconhecido como veículo do mistério radiante.

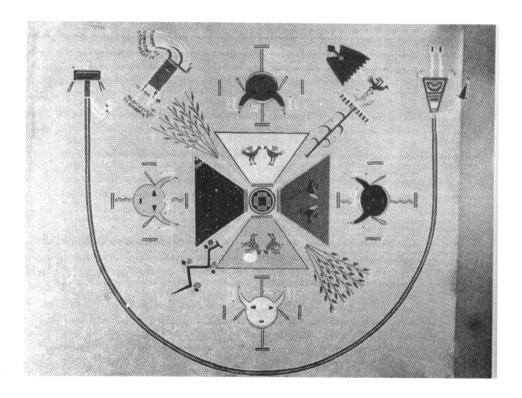

Nesta pintura em areia o que se vê são as quatro direções, as cores associadas a cada uma das quatro direções e o centro. O centro é escuro; é a escuridão abissal de onde provieram todas as coisas e para onde todas elas hão de voltar. E quando emergem as aparências, estas se dividem em pares de opostos. Tudo isso é material mitológico básico que encontramos na Índia. O sol se ergue no oriente; é o lugar do nascimento, da emergência, de uma nova vida. Quando alcançou a iluminação, Buda estava voltado para o oriente. O Novo Testamento é um testamento de um dia de sol, o surgimento do novo sol oriental. No zénite, no céu azul do meio-dia, está o ponto mediano, o trigésimo quinto ano da vida. O norte é sempre uma região de terror, de mistério e perigo, o perigo decorrente daquilo que não se ajustou às formas da ordem social. Vemos, pois, o sol sob esses vários aspectos.

Todas essas mandalas estão abertas para o oriente; não são fechadas, estão abertas para receber a luz transcendente que brilha com esplendor. Todas as coisas devem ser transparentes para a transcendência. Quando um deus como Iavé diz no Antigo Testamento: "Eu sou final", ele deixa de ser transparente para a transcendência. Ele não é, como as divindades das culturas antigas, a personificação de uma energia que antecede sua própria personificação. Ele diz "Eu sou". E quando a divindade se fecha dessa maneira, nós também nos fechamos e deixamos de estar abertos para a transcendência. E aí temos uma religião de adoração, ao passo que, quando a divindade se abre, temos uma religião de identificação com o divino. Foi a isso que Cristo se referiu quando disse: "Eu e o Pai somos um", e por esse motivo foi crucificado. Halaj disse o mesmo, e muitos outros continuam a dizê-lo. Somos partículas desse mistério, desse mistério atemporal, infinito, eterno, que emana do abismo para revestir as formas do mundo.

Tal como para o caçador o animal mais importante de sua vida passa a ser o animal-chefe, quando chega a época do plantio as plantas principais também são santificadas. Existem mitos dos pueblos e dos huichóis do México que falam das moças do milho. Num desses mitos, uma delas é forçada pela mãe do jovem herói a triturar o milho, e enquanto o faz seus braços desaparecem. E toda ela desaparece. Está triturando a si mesma. Toda a nossa vida é sustentada pela vida do mistério, e tudo o que comemos, seja vegetal ou animal, é uma vida que nos está sendo dada voluntariamente a fim de se transformar em substância de nossa vida.

Assim, todas as mandalas são colocadas tendo o leste na parte superior, e aberta. Há os guardiões do portão; neste caso, eles são uma pequena figura conhecida como Donso, Grande Mosca. Contaram-me que, quando alguém caminha pelo deserto, se depara, às vezes, com uma grande mosca que lhe pousa no ombro. Essa mosca é a contrapartida do Espírito Santo. É a voz do mistério e o nosso guia. E tanto pode ser chamada de "Grande Mosca" como, sob outro aspecto, de "Pequeno Vento". Não é interessante? É o vento, *spiritus*, o espírito, que encontramos com o chefe Seattle. É um arquétipo, o reconhecimento do sopro como sopro de vida.

Como as plantas, também o búfalo é sagrado. Eis a mandala do búfalo: o horizonte que o cerca é de miragem. No portão há dois búfalos guardiões e entidades míticas voltadas para as quatro direções; a fonte central apresenta figuras de Donso. Há também as plantas mais importantes. Estas são as moças do milho das quatro direções, o milho e as moças. Aparecem como milho ou como moças. Mais uma vez, no centro, a escuridão cortada pelo arco-íris, o milagre do arco-íris.

Desejo agora voltar ao mito principal dos navajos. É também um mito dos pueblos. É o mito universal nessa parte do mundo. É o mito do primeiro povo saído do útero da terra numa série de quatro estágios e passando, sucessivamente, de um estágio para o outro. Nos estágios inferiores acontece algum acidente; vem uma inundação, como castigo por uma inconveniência qualquer, o desrespeito a algum tabu ou algo parecido, e se passa ao estágio seguinte. Chega-se finalmente ao nível mais elevado, à terra onde ora nos encontramos.

Trata-se realmente de um nascimento fora da terra. Há uma escala de emergência, e as primeiras pessoas estão cercadas de plantas e animais; envolvendo tudo, há um tipo especial de miragem.

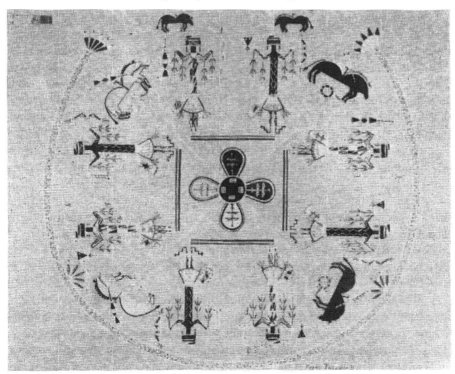

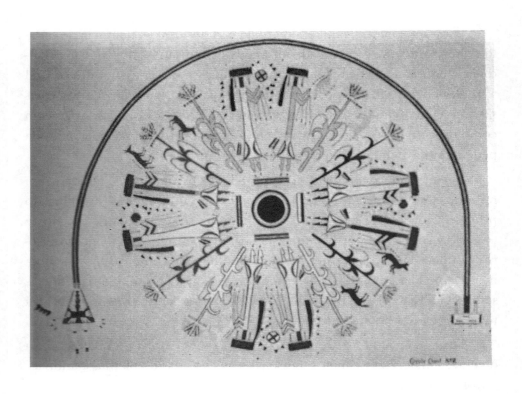

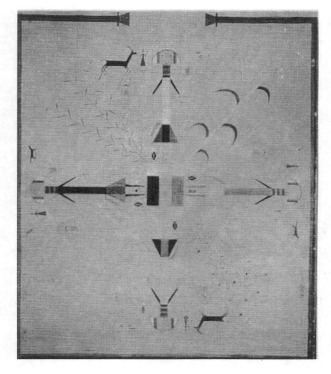

38

No Museu de Arte Moderna de Nova York, alguns anos atrás, um grupo de cantores navajos mostrou uma série de pinturas feitas com areia e a maneira de executá-las; foi maravilhoso observar aqueles homens pegando areia colorida e, com grande precisão, prepararem aquelas esplêndidas pinturas. Ao fazê-lo, sempre omitiam um detalhe qualquer. Quando tais pinturas foram oferecidas a alguns artistas para serem copiadas e em seguida incorporadas ao Museu de Arte Navaja, alguma coisa teria de ficar de fora, para que os que lidam com tal pintura ficassem protegidos contra o seu poder. Supõe-se que eles não acionaram esse poder. Depois que eles fizeram uma pintura foi-lhes perguntado: "Não poderiam completar uma das pinturas, esta aqui, por exemplo?" Eles riram e responderam: "Se eu a terminar, amanhã de manhã todas as mulheres de Manhattan estarão grávidas." Assim, tais objetos são portadores de poder. Foi igualmente interessante observá-los quando as pinturas estavam sendo destruídas, ao serem removidas. Quando eles pegaram aquela areia, a única coisa que me ocorreu foi a lembrança de um sacerdote católico romano erguendo a hóstia consagrada. Havia ali um poder sagrado. As areias não foram simplesmente removidas e jogadas fora; foram colocadas num recipiente especial e levadas para algum lugar desconhecido de todos nós.

Eis, pois, a primeira parte da lenda, a lenda da emergência. Dissemos que na Islândia existe o conceito da *land-nam*, da exigência da terra. Um lugar específico é identificado na reserva como lugar da emergência. Não é o lugar da emergência; é o símbolo ritual do lugar da emergência. E pensamos no mistério da emergência quando nos dirigimos àquele local. Há a montanha do norte e a montanha do sul, a montanha do leste e a montanha do oeste. A terra é consagrada. Existe, pois, uma terra santa. De onde veio o mito? Veio para aquele lugar com o povo. E então eles consagraram o lugar segundo o mito que traziam consigo.

Desejo agora examinar uma lenda específica – a lenda de "Onde os Dois Foram Ter com Seu Pai". Essas pinturas não foram executadas com areia, e sim com pólen. Foram feitas com pétalas e milho triturados, com flores e assim por diante. Quando começou a II Guerra Mundial e os jovens da reserva dos navajos estavam sendo recrutados pelo exército, vivia ali um velho cantor chamado Jeff King. Uma de minhas amigas, Maude Oaks, foi à região navaja para estudar as lendas tradicionais e a técnica pictórica. Ora, ela precisou induzir os anciãos a lhe contarem suas histórias, e o que os persuadiu a fazê-lo foi a verificação de que os jovens já não estavam aprendendo essas coisas. Esses rituais podem durar uma noite, três noites ou nove noites. E o cantor precisa saber de cor uma mitologia extremamente complicada e todo um sistema ritual. Não pode haver erros, e há sempre um segundo cantor para fiscalizar os cantos e evitar que se cometam erros.

Os jovens já não se empenham em aprender nada disso, razão pela qual os rituais estão desaparecendo. O argumento usado foi o de que, se o confiassem ao moderno antropólogo pesquisador, esse material seria preservado como um tesouro no Museu dos Navajos. Naquela época – isso ocorreu na década de 1930 a família normal navaja foi descrita como um grupo constituído de pai, mãe, um filho e dois antropólogos. O território navajo era uma verdadeira zona de caça para o antropólogo. Quando um rapaz era recrutado, sua família podia dirigir-se ao velho Jeff King, que estivera a serviço do exército americano como batedor, quando este lutava contra Jerônimo e os apaches. King morreu com mais de 90 anos e foi sepultado como herói militar no cemitério de Arlington. Maude conseguiu que ele lhe revelasse o rito que estava executando em benefício dos jovens recrutas. Era um antigo ritual guerreiro denominado "Onde os Dois Foram Ter com Seu Pai".

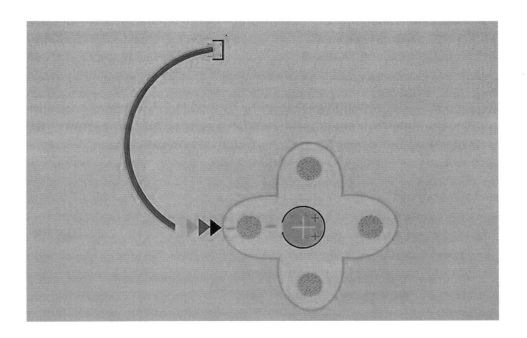

Tendo emergido do mundo inferior, as pessoas sentavam-se naquele pequeno lugar; nas quatro direções estão as montanhas das quatro direções, onde estão contidas as sementes de todas as coisas. Esta é a casa da "Mulher que Muda", uma maravilhosa figura da mitologia navaja. Ela nasceu miraculosamente de uma nuvem e se tornou mãe de dois meninos, também milagrosamente, em parto virginal. Banhava-se ela numa pequena fonte quando o sol brilhou sobre seu corpo; ao voltar para casa, deu à luz um menino. Havia monstros que perturbavam a vizinhança, de modo que ela cavou um pequeno buraco e colocou o menino nessa espécie de berço subterrâneo a fim de protegê-lo dos monstros; voltou então à fonte para se lavar e concebeu novamente mas, desta vez, da lua. Ei-la, pois, de volta, e aí estão os seus dois filhos. O que nasceu do sol é chamado de Matador de Inimigos. É o guerreiro, dirigido para fora. O menino nascido da lua chama-se Filho da Água e é o curandeiro, o xamã. O tema dos heróis gêmeos aparece em inúmeras mitologias. Eles representam o chefe guerreiro e seu sacerdote mágico.

Lá estão eles vivendo com a mãe e sabedores de que não somente ela, mas toda a vizinhança, estão sendo perturbadas por monstros; pensam, pois, que seria melhor pedir ajuda a seu pai (o sol, afinal de contas, é o pai dos dois, pois é ele que acende a luz da lua). A mãe lhes diz: "Há perigo por

41

aqui, meninos, e vocês podem ir para leste, para o sul, para oeste, mas não para o norte." E assim eles vão para o norte. É a única maneira de obter material novo. Não obedecer à comunidade. São eles os envolvidos, ou os que estão em perigo. Assim, guiados pelo Homem do Arco-Íris, os dois vão para as montanhas, os quatro cantos; na mitologia dos índios americanos, tudo é visto de quatro em quatro. Eles dão a volta ao mundo e seguem seu caminho. Estamos diante de um mito típico da busca do herói.

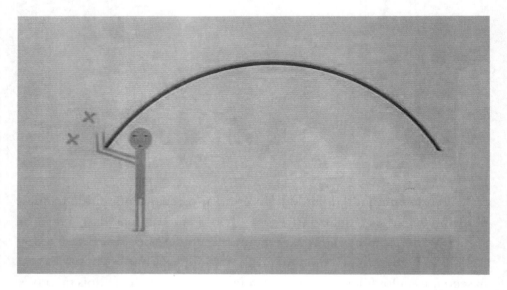

Quando chegaram ao fim do mundo conhecido, vale dizer, quando alcançaram o horizonte, viram-se diante do guardião da entrada, cujo nome é Menino das Areias Brancas. É o guardião do leste. Com seus compridos braços, ele agarra as pessoas e lhes enterra as cabeças na areia, sufocando--as. É ele quem cuida para que ninguém vá além dos limites da mitologia. Os meninos o lisonjeiam. Dizem-lhe: "Ó maravilhoso Menino das Areias Brancas, nunca houve no mundo nada igual a você." E ele, que nunca recebera tal elogio, lhes diz: "Está bem, podem passar." E eles continuam a circular; há o Menino das Areias Brancas e o Menino das Areias Azuis, e assim por diante; agora eles estão além dos limites do mundo.

Seguindo por uma espécie de paisagem informe, eles avistam uma mulher muitíssimo idosa, cujo nome é Velhice. E ela diz: "Olá meninos, que estão fazendo por aqui, ó gente da terra?" Eles respondem: "Estamos a caminho da casa do nosso Pai, o sol, para obter armas que salvem nossa mãe dos monstros." "Oh!", diz ela, "o caminho é longo, muito longo. Estarão velhos quando chegarem lá. Mas lhes dou um conselho: não andem pela minha vereda; caminhem à direita dela". E assim os meninos começaram a andar à direita, mas depois se esqueceram do conselho. Os heróis sempre se esquecem. E, enquanto andavam novamente pela vereda, começaram a se sentir velhos, tiveram de apanhar bastões e de caminhar apoiados neles; finalmente, já não podiam andar de modo algum e a Velhice, a anciã, que estivera a observá-los, aparece-lhes e diz: "Ah, ah, ah, eu bem lhes avisei!" Eles respondem: "Você não pode nos rejuvenescer?" "Bem", diz ela, "se vocês agora forem cuidadosos, eu o farei"; cuspiu, então, em suas próprias mãos, colheu um pouco de umidade nas axilas e entre as pernas, esfregou-a neles e os rejuvenesceu. E advertiu-os: "Conservem-se à direita da vereda."

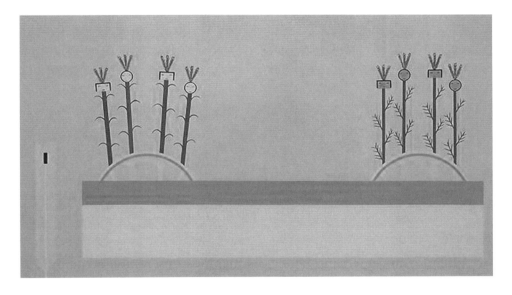

Os dois seguem caminho e logo avistam outra velhinha, uma velhinha negra. É a Mulher-Aranha. Essas aranhas vivem no solo e são uma espécie de fada-madrinha, um equivalente da fada-madrinha. E o espírito da própria mãe-terra sob a forma de uma velha aranha. "Olá, meninos da terra, que é que os traz aqui?" "Estamos à procura de nosso pai, o sol, a fim de conseguir armas para salvar nossa mãe." "Ah, é uma viagem longa, muito longa! É melhor descerem à minha casinha; eu os prepararei para essa jornada."

E assim ela fez com que o sol andasse mais depressa (ela tem poder até sobre o sol), de modo que ele se pusesse e os irmãos fossem obrigados a passar a noite com ela. O buraco pareceu-lhes muito pequeno. Como poderiam passar por ali? Mas não houve nenhum problema. Desceram facilmente, ela lhes deu para comer um certo alimento, fê-los engolir algumas peças de ébano e turquesa, preparou-os para a viagem, revelou-lhes quais seriam os problemas que iriam encontrar e lhes deu uma pena para protegê-los. "Segurem firmemente esta pena e assim passarão por todos os obstáculos" – o cacto que corta, os bambus que perfuram, as rochas que se entrechocam, e assim por diante.

Bem, com semelhante ajuda, os meninos puseram-se a caminho e transpuseram todos os obstáculos. Coisa de rotina. Ultrapassamos o mundo conhecido. A ajuda mágica nos vem sob a forma de alguma fada–madrinha. As peculiaridades da jornada são previstas e superadas. Os meninos chegam ao oceano que rodeia o mundo.

É um tema mitológico padrão. O *Okeanos* dos gregos. Sabemos que ele rodeia o mundo porque ali estão as quatro montanhas das quatro direções. Em outras palavras, eles transferiram o espaço para uma pintura plana. Nessas pinturas, os animais não são representados à maneira naturalista. Essa gente sabe representar tais coisas de maneira naturalista, mas elas estão representadas na forma de sua referência espiritual. A transformação da natureza em arte torna os fenômenos naturais transparentes para a transcendência.

Os meninos, sempre com sua pena, atravessam a água graças ao poder mágico que lhes foi concedido. Aproximam-se da casa do sol, defendida por quatro tipos de animais guardiões. Primeiro, as quatro serpentes. O rapaz que está sendo treinado para se tornar um guerreiro, tendo sua psicologia transmudada de uma consciência secular para outra, militar, vem caminhando ao longo dessa linha, ajoelha-se inclinando a cabeça sobre essa cesta de espumas de iúca. Submete-se a um banho cerimonial, que é uma purificação; antes de receber uma revelação, passamos por uma purificação – tal é o sentido desse rito. Há também guardiões-ursos, guardiões-pássaros-trovejantes e guardiões-ventos. Depois de passar por eles, os meninos chegam à casa do sol. É um microcosmo do macrocosmo, com as quatro direções. Lá está a filha do sol, lá está o cavalo do sol. Ele cavalga ao redor do mundo com seu escudo solar. Tais são os passos dos meninos e as pausas que fazem quando encontram os obstáculos em seu caminho.

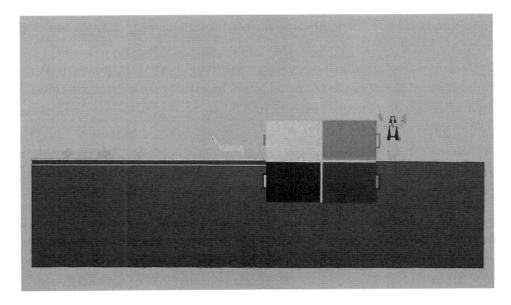

Ei-los que chegam. O sol está fora, em sua viagem diária, e os meninos são recebidos pela filha do sol. Ela pergunta: "Quem são vocês?" Eles respondem: "Somos os filhos do sol." "Ah, é mesmo? Bem, papai não está em casa, mas quando chegar ele os tratará mal, por isso eu os protegerei." E ela os enrola em nuvens das quatro cores e os coloca sobre portas das mesmas cores. Sobre uma porta ela aloja Matador de Inimigos e sobre a outra, Filho da Água. E assim, ao entardecer, o sol chega, apeia de seu cavalo, entra em casa. Ofegante, pendura na parede o seu escudo. Vira-se para a filha e pergunta: "Quem são aqueles dois meninos que vi chegarem aqui hoje?"

Ela responde: "Você sempre me disse para me comportar bem quando está viajando ao redor do mundo. E aqueles meninos dizem que são seus filhos."

"Ah, é isso o que eles dizem, hein?" Ele então revista a casa, fá-los descer das portas e os submete a uma série de testes.

Este é um dos temas favoritos das histórias dos índios americanos. O teste do pai, ou o teste do sogro, ou coisa semelhante. Ele os atira de encontro aos quatro espetos das quatro cores nas quatro direções. Espetos de pedra, que ficam presos à pena. Eles sobrevivem. Ele lhes dá tabaco envenenado para fumar. Eles sobrevivem. Coloca-os numa câmara para suar e tenta fazê-los suar até morrer. Eles sobrevivem. Finalmente, ele diz: "Bem, acho que vocês são meus filhos. Vamos para aquela sala." Coloca um dos meninos de pé sobre a pele de um búfalo negro e o outro sobre a pele de um búfalo branco, revela-lhes seus nomes verdadeiros e cada qual adquire as características que lhes são próprias. Vocês hão de lembrar de que, anteriormente, os dois eram negros e do mesmo tamanho. Agora eles são mais altos e Filho da Água é azul. Ora, a descrição desse momento de iniciação naquela sala onde penetrava o ribombar dos trovões e o faiscar dos relâmpagos é algo terrificante, mas agora eles sabem quem são. Tal é o segundo nascimento por intermédio do pai, que é exatamente aquilo de que estávamos falando.

Tendo sobrevivido, eles se tornam tão poderosos que se dividem em quatro. O amarelo é o correlativo de Matador de Inimigos, e o branco correlativo de Filho da Água; e, estando agora em toda a sua pujança, eles iniciam a volta através do oceano cósmico. Chegam ao buraco do céu. A pena que estão cavalgando já não é a que a Mulher-Aranha lhes entregara. É a que seu pai lhes deu. O pai, agora no buraco do céu, os faz passar por uma prova final. "Qual é o seu nome? Qual é o nome da montanha do norte? Qual é o nome do buraco na terra?" As respostas lhes são sussurradas pela Grande Mosca e pelo Pequeno Vento. Pode-se achar que isso é trapacear, mas não se trata de trapaça. Se não a tivessem merecido, eles não teriam recebido a inspiração. Aí está, pois: se você estiver destinado a passar pela prova, você passará. Assim, tendo passado pela prova, eles desceram à montanha central, o Monte Taylor.

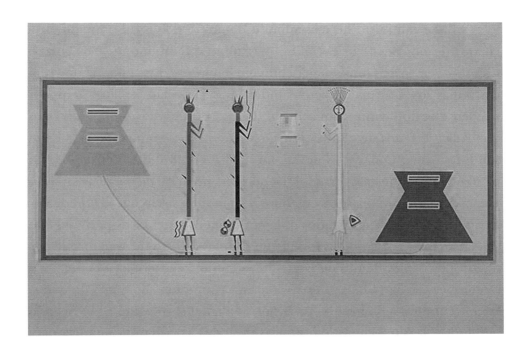

Antes de irem se empenhar em matar os monstros específicos que perturbavam a mãe, eles precisavam matar o monstro arquetípico que vive nas proximidades desse lago. Seu nome é Grande Monstro Solitário. A característica dos monstros é que eles se enganam e tomam a sombra pela substância; portanto, esse Grande Monstro Solitário vê os dois meninos refletidos no lago. "Ah, sim, eu posso bebê-los e digeri-los até morrerem!" E assim o Grande Monstro Solitário, tomando a sombra pela substância, bebe todo o lago, digere-o penosamente e torna a cuspi-los, mas lá estão eles. Ele bebe quatro vezes o lago. Depois de tal proeza até um monstro se cansa. E assim os meninos prosseguem. O mais interessante em tudo isso é que esse monstro também é filho do sol. Mas este acode para ajudar os meninos a matar o monstro – ambiguidade em relação à virtude e ao vício, aos pares de opostos e tudo o mais.

E assim o monstro é morto e agora eles estão prontos para voltar para casa. Ao passarem pelo sopé do Monte Taylor, eles tropeçam e perdem as armas do pai. Passaram do domínio do puro fogo masculino para o domínio misto da água, onde o fogo está misturado com a terra. Então são recebidos pelo Deus que Fala, o antepassado masculino da linhagem feminina dos deuses.

Ele é um misto de masculino e feminino e lhes dá um bastão recitador de orações feito de milho masculino e feminino, que os guiará. Eles recebem armas duplas, masculinas e femininas. Essa energia que vem das armas sob a forma de pedras indica que eles estão repletos de poder mágico, e os dois continuam cavalgando a pena. A boca e os olhos do Deus que Fala são feitos de chuva masculina e de névoa feminina, que surgem sob esta forma. O nariz é feito de um talo de milho. Ele lhes deu armas para matar os monstros terrenos. Depois de uma série de batalhas terríveis para matar esses monstros tremendos, os meninos estão quase liquidados. Estão de tal modo alquebrados que perderam os braços e as pernas; Filho da Água corre o risco de se tornar um simples reflexo de Matador de Inimigos. Por isso os deuses descem, encenam uma cerimônia sobre eles e a saúde lhes é restituída. E o que seria essa cerimônia? É aquela de que já falei, a cerimônia da história da própria vida deles tal como o psicanalista que leva você de volta às lembranças de todas as coisas da infância para fazê-lo retornar ao caminho que lhe é adequado. Depois de passarem por essa prova e se submeterem a essa cerimônia, voltam a ser quatro. Esta é a pintura com areia mais vigorosa da coleção: os quatro meninos em pé, cada qual sobre a montanha de sua própria cor.

Quando confiou tal cerimônia a Maude Oaks, Jeff King omitiu essa pintura. Disse ele: "Bem, é isso aí." Maude retrucou: "Não, Jeff, deve haver outra pintura." Ela agora conhecia o suficiente para saber tudo o que se requeria nessas situações cerimoniais mitológicas. "Não", disse ele, "eu lhe confiei tudo." "Não, Jeff", insistiu ela. "Está bem", tornou ele, "eu lha darei." E foi assim que conseguimos toda a história. É uma aventura mitológica típica. Deixar o mundo limitado onde você foi criado, passar além daquilo que todos conhecem e chegar aos domínios da transcendência; adquirir o que estava faltando e voltar com o corpo – eis um belo e perfeito exemplo desse sistema.

Esta pintura foi executada por um amigo de Alce Negro. O livro de John Neihardt *Black Elk Speaks* é uma obra magnífica. Felizmente, quem recebeu a mensagem de Alce Negro, que contava então mais de 90 anos, foi um poeta: é a visão que esse guardião do cachimbo curador de Oglala teve quando era um menino de nove anos. A visão predisse, de maneira realmente mágica, o destino que aguardava seu povo. Ele a obteve muito tempo antes dos primeiros embates com a cavalaria e a batalha de Wounded

Knee. Quando ainda era muito jovem, mais ou menos aos 14 anos, o velho Alce Negro tomara parte na batalha contra Custer. Num certo ponto da visão, ele disse: "Vi-me na montanha central e sagrada do mundo." Ei-lo na montanha central do mundo, com a árvore axial e os três pássaros à sua volta, todos circundados por Mateus, Marcos, Lucas e João. Disse ele que a montanha central do mundo, a mais alta, é Harney Peak, em Dakota do Sul. E acrescentou logo em seguida: "Mas a montanha central está em toda parte." Ora, ali estava um homem que sabia da diferença entre um símbolo cultural do povo e a referência desse símbolo.

A terra sagrada está em toda parte. Assim, quando você se dirige a um sítio qualquer para celebrar um culto e fazer uma adoração de modo a poder dirigir sua mente para o mistério, aponte: este é o centro, este é o norte, esta é a montanha do sul e assim por diante. A frase daquele velho sábio me faz pensar numa outra, colhida num texto do século XII, traduzido do grego para o latim e denominado *Livro dos Vinte e Quatro Filósofos*. Ali está escrito: "Deus é uma esfera inteligível" – inteligível significa conhecido pela mente – "uma esfera inteligível cujo centro está em toda parte e cuja circunferência não está em parte alguma." Portanto, tudo está certo aqui. A função do ritual e do mito é deixar que você o experimente aqui, e não em algum outro lugar e há muito tempo.

Ouso dizer que não existe conflito entre o misticismo – a dimensão mística e sua percepção – e a ciência. Mas há uma diferença entre a ciência do ano 2000 a.C. e a ciência do ano 2000 d.C. E o que nos perturba é o fato de existir um texto sagrado que foi composto em outro lugar, por outro povo, há muito tempo, e que não tem nada a ver com a experiência de nossas vidas. Há, pois, um distanciamento fundamental. Quando se volta o olhar para esse texto, vê-se que se trata de um texto que se refere ao homem como algo superior à natureza, que fala do domínio exercido pelo homem sobre a natureza como algo que lhe foi concedido. Compare-o com as palavras do chefe Seattle. Tal é a diferença entre a mitologia considerada como algo petrificado, exaurido, morto, não mais atuante, e a mitologia vista como algo atuante. Quando a mitologia está viva, é desnecessário dizer o que ela significa. É como olhar para um quadro que nos diz realmente alguma coisa. Se perguntarmos ao artista: "Qual o significado disto?", se quiser ofender-nos ele no-lo dirá. O mito deve funcionar como uma pintura. Pode-se explicá-lo se realmente já o experimentamos, interpretamos, ampliamos e assim por diante; mas é preciso que ele atue. E nós o perdemos.

Um artigo publicado por *Foreign Affairs*, intitulado *Care and Repair of Public Myths*, afirma que uma sociedade desprovida de um mito que a sustente e lhe dê coerência caminha para a dissolução. É o que está acontecendo conosco. Ele define o mito de maneira incompleta. Define-o como uma sequência de ideias aceitáveis concernentes ao cosmos, a suas partes, nações e outros grupos humanos. Mas o mito está igualmente relacionado à dimensão mística subjacente a tudo isso. Se essa dimensão não está presente, não se tem uma mitologia, não se tem uma ideologia. O mito também está ligado à pedagogia do indivíduo, fornecendo-lhe uma pista que lhe sirva de guia. É justamente isso que faz o mito que acabo de lhes oferecer. Ele sintoniza a pessoa com o ciclo da própria existência, com o ambiente em que ela vive e com a sociedade que já está integrada no ambiente.

3

E lavamos nossas armas no mar: deuses e deusas do período neolítico

O grande estágio seguinte é o da emergência das civilizações citadinas – o começo dos processos históricos. Em certos lugares, em certas épocas, acontece uma coisa notável. O idílio intemporal das religiões da natureza rende-se a um processo temporalmente ordenado. Emergem civilizações que têm histórias: uma juventude, uma maturidade e uma decrepitude. Na literatura, a representação mais importante dessa sequência é a de Oswald Spengler em *Der Untergang des Aben-dlandes – O Declínio do Ocidente*. Spengler analisa oito civilizações que passaram por esses ciclos e indica o ponto exato onde nos encontramos.

Há três centros principais, identificados como matrizes da origem da agricultura e da domesticação de animais. São o sudeste da Ásia, hoje reconhecido como tendo sido provavelmente o centro primitivo; a área que compreende o sudoeste da Ásia, a Ásia Menor e o sudeste da Europa; e, evidentemente a América Central, o México e o Peru.

No Oriente Próximo, cidades de elevada cultura desenvolveram a escrita e a matemática. Ali, a agricultura principal é a dos cereais. Os animais domesticados são o gado e, mais tarde, o cavalo e, na região do deserto sírio-arábico, o dromedário e o camelo.

Comecemos pelo sul da Turquia, na Anatólia, numa pequena cidade chamada Catai Huyuk. Existe ali uma série muito importante de escavações dirigidas por James Mellaart, escavações essas que comprovaram a antiguidade das culturas agrícolas no Oriente Próximo, que remontam a mais ou menos 10.000 anos antes de Cristo. Catai Huyuk está situada numa planície, e a aldeia é um pouco parecida com os pueblos do sudoeste americano. As casas amontoam-se umas sobre as outras.

Para tomar de assalto uma cidade como essa, seria necessário por abaixo as construções. Não há como penetrar na cidade, a não ser pelos próprios edifícios. Em Catai Huyuk existem cerca de quinze níveis desses edifícios. É este um dos mais importantes e antigos achados, e constitui o símbolo que elucida a mitologia dominante nessa área. Eis a deusa-mãe duplicada, dorso a dorso consigo mesma. A da esquerda abraça um adulto masculino, a da direita segura uma criança. É a transformadora. Onde se tem a agricultura como base, a deusa se torna a figura mitológica principal, personificando as energias da natureza que transformam o passado em futuro, por meio da transformação do sêmen em criança, da semente em fruto.

Essa pequena peça, em xisto verde, data de 7000 a.C. Foi encontrada dentro de um recipiente de cereais, sendo, portanto, associada à agricultura. É uma cerâmica que representa a deusa sentada entre dois felinos. Lembram-se de nossa associação do leão com a deusa? Ela está dando à luz, podendo-se ver a cabeça de uma criança. Proveniente de Roma, aproximadamente de 100 d.C., é uma estatueta da deusa anatólia flanqueada por leões, sentada num trono, tendo numa das mãos o disco do sol e na cabeça, a coroa, a Cidade Murada. Aqui surgiu a cidade. Durante as guerras cartaginesas, o culto dessa deusa anatólia foi levado a Roma como uma de suas forças de sustentação, para que ela favorecesse a causa romana. Estamos, pois, diante de uma divindade de sete mil anos. Encontrou-se em Catai Huyuk um grande número de capelinhas; numa delas, associada à deusa, uma estatueta de dois leopardos que se defrontam. São os guardiões da entrada, o macho e a fêmea que defendem o santuário. As marcas sobre o leopardo são trifólios, formas trifoliadas.

Eis o desenho de um pequeno santuário; a figura da deusa é designada pelos escavadores como a forma-que-dá-à-luz. E o que está vindo à luz não é uma criança, e sim um touro. Não existe nenhum escrito desse período, porém mais tarde o touro passa a ser associado à lua. A lua morre, é ressuscitada e torna a nascer da deusa solar. Na estatueta do recipiente de cereais, vemo-la dando à luz uma forma humana e, aqui, ao bucrânio simbólico, a cabeça do touro.

Em outra fascinante capela há um mural com a cabeça do touro, a lua que regressou, com um crânio abaixo dela. Já falamos sobre o culto do crânio. No muro, vê-se um abutre devorando um corpo sem cabeça. A cabeça, ou crânio, foi removida. O corpo está virado em direção à mãe-terra, ou mãe-céu. O abutre representa o aspecto consumidor da deusa que dá à luz; por conseguinte, o corpo está sendo reciclado, como se diria atualmente. Se tivéssemos de traduzir em palavras o sentido desse pequeno santuário com o crânio, diríamos: "Ó Deusa Mãe, assim como a lua renasceu, possa eu também, meu corpo mortal, ser devolvido à fonte."

Em Jericó, as escavações foram supervisionadas por Kathleen Kenyon, justamente na época em que Mellaart, trabalhando em Catai Huyuk, descobria numa parede (de 6000-5000 a.C.) outro mural com um abutre desse tipo, no qual se vê a deusa consumindo corpos cujas cabeças, que aparentemente contêm a consciência, haviam sido decepadas. Representações dessa deusa-abutre – seu nome é Nekbet, cobrem todo o teto do túmulo de Ramsés VI, no Egito. Esse culto persistiu, portanto, seis ou sete mil anos.

No sudeste europeu, nos últimos 30 anos, uma quantidade enorme de materiais tem sido escavada. Existe um estudo magnífico desses materiais, feito por Marija Gimbutas, da Universidade da Califórnia, Los Angeles. Seu livro intitula-se *Goddesses and Gods of Old Europe, 7000-3500 B.C.*, um período muito remoto, no qual predominava a deusa-mãe. Desejo passar em revista uma série de imagens associadas principalmente ao norte da Grécia, mas também aos Bálcãs e às regiões próximas ao Danúbio, ao Dnieper, ao Dniester e também ao Volga. Numa representação da deusa, datada de 6000 a.C., existem alguns traços essenciais. Um deles é o pescoço muito alto – o eixo do mundo. A deusa é o eixo. Acima do pescoço há a estatueta de um pássaro. Ela é uma deusa-pássaro e uma deusa espiritual, mas também, obviamente, uma fêmea humana, com seios. O javali está associado a ela.

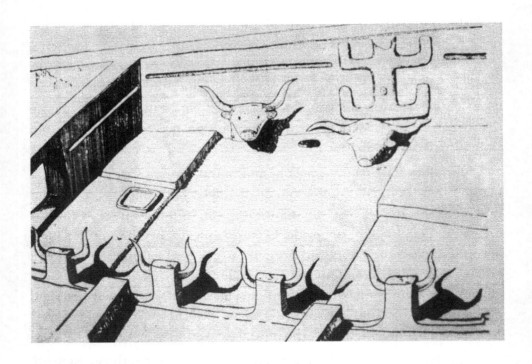

O labirinto é outro tema recorrente, gravado em serpentes de cerâmica, jarros e estátuas.

Na parte interior desta tigela, datada de 5000 a.C., vê-se algo parecido com uma inscrição linear. Se assim for, seria esta a escrita mais antiga na história da civilização. A data geralmente atribuída às origens da escrita é mais ou menos 3200 a.C., na Mesopotâmia, na antiga Suméria.

Existe uma estatueta masculina de um governante desse período, sobre cujo ombro há um cetro com o formato de uma pequena foice. Chegou até nós uma foice verdadeira, de cobre, datada da mesma época, 5000 a.C. Tratava-se, pois, de povos agricultores que ceifavam cereais de um tipo qualquer. Suas ferramentas não são armas. São ferramentas pesadas, de cobre, usadas em carpintaria e/ou agricultura. São cidades pacíficas. Somente mais tarde é que começam a surgir os muros que indicam ataques repentinos vindos de fora. Com esses muros, aproximamo-nos de toda a história, da história tardia do Oriente Próximo.

Temos, de início, povos plantadores instalados nos vales das altas montanhas e, mais tarde, nos vales dos grandes rios: Tigre, Eufrates e Nilo. Ocorrem então as incursões dos bárbaros vindos do deserto e das grandes planícies. Há dois tipos de bárbaros: os semitas, provenientes do sul, do deserto sírio-arábico; e os indo-europeus, procedentes do norte. Os indo-europeus eram pastores de gado. Foram eles os primeiros a domesticar o cavalo e a inventar o carro de combate, que se tornou uma arma invencível. Os semitas pastoreavam ovelhas e bodes e domesticaram o camelo.

Na realidade, os deuses pertencem a duas categorias: os que representam as forças da natureza, os que operam no universo e dentro de nós mesmos; e os que são os protetores específicos da tribo. Na maioria das mitologias, as divindades protetoras tribais são menos importantes que as divindades da natureza. Nas mitologias semíticas, os papéis se invertem. Por volta de 4500 a.C. aparece o minotauro primitivo – cabeça humana e corpo de touro, o que por vezes se apresenta invertido: corpo humano e cabeça de touro. Temos, então, o minotauro, o touro, o gado, como divindade principal – exatamente como o bisão entre os índios americanos. Misturaram-se as formas animal e humana, tal como se haviam misturado no dançarino primitivo em *Les Trois Frères*.

Entre 3500 e 3000 ou 2500 a.C., aproximadamente, em Creta, encontra-se no mundo insular uma continuação do sistema da mãe–deusa, que se havia desenvolvido no continente. Enquanto isso, no continente, os povos patriarcais guerreiros, pastores, fazem incursões e a cultura se transforma. Em Creta há uma sobrevivência marginal dos primitivos sistemas da mãe-deusa. Esta é retratada com o laboris, ou eixo duplo, o símbolo mais importante de Creta. Ela é não somente aquela que dá a vida, mas também aquela que a tira. Existem sugestões lunares nas lâminas em forma de crescente – morte e ressurreição. Em Creta, o animal primordial é o touro com chifres. A lua precisa morrer para ser ressuscitada. O touro sagrado é morto e o touro novo é a ressurreição.

Aparentemente, o sacrifício do touro é o sucedâneo de um sacrifício mais antigo, o do rei. Veem-se aqui jogos com touros pintados num pequeno mural no palácio de Knossos, no aposento do rei. Tem-se questionado a possibilidade desse tipo de jogos com touros ou pessoas pulando sobre touros. Trata-se de um touro com pernas mais curtas que as do *toro bravo* das praças de touros espanholas; não obstante, semelhante proeza ainda parece impossível. Ora, quando estudava na França, fui a Bordeaux assistir a uma tourada. O touro, ali, não é morto. Um grupo de homens trajando largas calças brancas, camisas brancas e cintos vermelhos entra na praça de touros. Trombetas triunfais os saúdam. Quase todos coxeiam em consequência de algum embate com o touro; depois de cumprimentarem a assistência, solta-se na arena um touro novo, de chifres pontiagudos. O objetivo é fazer com que o touro invista contra um deles, que então se desviará para um lado, mexendo apenas um pé. Pode-se, pois, imaginar o horror de certos momentos. As coisas estavam correndo muito bem até que um dos homens, quando o touro investiu contra ele, correu em sua direção e saltou por cima do animal. Anos depois eu me perguntei: "Terei sonhado aquilo?" Não, não sonhei. Essa prática ainda perdura na França, sendo, pois, perfeitamente plausível.

A planta do pavimento do palácio de Knossos é uma espécie de labirinto. A pergunta que se faz é a seguinte: Onde ocorriam os jogos com touros? Costumava-se sugerir que eles se passavam no interior do palácio, o que seria, entretanto, muito perigoso. Fora, há um grande declive e provavelmente fosse ali que tudo acontecia. Participavam moças e rapazes. Num dos murais veem-se mulheres dançando, de maneira muito semelhante à das moças que dançam nos intervalos dos jogos de futebol. E a assistência é toda feminina. Em nenhuma das culturas arcaicas as mulheres são tão distintamente proeminentes quanto em Creta. Deve ter ocorrido, lá, uma espécie de prosseguimento do papel das mulheres nos sistemas culturais da mãe-deusa.

Há em Knossos uma pequena sala do trono. Vê-se gravada no trono real a lua que morre para ser ressuscitada. Possivelmente, o rei de Creta era morto de oito em oito anos, numa associação com o ciclo do planeta Vênus. Não se veem pinturas de reis idosos em Creta. Dois grifos ladeiam o trono.

Sempre que há mulheres proeminentes num culto, é grande a probabilidade de se enfatizar o que se poderia designar como a experiência religiosa, em detrimento dos aspectos teológicos, lógicos e racionais. Acentua-se muito mais a experiência. Na pintura de uma dança, as figuras femininas têm cabeças de grifos. De certa forma, portanto, o grifo está associado ao culto da deusa.

Temos aqui uma cerimônia fúnebre, com o morto, o túmulo e as oferendas. O barco da lua transporta a alma para o mundo inferior, para o Hades, onde animais são sacrificados. Os gigantescos chifres da mesa de sacrifícios de Knossos, através dos quais se avista o Monte Ida, a montanha sagradá, foram colocados ali por sir Arthur Evans, que sabia o que estava fazendo. Eis a deusa sobre a montanha cósmica, com seus leões, o animal felino, e por trás dela os chifres do altar e o tridente, o caminho entre o par de opostos – o caminho da transcendência.

É no Oriente Próximo que aparecem as primeiras cidades, dando lugar a algo inteiramente novo. A vida cultural de uma pequena comunidade ou de uma tribo nômade devia estar perfeitamente ao alcance de todo membro da comunidade. Devia haver uma comunidade de adultos equivalentes. As distinções seriam entre grupos de idade, as distinções entre o masculino e o feminino e as distinções entre a ordem normal das pessoas e as especialmente dotadas, os visionários xamanistas. Mas com a ampliação das comunidades, subsequente ao estabelecimento da agricultura e à domesticação de animais, começa a haver uma diferenciação de profissões. Em vez do que poderíamos designar como diletantes e amadores, estão profissionais cuja vida, assim como toda a sua dinastia, é inteiramente consagrada ao governo, ao sacerdócio, ao comércio ou à agricultura. Ocorre então uma diferenciação de pessoas e um novo problema, isto é, o de conseguir que pessoas com formas de vida diferentes se sintam membros de um mesmo organismo. E é isso que está desintegrando o nosso mundo. Com o operário contra o patrão, este contra aquele e assim por diante, está havendo uma desintegração do sistema cultural.

Nas culturas primitivas, o problema consistia em manter intacta a organização. Com o sacerdócio profissional, houve uma identificação das passagens dos planetas pelo zodíaco das constelações fixas. Foram esses povos que inventaram a escrita, a aritmética e a numeração de ordens de 60 e de dezenas – o sistema sexagesimal e o cálculo por dezenas. Ainda hoje utilizamos o sistema sexagesimal para calcular os ciclos do tempo ou do espaço. Com a escrita, a matemática e a observação precisa do firmamento, tornou-se possível estabelecer que os planetas se movem com uma velocidade matematicamente determinável. Começamos, assim, a ter a concepção de uma ordem cósmica suscetível de ser matematicamente registrada. Isso representa uma transformação total na cultura e a introdução de algo ao mesmo tempo novo e diferente. Nas situações primitivas, uma árvore específica, uma lagoa particular ou uma rocha, o excepcional, enfim, adquire importância. Mais tarde, a importância maior é atribuída ao animal ou à planta. Mas agora começamos a ter a concepção de uma ordem cósmica, e a exceção é antes excluída e não incluída. A exceção é aberrante. É uma maneira inteiramente nova de encarar o universo.

É na região do Tigre e do Eufrates que surgem as primeiras cidades do mundo. A penetração nos vales desses rios acontece por volta de 4000 a.C. Por essa mesma época, ocorreu a penetração do vale do Nilo. Essa região é uma espécie de oásis protegido, de todos os lados, pelo deserto. O vale do Tigre-Eufrates é bem diferente. Está inteiramente aberto – ao norte, ao sul, a leste e a oeste, às invasões. Desse modo, enquanto se desenvolvia no Egito algo muito estável, na região do Tigre-Eufrates surgiam grandes transformações e desenvolvimentos históricos.

Entre os achados mais antigos de que vamos tratar estão os de Halaf, uma cerâmica muito primitiva datada de 4000 a.C., e os de Samarra. Uruk e Al–Ubaid eram cidades muito antigas. Eis um belo exemplar de Halaf, datado de aproximadamente 4000 a.C. É durante esse período e justamente nesse tipo de trabalho que aparece pela primeira vez a noção de um campo estético. Quando se entra numa caverna não se está diante de um campo estético. Há uma grande organização de formas em termos de estrutura da caverna, mas não se encontra uma área fechada como esta. Os motivos aqui são também mais abstratos. Desse modo começam a aparecer a abstração e um campo esteticamente organizado. A cerâmica, aqui, muito primitiva, é extremamente bonita. Trata-se de um elegante período cerâmico. Por

62

exemplo, o bucrânio, a cabeça de touro, está disposto de modo a formar uma cruz de Malta. A composição estética e a disposição tornaram-se significativas. Em Samarra, encontra-se toda uma constelação de formas suásticas e de animais que se movimentam em círculo, seguindo direção contrária à do relógio. A suástica representa os quatro pontos cardeais, a cruz da terra em movimento. Há outra peça de louça de cerâmica com mulheres e escorpiões dispostos segundo um padrão circular, o motivo da circum-ambulação, do caminhar à roda da árvore cósmica. Vamos reencontrar esse tema num contexto surpreendente: dois animais, uma espécie de imagem especular invertida, partilhando um único par de pernas.

Um dos pequenos templos mais antigos já escavados e reconstruídos está em Al-Ubaid e data aproximadamente de 3500 a.C. O amplo recinto tem a forma da vagina de uma vaca. Estamos diante da deusa-vaca, o universo como mãe-vaca. O leite desse animal é o leite da deusa. No recinto havia um rebanho de gado que ficava sob os cuidados dos sacerdotes. O leite sagrado do rebanho sagrado devia alimentar a casa governante. É um alimento sagrado. São os mesmos animais sagrados que perambulam hoje pelas ruas de Calcutá. Observa-se aqui a continuidade da vaca, do universo-mãe. As quatro patas da vaca são os quatro pontos cardeais. As mesmas imagens aparecem no Egito.

Chegamos agora à forma do leão. Eis o leão lançando-se sobre a vaca; ou sobre o touro, neste caso. O sol precipita-se sobre a lua, o leão sobre o touro. Um símbolo equivalente é o da águia lançando-se sobre a serpente. A lua esparze sua sombra; a serpente, sua pele. A águia é o pássaro solar; o leão, o animal solar. Datada de 3200 a.C., esta figura é proveniente da Suméria, a civilização mais antiga do mundo. É uma figura notável e extremamente importante. Eis o touro. A barba sagrada indica um animal cerimonial e simbólico, com chifres de touro. Está sendo consumido pela águia leonina. Esse pássaro-leão é uma representação sumeriana do poder solar que consome incessantemente o touro. A vida vem, a vida se vai. Uma das patas está apoiada num crescente, colocado aqui no topo da montanha cósmica. Essa montanha cósmica é a deusa-terra. Eis a força geradora do touro. Lembra as pedras que apareciam entre os navajos representando a energia e o poder. É o mesmo tema, tirado das juntas do touro.

65

Esta madona-serpente vem da Babilônia. Quando ela foi descoberta, na década de 1920, julgou-se tratar de uma antevisão da queda no Jardim do Éden segundo a tradição bíblica; com efeito, o Livro da Gênese, a mitologia contida no Livro da Gênese, é em grande parte uma adaptação dos mitos sumério-babilônios. Aqui, entretanto, o espírito é bem outro. Existe a árvore cósmica, a árvore axial. Eis a deusa da árvore, e eis a serpente que se desfaz de sua pele para renascer. A associação entre deusa, serpente e árvore lembra o Jardim do Éden, Eva e a serpente. E aí está a figura masculina da lua para a revivescência. Ela vem receber o fruto da vida eterna para reviver. Não se trata, aqui, de uma queda. Nessas tradições, não existe a ideia de queda. Na Índia, a divindade penetra no mundo voluntariamente, como uma dança. O mundo é um folguedo, um jogo. Tal é o espírito que permeia essas mitologias. É um espírito alegre, ou pelo menos bem-humorado. Não há no mundo mitologia mais sombria que a do Antigo Testamento.

O vaso Warka, proveniente de Uruk, é do mesmo período. Infelizmente ele está quebrado, e por isso não vemos o rei, mas sim o seu carro e o servo que o conduz. Um sacerdote traz oferendas à sacerdotisa do templo, no interior do qual estão as oferendas trazidas anteriormente. Os sacerdotes sumerianos portadores de oferendas chegam nus à frente do santuário. Nós chegamos nus à presença de Deus. Também estão representados os rebanhos, as ovelhas, os bodes, e assim por diante, que deverão aumentar graças a essas oferendas.

Lembram-se da estatueta paleolítica que representa a mulher como musa, como inspiradora da vida espiritual? Na história da escultura, esse é o primeiro exemplar impregnado de delicadeza e doçura que chegou até nós. Os olhos, originariamente, devem ter sido de lápis-lazúli azul, e provavelmente houvesse uma cabeleira sobre a estatueta. Quando se pensa hoje nos cultos que reverenciam a mãe, fala-se inevitavelmente em fertilidade. Mas não é esta a principal inspiração da deusa, ela se limita ao nível físico. Essa mulher desempenha o papel da musa. No plano espiritual, ela é igualmente a mãe de nosso nascimento espiritual, o nascimento virginal, o nascimento de nossa vida espiritual; e é isso, certamente, o que está representado aqui. Este é um dos mais belos exemplares de todo esse período. Sob esse aspecto, faltam a outras representações de divindades femininas ou masculinas a delicadeza desta obra; quanto às características, porém, elas podem nos dizer alguma coisa. São estas as chamadas deusas do olho. Aqui, a ênfase recai no domínio espiritual; os olhos azuis são os olhos dos céus. Há uma divindade masculina nesta tradição, podendo-se ver os olhos azuis numa dessas obras, ao passo que o rosto é especificamente semita. Portanto, os semitas estão chegando do deserto. Os povos de Akkad e os moabitas, os amonitas e outros mais, vindos em levas e sendo assimilados. Na verdade, o que se vê é um relicário da deusa do olho, no qual há apenas os olhos.

Chega-se agora ao ano 2350 a.C. e a Sargão I. É ele o primeiro imperador semita importante dessa região, de que temos conhecimento. Esses povos vindos do deserto sírio-arábico chegaram a princípio como conquistadores, estabelecendo-se depois como governantes. Este belíssimo bronze data de 2350 a.C. Sargão nascera de mãe humilde nas regiões do alto Tigre. Ela o colocara num cesto de juncos, impermeabilizado com piche, e o confiara às águas do rio. Ele flutuou rio abaixo e foi tirado das águas por um jardineiro das propriedades reais. A deusa se lhe afeiçoou e assim ele foi enobrecido, chegando finalmente a se tornar rei. Isso ocorreu, provavelmente, cerca de dois mil anos antes da história com que estamos familiarizados. Sargão é o primeiro conquistador cujas vitórias merecem louvores e comemorações.

Nessa época, começam a ocorrer as guerras de conquista. Até então o que havia eram apenas guerras retaliatórias ou cerimoniais, como as da Nova Guiné. Invadia-se uma aldeia, nada mais. Mas agora são conquistas de fato, com hinos e celebrações. Há destruições indiscriminadas, arrasam-se cidades. E se repete o refrão: "E lavamos no mar as nossas armas. E lavamos no mar as nossas armas."

Temos, por volta de 2400 a.C., os primórdios do tipo de guerra que desde então tem caracterizado o nosso mundo civilizado: o aniquilamento implacável de populações inteiras. Leia-se o Livro dos Juízes, o Livro de Josué. Tudo isso está ali em profusão.

Houve um período sumeriano arcaico em Ur, por volta de 3300 ou 3500 a.C., e depois uma invasão semítica com Sargão I; em seguida, uma restauração sumeriana, um ressurgimento, por volta de 2000 a.C. Quase tudo o que se sabe sobre a mitologia e a arquitetura da antiga Suméria remonta a esta terceira Ur e à Era Lagash, 2000 a.C.

No zigurate de Ur, a manifestação menos importante da divindade era apresentada ao povo no piso inferior. No alto, porém, lá onde céu e terra se casam, havia o culto esotérico do clero. O mesmo acontecia nas Américas Central e do Sul.

Quando fazia escavações em Ur, sir Leonard Woolley descobriu sepultamentos espantosos. Cortes inteiras tinham sido sepultadas vivas. No Museu da Universidade de Chicago há uma reconstituição de um dos grandes túmulos reais de Ur, Não se sabe se o rei foi morto ou se morreu de morte natural. Na verdade, pode ter sido apenas um rei-sacerdote oferecido em sacrifício.

Os carros de bois e os homens que transportaram o corpo, os oficiais da corte, as dançarinas e os músicos foram todos enterrados. As mãos dos harpistas, as mãos dos esqueletos, estavam pousadas sobre as harpas, exatamente onde estariam se as cordas não se tivessem decomposto.

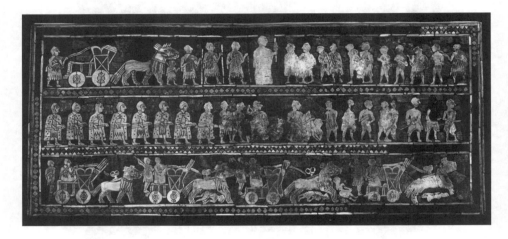

Há duas categorias de mulheres no túmulo. A primeira é a das que usam faixas de ouro em torno da cabeça; a segunda, a das que usam faixas de prata. Entre as de faixa prateada, encontrou-se uma cuja faixa não cingia a cabeça, e sim o quadril. Chegara atrasada à cerimônia e não tivera tempo para cingir a coroa.

Acima do túmulo do rei estava o da rainha. Trata-se, pois, de um sepultamento sati em grande estilo. Junto com ela está sepultada a sua corte. Os personagens jazem em filas regulares e muitos têm ao lado uma pequena taça que provavelmente contivesse meimendro ou outra substância parecida destinada a adormecê-los enquanto estavam sendo sepultados.

Esses sepultamentos em massa, nos quais se enterravam cortes inteiras, persistiram no Oriente Próximo até época bem recente. A história das primeiras dinastias do Egito está cheia de exemplos disso. Na China, eles perduraram até o tempo de Confúcio e de Lao-Tsé, que se referem a esse costume como algo abominável que não deveria perdurar.

Na bandeira de Ur está representada uma expedição militar e nela se veem as imagens de carro mais antigas que se conhecem. As rodas não giram sobre os eixos: são estes que giram com as rodas. Eram, portanto, carros muito grosseiros. Não eram puxados por cavalos, e sim por burros. O brilhante carro de guerra puxado por cavalos só aparece muito mais tarde. Vê-se o festim da vitória do *potaze*, o governador-mor, acompanhado de sua corte, bebendo cerveja ou hidromel. Não eram bebedores de vinho. O gado está sendo trazido para o banquete.

Há também um personagem em pé, segurando uma harpa, e na parte anterior desse instrumento vê-se a figura de um touro.

Temos hinos desse período em que o touro era um deus, tal como a lua, Dumutse, que desceu ao mundo inferior e canta para que sua deusa venha trazer a ambos a vida eterna. O grande feito heróico da deusa é essa descida, de etapa em etapa, ao mundo inferior, a fim de trazer para ambos a vida eterna. Tal é a concepção sati. Marido e mulher são um só. Quando ele morre, ou é sacrificado, ela deve acompanhá-lo. E, juntos, graças ao ato heroico da mulher, os dois são levados para a eternidade.

Dessa mesma época são também os mais antigos exemplos de fábulas com animais. Estes desempenham papéis humanos; temos a simulação de uma oferenda sacrifical; a de uma dança executada por um urso; e um homem-escorpião no abismo.

Agora, o ano 1750 a.C. aproximadamente, e eis Hamurabi de Babilônia. É da época desse rei que nos vem a grande epopeia de Gilgamesh. Hamurabi recebe a lei do deus Shamash, o deus-sol. Vemos os raios de sol partindo de seu ombro. Assim como Moisés recebeu a lei de Iavé, também Hamurabi a recebeu de Shamash. Urnamu, o senhor da grande cidade de Ur, de onde se supõe tenha saído Abraão, também recebeu a lei do deus-sol. E, quando a lei vem com semelhante respaldo, não se pode brincar com ela. Evidentemente, a lei havia sido criada por Hamurabi, porém foi atribuída a Deus, E o mesmo se pode dizer com relação a Moisés.

4

Os governos faraônicos: Egito, o Êxodo e o mito de Osíris

As invasões indo-europeias vieram da região situada ao norte do Mar Negro, das grandes áreas de pastagem onde viviam raças biologicamente diversas, mas falavam línguas aparentadas. As línguas indo-europeias foram identificadas como pertencentes à mesma família, por volta de 1782 ou 1783, por *sir* William Jones, o primeiro ocidental que realmente estudou o sânscrito. Juiz nos tribunais de Calcutá, ele verificou que o sânscrito, a língua falada na Índia, tinha ligações muito estreitas com o latim, o grego, o alemão e as línguas célticas.

Essa família linguística, de enorme abrangência, foi difundida pelos povos pastores nômades, que dominaram o cavalo e depois aprenderam a manejar o carro de guerra. Esses grupos diferenciados indo-europeus eram os arianos. A palavra *aryano* é de origem sânscrita e significa "nobre".

O bronze aparece pela primeira vez nas montanhas do Cáucaso, por volta de 4000 a.C. Essa liga foi obtida pelos indo-europeus, que com ela fabricaram as pontas de lanças, transformadas em insígnias, e que permitiram a expansão desses povos. Ele aparece também numa vasta área. Até a época dessas invasões, os povos de que estamos falando eram relativamente pacíficos. Mas eis que chegam os guerreiros indo-europeus, e poder-se-ia dizer que o mundo inteiro passa a ser constituído de grupos tribais em luta. Na mesma época, vindos do deserto sírio-arábico, chegam os semitas, com a mesma característica essencialmente guerreira. As divindades mais importantes dos guerreiros são divindades masculinas, divindades tonitruantes, como Iavé e Zeus.

Na maioria das mitologias indo-europeias, as principais divindades pertencem à categoria universal. As protetoras tribais locais são divindades secundárias, como Indra, por exemplo. Ora-se a Indra pedindo-lhe a vitória na guerra, mas Indra é secundária. Entre os semitas, porém, a divindade tribal é suprema. Assim, no contexto indo-europeu, a maneira de se expressar seria: "Aquele a quem chamamos Zeus vós chamais Indra." É o chamado sincretismo. Difunde-se uma tendência sincrética.

Quando chegou à Índia, no quarto século a.C., Alexandre Magno e seus jovens oficiais identificaram ali os mesmos deuses que eles próprios adoravam. E estabeleceram correlações. Krishna passou a identificar-se com Héracles, Indra com Zeus e assim por diante. Quando, três séculos mais tarde, César chegou à Gália – numa campanha relatada no livro *De Bello Gallico* –, a religião céltica é descrita por ele segundo a terminologia dos deuses romanos Apolo, Mercúrio etc. De modo que nem sempre ficamos sabendo a que deuses ele se refere. É o sincretismo. Chegando, porém, às tribos semitas, não é possível dizer: "Aquele a quem chamais Ezra nós chamamos Iavé." Tentem fazê-lo e vejam o que acontece. Temos aqui um exclusivismo e um tribalismo que persistem no judaísmo até hoje. Não bastasse isso, Iavé é o Deus único, enquanto os outros são demônios. Não existe Deus em toda a Terra, a não ser em Israel. Tal é a religião que herdamos de nossa tradição ocidental.

Passei por uma experiência bastante emocionante quando ouvi Martin Buber nos idos de 1955. Ele estava em Nova York fazendo uma palestra a um pequeno grupo e, por uma razão qualquer, eu havia sido convidado. Não sei dizer por quê. Era um orador maravilhosamente eloquente. Considerando-se que o inglês não era sua língua nativa, tratava-se de um feito realmente notável. Mas eu não sabia o que a palavra *Deus* significava para ele, e ele a empregava com muita frequência. Não sabia se ele estava aludindo ao mistério existente por trás das galáxias ou a este ou àquele estágio da divindade bíblica primitiva que, ao longo dos séculos, se vai transformando nesse personagem. Além disso, em determinado momento ele fez uma pausa para dizer: "Consterna-me referir-me a Deus na terceira pessoa."

Levantei a mão e disse ao dr. Buber: "Há uma palavra que está sendo usada aqui e que eu não compreendo." "Que palavra é essa?", perguntou ele. Respondi: "Deus." "Você não sabe o que significa Deus?" Retruquei: "Não sei o que Deus significa para *o senhor*. O senhor afirma que Deus escondeu o seu rosto, que hoje ninguém o vê. Pois acabo de chegar da Índia, onde as pessoas sentem o tempo todo o rosto de Deus." E que diz ele? "Quer fazer um paralelo?" Aí intervém o mediador, dizendo: "Não, doutor, o senhor Campbell deseja apenas saber o que o senhor pretende dizer." E ele declara: "Bem, todos nós temos de sair de nosso exílio à nossa própria maneira." Mas os indianos não estão no exílio. Porque Deus está neles. Tais são as diferenças a considerar quando se está falando, de uma cultura para outra, a respeito de religiões em termos de religiões comparadas. Comparar? Sim, eu comparo. É o meu trabalho. Temos aqui concepções diferentes.

Portanto, o que temos na Índia é uma tendência ao sincretismo, uma ênfase sobre as divindades universais, com divindades tribais que são as protetoras locais mas pertencem ao sistema mais vasto. Não existem sistemas diferentes em lugares diferentes. O que há é um grande sistema com patronos ancestrais locais.

Eis-nos em Micenas por volta de 1500 a. C. Antes da invenção da correia peitoral dos cavalos presa aos ombros do animal de tal forma que são estes que fazem a tração, os veículos eram puxados por uma faixa atravessada no peito do cavalo. A traqueia-artéria desse animal localiza-se na frente do peito, de modo que, se o veículo for pesado, ele se sufocará. Não era possível inventar um carro de guerra flexível e realmente utilizável antes de se ter domesticado uma raça de cavalos muito fortes. Como se pode ver, usavam-se carros muito leves, cuja invenção remonta a aproximadamente 1800 a.C. naquelas esferas indo-europeias de cultura de planícies.

Na grande acrópole miceniana, um sepultamento inclui um carro com os dois cavalos que o puxavam. Uma sepultura chinesa da mesma época também contém dois cavalos, o carro e seu cocheiro. Raças diferentes, cultura igual. Uma página do *Mahabharata* mostra os grandes guerreiros da Índia com seus carros, e temos representações de Tutancâmon num carro idêntico datado de 1340 anos a.C. Pode-se ver que todos eles pertencem à mesma tradição. Eis o que se chama de difusão a partir de um centro criativo: uma ideia nova se espalha e leva consigo as divindades e os símbolos de energia a ela associados.

Passemos agora ao Egito e ao Nilo. É muito fácil acompanhar a história egípcia, porque o período arcaico se desenrola no Baixo Egito, o período médio no Médio Egito e o período final, no Alto Egito. Datado de cerca de 4000 a.C., temos esta estatueta da deusa. Este mural, que remonta ao período conhecido como badariano, é do túmulo de Hierancópolis. Trata-se de um túmulo com duas câmaras, o que nos leva novamente a pensar em sati. O mural não tem nada de egípcio. Parece provir do Irã. Aí estão os animais interligados, como os que vimos em Samarra, de 4000 a.C. Este, porém, data de mais ou menos 500 anos depois. Assim, as influências vão chegando da Mesopotâmia e inspirando uma evolução no Egito. Eis as figuras dançantes de animais e outras que circundam o centro. Todos esses motivos vêm do Irã. E então, subitamente, por volta de 3200 a.C., durante a Primeira e a Segunda Dinastia, surge e se desenvolve uma forma de arte específica e indiscutivelmente egípcia, que persistirá três mil anos.

Eis a Paleta de Namur. O rei Namur do Alto Egito, usando a coroa do Alto Egito, subjuga o faraó – talvez fosse esse o título que lhe davam, ou outro qualquer – do delta. Eis o animal totêmico de Namur, o abutre, segurando o rei do delta pelo nariz. Eis o papiro do pântano do delta, eis os inimigos mortos. Também a imagem de uma vaca, Hator, deusa do horizonte. Ela ostenta quatro expressões. O rei usa um cinto e uma cauda de touro. É a encarnação do touro da lua. E em seu cinto estão as formas faciais de Hator de frente, de costas e de cada um dos lados. O faraó ocupa todo o horizonte. No reverso, novamente Hator e o rei, usando agora a coroa do Baixo Egito, do delta. Veem-se os símbolos do poder faraônico, a morte dos exércitos do delta e os animais simbólicos do Alto e do Médio Egito, formando um grande Estado. Doravante, o Egito é constituído dos dois territórios, o do Alto e o do Baixo Egito, e o faraó passa por duas cerimônias de entronização, duas coroações: uma com a coroa do Alto Egito, outra com a coroa do Baixo Egito. Quando um desses reis era sepultado, toda a corte era sepultada com ele.

Chega-se à primeira das grandes pirâmides, a pirâmide em degraus do rei Djoser, de 2600 a.C. Construída pelo grande arquiteto Imhotep, ela exibe todos os motivos da arquitetura egípcia tardia. Tais motivos adquirem forma subitamente. Os túmulos mais antigos eram recobertos de montes de terra que se desfaziam com o passar do tempo. A Esfinge representa o poderio do governo faraônico. Cada rei é uma encarnação desse poder. A Esfinge é o filho de Sekmet, a deusa-leão, fecundada por um estranho deus semelhante à lua e chamado de Ptah, geralmente representado como uma múmia. Um raio de lua fecundou a deusa e ela pariu a Esfinge.

O faraó é a encarnação de Osíris. É protegido por Hórus, o gavião solar, filho de Osíris. Depois das primeiras dinastias houve o Primeiro Período Intermediário. Sucederam-se várias dinastias, sob as quais ocorreram apenas sublevações e destruições. Chega, então o Médio Império, que é varrido por uma invasão vinda da Ásia e conhecida como invasão dos hicsos. Existe uma teoria referente à entrada dos judeus no Egito, segundo a qual eles chegaram na época dos hicsos. Isto se deu logo depois do tempo de Hamurabi. Neste caso, entretanto, eles não teriam estado ali na época de Ramsés, porque os hicsos foram expulsos na época da fundação do Novo Império. São estas as grandes dinastias sobre as quais temos lido com mais frequência.

Desejo agora apresentar o mito básico de Osíris e Ísis. Esta é Nut, a deusa do céu. De maneira exatamente oposta à da Mesopotâmia, onde o deus está acima e a deusa é a terra, temos aqui a deusa do céu, Nut, constelada de estrelas; e eis o seu consorte, Hem, o deus da terra. É o senhor do abismo cósmico, do qual tudo saiu. Viajando no barco celestial, o grande barco de Ra, deus do sol, as almas que se encontram nessa barcaça percorrem o firmamento e, em vez de descer, penetram na boca de Nut e, então, nascem no Oriente. O senhor do ar separa o céu e a terra. Trata-se de temas míticos básicos, que surgirão em muitas outras mitologias. Os primeiros filhos de Hem e Nut são Ísis e Osíris. A deusa Ísis é o trono onde se senta o faraó. Osíris é seu irmão gêmeo. São marido e mulher. O irmão e a irmã mais novos são Set e Néftis, que também são marido e mulher. Ora, uma bela noite, Osíris dormiu com Néftis, julgando que ela era Ísis. Tal acidente significa falta de atenção a detalhes, e disso podem advir maus resultados. Ela teve um filho, Anúbis, que tinha cabeça de chacal.

Set não gostou daquilo e planejou uma vingança. Tomou as medidas de Osíris e mandou fazer um sarcófago que se lhe ajustaria exatamente. Realizava-se uma alegre festa quando Set chega e declara possuir um belo sarcófago que poderia vir a pertencer a quem coubesse nele. Assim, tal como Cinderela e o sapatinho de cristal, todos experimentam o sarcófago. Quando Osíris entra nele e se ajusta perfeitamente, setenta e dois criados acorrem, prendem a tampa do sarcófago com tiras de ferro e o jogam no Nilo. Osíris flutua rio abaixo, é atirado a uma praia da Síria e junto ao sarcófago cresce uma grande árvore que o envolve.

Ísis sai à procura do marido. Chega ao lugar onde Osíris está encerrado na árvore. Entretanto, o príncipe daquela cidadezinha tivera um filho. Nascera um menino e o príncipe construíra um palácio. Ficara tão encantado com o perfume provindo daquela árvore que a mandara cortar, transformando-a num pilar do palácio. Osíris, portanto, está no palácio, dentro de um pilar.

Ísis senta-se à beira do poço no qual as moças do palácio vêm buscar água e elas convidam aquela bela mulher mais velha a entrar e a se tornar a ama do principezinho recém-nascido. Ela aceita o encargo e amamenta a criança com seu dedinho. A condescendência das deusas não pode passar daí.

À noite, para conferir imortalidade à criança, Ísis coloca-a na lareira e entoa seus encantamentos. Espera-se que o fogo queime suas características mortais e a torne imortal. Enquanto isso, ela mesma se transforma numa andorinha e, chilreando lamentosamente, voa em torno do pilar. Ora, sucede que numa noite a mãe do menino chega repentinamente em meio a essa cena e, como se pode imaginar, põe-se a gritar. Lá está a criancinha na lareira, e ninguém a vigiá-la; há apenas uma estranha andorinha chilreando e adejando em torno de uma coluna. E urge salvar a criança do fogo, pois o encantamento se havia quebrado e a andorinha se transforma na linda ama. Ísis, então, explica a situação da melhor maneira possível e depois diz: "A propósito, meu marido está naquele pilar. Poderiam dar-me esse pilar para que leve meu marido para casa?" E o rei responde polidamente: "Pois não, minha querida."

O pilar é colocado numa barcaça e, no trajeto de volta através do pântano de papiros, Ísis tira a tampa do sarcófago, deita-se sobre Osíris morto e concebe Hórus. Osíris tem agora dois filhos: um de Néftis, Anúbis, o menino-chacal e outro de Ísis, Hórus.

Ísis receia voltar ao palácio porque Set subiu ao trono. Dirige-se ao pântano de papiros e dá à luz Hórus. Os deuses Amon e Thor vêm dar-lhe assistência.

Contudo, tendo saído para caçar, Set, ao perseguir um javali, chega ao pântano de papiros e encontra Ísis junto ao cadáver de Osíris. Furioso, ele corta Osíris em quinze pedaços, espalha-os pelos arredores e a pobre Ísis é obrigada a ir procurá-los novamente. Desta feita, ela é ajudada por Néftis e Anúbis, que fareja em derredor, e eles acabam encontrando quatorze pedaços.

O Osíris morto está associado às cheias do Nilo, que fertilizam o Egito. E os humores do corpo putrefato de Osíris identificam-se com as águas do Nilo. É ele, por conseguinte, a força fertilizante do Egito.

Os quatorze pedaços são reunidos e Anúbis, desempenhando o papel que será mais tarde assumido pelos sacerdotes, embalsama Osíris. O pedaço que falta, os órgãos genitais, fora engolido por um peixe. Tal é a origem da refeição à base de peixes às sextas-feiras: é a forma sacramental de consumir a carne sagrada. Tendo deixado de ser um genitor, Osíris é a imagem do faraó morto e se torna o rei do mundo inferior. O Osíris ressuscitado é agora o juiz dos mortos. Seu filho Hórus, que cresceu rapidamente, empenha-se numa grande batalha contra seu tio Set, a fim de vingar o pai. No curso da batalha, Hórus perde um olho. Esse olho simboliza a oferenda sacrifical. Graças a essa perda, ele traz seu pai de volta à vida. Set perde um testículo no combate.

Agora a cena do julgamento, extraída do *Livro dos Mortos de Ani*. Osíris sentado no seu trono de juiz dos mortos, ao lado da água da vida eterna. Atrás dele estão suas duas rainhas, Ísis e Néftis. Ele tem nas mãos o cajado simbólico dos pastores e o açoite de joeirar, com o qual se bate o trigo para separar a palha da semente. Vemos o olho de Hórus, graças ao qual ele foi ressuscitado e, brotando das águas da vida eterna, lá está o lótus do mundo, onde os quatro filhos de Hórus representam os quatro pontos cardeais do universo. Ao morrer, a pessoa passa a identificar-se com Osíris. Esse tema é muito importante. A pessoa morta chama-se Osíris, Osíris da Silva, digamos. Esse Osíris empreende a viagem pelo mundo inferior para se unir a Osíris. Osíris vai ao encontro de Osíris. Eu e o pai somos um – eis o tema. A caminho, ele volta a comer todos os deuses. Quer isso dizer que os deuses são interpretados como projeções de nossas próprias energias. Nós consumimos os deuses. Em alguns casos, isto se reproduz na realidade sob a forma de canibalismo. De variadas maneiras, em outros textos, ele pode dizer simplesmente: "Minha cabeça é a cabeça de Anúbis; meus ombros são os ombros de Set." Vale dizer, cada órgão de meu corpo é o órgão de algum deus e, no mundo inferior, ninguém me tirará o coração. Pode-se fazer uma ideia dos perigos do mundo inferior. "Arreda, crocodilo do norte. Arreda, crocodilo do sul." Chega então o grande momento da abertura da boca no mundo inferior: "Eu sou ontem, hoje e amanhã. Tenho o poder de nascer uma segunda vez. Sou a fonte de onde nascem os deuses." Esta é uma realização importante. Eis o que deve ser realizado, preferivelmente antes da morte, mas, se não, a caminho do mundo inferior.

Em seguida, no mundo inferior, chega-se à solene pesagem do coração do morto, confrontado com uma pena. Se o coração for mais pesado que a pena, um monstro o consumirá. Se a pena for mais pesada que o coração, ou se ambos se equilibrarem, a pessoa será elegível para a vida espiritual. Ani, o escriba que preparou esse papiro, está sendo levado para a pesagem. Anúbis pesa, enquanto o monstro aguarda para ver se receberá sua refeição. Thot registra os resultados. Finalmente, Hórus incumbe-se de levar Ani até o trono de Osíris. Este é um livro dos mortos, e a mitologia está explícita.

Chega-se agora a um homem extraordinário, Akhenaton. Seu reinado vai de 1377 a 1358 a. C. Afirma-se que ele foi o primeiro monoteísta. Isto não é exato. Considero-o o primeiro protestante. Ele rejeitou o cerimonialismo, o ritualismo do clero tebano, que se havia enriquecido enormemente. É o que fazem os cleros, enquanto sobrevivem. Akhenaton rejeitou as classes sacerdotais de ladrões e fundou, no deserto, sua própria cidade, Amarna. Concebeu, então, a ideia de que as divindades não deveriam ser apresentadas na forma de imagens e propôs o disco solar como símbolo da divindade. Em lugar de Amon, que é o senhor criador do sistema tebano, ele dá à divindade o nome de Aton, que é, na realidade, a revivescência de uma concepção muito mais antiga.

Em seu livro *Moisés e o Monoteísmo*, Sigmund Freud sugeriu que Moisés tinha sido um oficial da corte de Akhenaton e que fora, provavelmente, uma das filhas desse rei quem retirara das águas o cestinho de junco em que se achava Moisés. Com o colapso da corte de Akhenaton em Amarna – quando ele morreu, tudo aquilo foi destruído –, Moisés, que na corte era um ministro convicto, reuniu um grupo de pessoas que trabalhavam no delta e com elas deixou o Egito para dar continuidade ao seu culto monoteísta. Entretanto, o chamado monoteísmo de Akhenaton diferia do de Moisés: para Akhenaton, o mistério representado no disco solar é que conferia uma forma a todos os deuses e mitologias de todo o Oriente Próximo. Você é aquele que aparece sob esta ou aquela forma aqui, sob esta ou aquela forma mais adiante. Mas o monoteísmo de Xavé afirma: "Não há outro Deus no mundo. Os outros deuses são demônios." Há, portanto, uma distinção total que terá de ser reconhecida se se pretende compreender o que está ocorrendo.

Os símbolos do poderio de Akhenaton são, mais uma vez, o cajado do bom pastor que guarda e guia seu rebanho e o açoite de joeirar que separa o joio do trigo. Essa disciplina e essa proteção constituem os dois aspectos da regra: o deus misericordioso e o deus justiceiro.

A bela rainha de Akhenaton era Nefertite. Quase todas as mulheres de meu conhecimento que acreditam em reencarnação imaginaram ter sido Nefertite em outros tempos. Estive com uma dessas senhoras no Egito. Em Karnak, ela exclamou: "Tudo isso me é tão familiar!" Lá estão Akhenaton, Nefertite e suas três lindas filhas com suas cabeças artificialmente deformadas. Vemos o disco solar com seus raios benfazejos, cada um deles terminando numa mão que abençoa aquela família querida.

Akhenaton não teve filhos varões, somente três filhas encantadoras. Uma delas casou-se com o jovem príncipe chamado Tutanc-Âmon. ou seja, logo após a morte de Akhenaton o clero de Amon se reergueu e o jovem faraó voltou ao culto de Âmon. Não obstante, o disco solar e as mãos que abençoam permaneceram.

Pelos padrões egípcios, o túmulo de Tutancâmon é um tumulozinho insignificante. É dividido em dois, e uma metade estava atulhada de coisas suntuosas, ali colocadas como se se tratasse de uma loja de refugos. O motivo pelo qual aquilo tudo estava ali é que ninguém parece ter imaginado que valesse a pena saquear aquele túmulo. Ao lado fica o túmulo de Séti I, enorme, cuja superfície se apresenta toda entalhada e pintada. A arte é perfeita e foi executada para nunca ser vista. Havia ali uma espécie de realidade, uma concretização, que persistiu. A alma, um aspecto da alma, o *ba*, permaneceu no túmulo. O de Tutancâmon tem uma forma simbólica muito interessante. Há três compartimentos retangulares, um dentro do outro, à guisa de caixas chinesas. Todos eles eram revestidos de placas de ouro e havia quatro encantadores espíritos guardiões que os vigiavam. No interior de cada compartimento havia um grande esquife de pedra e, dentro dele, dois sarcófagos. O externo, com o formato do jovem faraó, era feito de madeira preciosa marchetada de ouro e lápis-lazúli. O interno era de ouro maciço, também com o formato do faraó.

Tenho observado inúmeros paralelos entre a simbologia egípcia e a filosofia mística da Índia. Apenas a título de sugestão, proponho que esses três compartimentos e os dois sarcófagos dentro do esquife de pedra representem aquilo que na Índia é designado pelo nome de cinco revestimentos – os cinco revestimentos que encerram o *Atman*, o Eu, o mistério transcendente. Como pretendo falar um pouco sobre o hinduísmo, vale a pena dizer alguma coisa a respeito desses cinco revestimentos.

O primeiro revestimento é *Anamayakosha*, alimento, É disso que nosso corpo é feito. É feito de alimento, e ao morrer a pessoa se torna alimento para os vermes, os abutres, os chacais ou o fogo. O segundo revestimento é *Pranamayakosha*, respiração. O revestimento da respiração inflama o alimento, oxida, queima, fornece calor, temperatura e vida. O terceiro revestimento é *Manamayakosha*, o revestimento mental. Ora, essa mentalidade está em contato com o revestimento-alimento. E quando este último sofre, ele sente dor e pensa, "Que tristeza!" E quando o revestimento-alimento está feliz, também ele está feliz. O revestimento mental orienta-se para os revestimentos do alimento e da respiração. A meu ver, é isso o que os três compartimentos retangulares representam.

Existe, então, um grande vazio, e penso que talvez seja isso o que é representado pelo esquife de pedra, ou talvez não. Talvez esse esquife represente o revestimento seguinte. Penso, porém, que esse papel cabe ao sarcófago de madeira. O revestimento seguinte é conhecido como *Janamayakosha*, o revestimento da sabedoria. É a sabedoria do corpo: a que lhe deu uma forma no útero da mãe, a sabedoria que, no momento em que você nasceu, sabia como alimentá-lo; a sabedoria que faz a grama crescer e dá forma às árvores, às montanhas e ao universo. A sabedoria do corpo: essa coisa espontânea que atua na base da mentalidade e que esta precisa conhecer. Nós almoçamos. Nosso corpo digere essa refeição. Atrevo-me a dizer que não existe quem saiba mentalmente quais são os requisitos da química dessa refeição para que se processe a digestão. Porém, você o faz. Quem mais a poderia fazer? É a sua Sabedoria do Corpo.

O que pensa você? Abaixo da Sabedoria do Corpo, *Anandamayakosha*, o revestimento da beatitude. A vida é uma manifestação de êxtase. E esse pobre revestimento mental lá em cima se deixa enlear pelo que está acontecendo com o alimento do corpo. E pensa: "Meu Deus, a vida é uma tristeza!" Suponhamos que, de quinze em quinze dias, alguém apare o gramado com uma máquina. Suponhamos que a grama se ponha a pensar: "Para que serve isso?"

Existem aí duas orientações completamente diferentes: o revestimento mental tem de lidar com a ética, o bem e o mal, a luz e a escuridão, a dor e o prazer; o revestimento da sabedoria sabe que existe alguma coisa antes disso. E essa coisa é o êxtase. Assim, é isso que você é na realidade. Suas origens estão no êxtase; e mesmo no sofrimento, na maior angústia, na tristeza, se souber onde se encontra a porta do êxtase você será capaz de compreender que este é o êxtase da vida. E onde há dor, há vida. Tal é o tipo de material que encontramos nessas mitologias heróicas.

Se Moisés era de fato um membro da corte de Akhenaton, como sugere Freud, o Êxodo deve ter ocorrido por volta de 1358 a. C., na altura da morte de Akhenaton. É esta a data mais antiga até hoje proposta para o Êxodo. No Livro do Êxodo, o faraó ali mencionado parece ser Ramsés II, cujas datas aproximadas são 1305 a 1234 ou 1236 a.C. Seu reinado foi extremamente longo. Era um soberano poderosíssimo. A meu ver, nenhum erudito admitiria que ele possa ter sido o faraó do Êxodo. Além disso, ele não se afogou no Mar Vermelho. Ramsés II está sepultado em Abu Simbel. Existe um grande par de túmulos de Ramsés e sua esposa favorita, que foi uma de suas filhas. Na peça *César e Cleópatra*, de George Bernard Shaw, quando César encontra Cleópatra havia um britânico entre seus oficiais. Ao ouvir de Cleópatra que ela nascera de um casamento incestuoso, o oficial britânico demonstra profunda surpresa. César diz a Cleópatra: "Não ligue para ele. Ele é britânico, pensa que as leis de sua tribo são as leis universais."

Por causa da ridícula represa de Assuã, esse grande túmulo foi elevado e colocado acima das águas graças a um milagre da engenharia moderna. O que há de mais terrível nessa represa é que o lago Nasser recuou e destruiu toda a província da Núbia. E onde estão os núbios? Amontoados em miseráveis conjuntos habitacionais nas imediações.

Quando vi aquilo, lembrei-me do *Fausto* de Goethe, parte II, ato V. Fausto venceu a guerra mundial e agora se dispõe a engrandecer o mundo. E que está ele fazendo? Drenando pântanos e construindo conjuntos habitacionais. Mas, para construí-los, ele é forçado a deslocar gente que vivia ali antes. Baucis e Filêmon, um encantador casal de velhos, vivem em seu lar ancestral. Morrem quando são desalojados por um par de brutamontes. E isso se aplica a toda a província da Núbia.

Esse fantástico túmulo foi escavado na montanha a golpes de picareta. Sua data seria a da morte de Ramsés, cerca de 1234 ou 1236 a.C. Que arte prodigiosa! Visto a distância, a forma é perfeita. A estátua de Ramsés ostenta o cajado de pastor e o açoite de joeirar, motivo recorrente na arte egípcia dos faraós conquistadores. O inimigo está ajoelhado e o faraó, agarrando-lhe os cabelos, está prestes a matá-lo. São povos conquistadores.

Depois que os hicsos invadiram o Egito, por volta de 1750 a.C., e depois de sua expulsão, os egípcios se tornaram imperialistas. Atravessaram a Palestina e a Ásia Menor e chegaram ao que é hoje a Turquia, onde se estabeleceram os hititas, os filhos de Hit. E ali eles foram detidos. Tem-se, assim, o grande império egípcio como réplica da invasão que ali ocorrera.

Em Abu Simbel, lado a lado com Hórus, Amon e Ptah, está o próprio Ramsés. Eis por que Ramsés figura entre as divindades maiores. Ainda com referência ao Êxodo, durante o tempo de Akhenaton, que não dava muita atenção ao império, chegavam à corte de Amarna cartas escritas em babilônio. Conhecidas como as cartas de Amarna, eram enviadas pelos governadores das várias províncias na Ásia, que se queixavam do fato de suas províncias estarem invadidas por beduínos vindos do deserto e que, por vezes, eram denominados Haberu. É esta, certamente, a primeira vez que aparece esta palavra escrita. Eram tribos do tipo associado à história mosaica. Ocorriam, portanto, invasões no tempo de Akhenaton. No entanto, o Êxodo geralmente está associado, na tradição bíblica, à época de Ramsés II, que foi muito posterior. Mas é impossível acreditar que tal coisa possa ter acontecido no tempo de Ramsés. Outro faraó, Merneptah, governou de cerca de 1234 até 1220 a.C. Foi um faraó frágil, fisicamente enfermo, e morreu muito jovem. Se realmente houve algo como o Êxodo, deve ter sido ele o faraó então reinante.

Chegamos agora ao interessante problema da travessia das águas do Mar Vermelho. Deve-se interpretá-la como um acontecimento mitológico, como um símbolo espiritual de um tipo qualquer, ou como um fato? Vários amigos meus afirmam que eles fizeram a travessia em algum baixio, enquanto um vento soprava na direção certa, e assim puderam passar. Alguns capítulos adiante chegamos ao Jordão. As águas do Jordão ergueram-se como muralhas de ambos os lados e a tribo pôde passar entre elas. Essa travessia das águas é um tema mitológico que se pode encontrar em toda parte. Pode-se compará-lo com as Symplegades, as rochas que se entrechocam. O par de opostos foi retirado e passamos pelo meio.

Quem chegou ao Egito? Os patriarcas. Através do poço, José foi o primeiro – mitológico mais uma vez. Tratava-se de um poço seco; era, não obstante, um poço. Assim, chega-se pela água, e pela água se sai. Quando deparar, numa mitologia, esse entrar e sair, procure ver quem entra e quem sai e assim descobrirá seu valor místico. Entraram os patriarcas; saiu o povo. Há uma coisa importante que se aglutinou e tomou conhecimento de si mesma no Egito, na terra do sofrimento, no abismo. O herói não foi Moisés. O herói do Antigo Testamento é o povo. Ele foi concebido como uma unidade, e ou se é membro desse povo ou não se é. A ênfase é dada ao grupo, sempre ao grupo. Fazer parte do grupo é uma ideia exclusiva do Oriente Próximo. Na Europa, a ênfase é outra. Um dos problemas na assimilação europeia do cristianismo foi a recuperação e a preservação do significado do indivíduo como entidade única, a translação dessa tradição grupal para uma tradição de realização individual. Tal é o problema da tradição do Graal no século XIII, na Europa. Foi então que se chegou a um esforço conjunto, orientado numa nova direção.

Isso me chamou a atenção quando lecionava em Sarah Lawrence. Mais da metade de minhas alunas era judia. Uma moça, que tinha sido uma das alunas mais notáveis da classe, me disse: "Sabe, senhor Campbell, se eu não pensasse em mim mesma como judia, não saberia qual é a minha identidade." Fiquei estupefato e retruquei: "Que está dizendo, Raquel? Nunca pensei em você como judia ou coisa parecida, mas apenas como Raquel. Suponha que eu lhe diga: 'Se eu não pensasse em mim mesmo como irlandês, não saberia qual é a minha identidade'. Isso não teria sentido, certo?"

São duas maneiras inteiramente distintas de se relacionar com a raça. Uma delas é: "Sou isto e todas as minhas peculiaridades decorrem desse infortúnio". A outra é: "Não, isto é o meu próprio ser." Isso é importante para se compreender a tradição judaica. Suas raízes estão aí, nessa concepção de povo.

Na reunião seguinte, Martin Buber falava sobre os fenícios, considerando-os como terríveis criminosos por sacrificarem seus primogênitos a Moloc. Cerca de quinze minutos depois ele chega ao ponto em que Abraão está prestes a sacrificar Isaac. Ora, não se pode deixar passar uma coisa dessas e eu levantei a mão. Ele olhou para mim com um pouco mais de cautela que da primeira vez e eu perguntei: "Dr. Buber, qual a diferença entre uma solicitação divina e uma diabólica?" "Que quer dizer com isso?", perguntou ele. Retruquei: "Bem, há apenas quinze minutos o senhor recriminava os fenícios por matarem seus primogênitos e agora enaltece Abraão por ter estado prestes a fazer o mesmo com seu filho mais velho. Então, qual é a resposta?" O dr. Buber disse: "A resposta é Nós com N maiúsculo – 'Nós acreditamos que Deus falou a Abraão'." Foi tudo o que pude obter daquele homem.

De modo que as coisas feitas por nós são diferentes das coisas feitas por outrem, e esta é outra característica de toda a nossa tradição. A tribo é o herói. Moisés não é o herói. Nossa mitologia é tribal, e o único deus do universo é o nosso. Isso é muito importante.

Que dizer das pragas e de tantas coisas do mesmo tipo? Que espécie de divindade é aquela? Ele envia aquelas pragas para se divertir; endurece o coração do faraó para que este não deixe o povo partir e ele possa enviar outra praga. É o que está dito no livro, que, como se sabe, vale a pena ler.

Justamente na época de Akhenaton, 1377 a 1358 a. C. aproximadamente, os indo-europeus invadiam a Índia. É o início de uma transformação radical na consciência indiana. Aqueles indivíduos são nômades, e doravante pretendo discutir o surgimento das filosofias e dos cultos rituais da Índia. Em seguida passaremos a questões mais recentes.

5

A fonte sagrada:
a filosofia perene do Oriente

Pretendo apresentar, de início, um par de ideias bastante simples. A primeira, que tenho discutido muitas vezes, é uma concepção do antropólogo alemão Adolf Bastian. Observou ele que em todas as mitologias e sistemas religiosos do mundo as mesmas imagens, os mesmos temas aparecem constantemente em toda parte. Denominou-as "ideias elementares", *Elementargedanken*. Mas verificou também que, onde quer que apareçam, elas surgem com roupagens diferentes, com diferentes aplicações e interpretações. A essas diferenças regionais deu ele o nome de "ideias do povo", ou "ideias étnicas", *Volkgedanken*. Tal distinção é muito importante. Ela divide o nosso tema em dois setores muito distintos. Os historiadores e etnólogos interessam-se pelas diferenças, e é possível estudar as mitologias e as filosofias de todo o mundo enfatizando-se essas diferenças. Por outro lado, surge o problema das ideias elementares. Por que estão elas em toda parte? Temos aí um problema psicológico, problema que, em nossa discussão das formas comparadas, nos afasta de toda a pesquisa relacionada a essas diferenças. Ao expor a história dos sistemas orientais, pretendo insistir no aspecto elementar.

A segunda ideia que tenho em mente é a seguinte. À certa altura do século IX ou VIII a.C. surge uma mudança de ênfase. Em vez de serem simplesmente apresentadas, as imagens passam a ser interpretadas. Vale dizer, abandona-se uma relação visual e ativa com as formas do mito – pelas imagens míticas e dos rituais por cujo intermédio o mito é restituído à vida – e se passa a refletir sobre essas coisas, a interpretá-las. Desse modo, as filosofias orientais representam um discurso que interpreta as ideias elementares.

Ora, o que aconteceu no Ocidente, particularmente depois do período de Aristóteles, foi uma investida gradual contra as ideias mitológicas, e por isso o criticismo ocidental tendeu a se distanciar das ideias elementares. Entretanto, existe uma outra tendência subjacente a todo o pensamento ocidental. Está associada ao gnosticismo, à alquimia e a muitas maneiras de pensar desacreditadas que mantêm o interesse pelo que se poderia chamar de filosofia perene. Estou pensando na filosofia perene tal como foi exposta por Ananda K. Coomaraswamy, e retomada por Aldous Huxley em seu livro *The Perennial Philosophy*. Isso me parece ser a tradução, em discurso verbal, das implicações das imagens míticas. Eis por que é possível encontrar, nas filosofias místicas de todo o mundo, as mesmas ideias recorrentes. As continuidades que se podem reconhecer nos mitos se transferem para a filosofia. É o que se conhece como filosofia perene.

O mito ocorre na mesma zona que o sonho, zona a que eu chamaria de *sabedoria do corpo*. Quando adormecemos, é o corpo que está falando. O que move o corpo são energias que lhe fogem ao controle. São essas energias que controlam o corpo. Elas provêm do grande fundo biológico. Estão ali. São energias e são tipos de consciência. Mas nesse corpo há também o que se chama cabeça, e esta tem seu próprio sistema de pensar. Existe todo um tipo de consciência que tem origem no conjunto da cabeça e cuja sabedoria é diferente da do corpo. Ao nascer, a criança sabe exatamente o que fazer com o corpo da mãe. Está preparada para o ambiente no qual é colocada. Não precisa ser ensinada, essas coisas acontecem por si. Tal é a função da sabedoria do corpo. Foi essa mesma sabedoria que deu forma àquela coisinha gerada no corpo da mãe. Ela foi modelada por aquelas energias que vivem em nós e das quais somos a manifestação carnal. Essa sabedoria do sonho, da visão, é, pois, a sabedoria da filosofia perene. Quando sonhamos, o lado que em nós corresponde à consciência desperta não compreende o sonho, e isso nos faz procurar um psicanalista, que também não o compreende. A interpretação é gradativa e chega por meio de uma exploração, feita pela mente, de nossa própria sabedoria. E assim descobrimos a existência de uma espécie de distinção radical entre a filosofia perene, em seus métodos e axiomas, e os axiomas e métodos do sistema racional.

A interpretação das formas míticas desenvolveu-se desde cedo em grande estilo, principalmente na Índia. É passando em revista as mitologias e as interpretações dos mitos da Índia, e depois da China e do Japão, que tenciono apresentar-lhes o que considero como o pensamento basilar da filosofia perene. Embora deseje fazê-los perceber a opulência e a beleza do aspecto étnico dos sistemas orientais, meu objetivo principal é extrair desses sistemas o elementar – não enfatizar o étnico, e sim extrair o elementar.

Eis-nos no Ganges. A concepção do rio sagrado, o Jordão, as águas que emanam do céu, se transpõe para a concepção da graça divina que flui inexaurivelmente de uma certa fonte. Na Índia, a nascente do Ganges, nas alturas do Himalaia, é um lugar sagrado. Quem ali chega se depara com iogues por toda parte, praticando yoga, aproximando-se da fonte, literalmente.

O maior problema dos símbolos é que as pessoas tendem a se perder no símbolo e por isso julgam ser necessário subir até as cabeceiras do Ganges para chegar à fonte. O problema do mito, do misticismo, é não permitir que a mensagem se infiltre no símbolo. A mensagem está sempre no espírito, e quando se toma o símbolo pelo fato é preciso ir a Haridwar para poder chegar à fonte do Ganges; perdeu-se a mensagem.

Existe um erro semelhante na ideia de que é preciso ir a Israel para se chegar à Terra Prometida. Essa concretização constitui um dos maiores enganos da maneira ocidental de lidar com os símbolos. É um dos motivos pelos quais perdemos contato com a ideia elementar e as mensagens perenes – a concretização do símbolo, a concepção, por exemplo, de que Deus é um fato. A ideia de Deus é um símbolo. Tudo o que pode ser nomeado e considerado como uma forma é um símbolo.

Há uma frase maravilhosa do escritor alemão Gerhart Hauptmann: *Dichten heisst, hinter Worten das ur wort erklingen lasse.* ("Escrever poesia é deixar que a Palavra seja ouvida por trás das palavras"). O mundo todo é feito de símbolos. Nas palavras de Goethe, *Alies Vergangliche ist nur ein Gleichnis* ("Tudo o que é transitório é apenas uma referência"). Mas a referência não é a tudo, e sim ao vácuo, *sunya,* assim chamado porque nenhum pensamento pode atingi-lo. Portanto, aquilo de que esses símbolos falam é algo indizível. É preciso que essas coisas se tornem transparentes. Que elas se abram. Descobrimos, então, que o étnico se abre para o elementar. Um de nossos problemas – e são estas as duas grandes fontes do problema para a nossa interpretação ocidental de tais questões – é a enfatização aristotélica do pensamento racional e o enfoque bíblico da referência étnica do símbolo mítico. Essas duas atitudes nos prendem ao mundo dos fatos e da cogitação racional. Deste outro ponto de vista, porém, o que cumpre transcender é justamente esse mundo; é preciso que eles se tornem transparentes, e não opacos. Vou, portanto, tentar considerar desta maneira todo o sistema hinduísta e, por comparação, referir-me aos nossos temas ocidentais.

Tomemos a ideia do Jordão e do batismo: entra-se no rio, compartilha-se a graça. É preciso acompanhar o ato com uma meditação sobre o seu significado. Consideremos a ideia da cidade sagrada, a cidade situada no lugar sagrado onde flui a graça, uma cidade como Benares, a cidade de Siva, que provavelmente seja a mais antiga divindade adorada nos sistemas culturais superiores. Benares é a cidade de Siva. É uma mixórdia fantástica, uma selva de templos de todos os tipos. E as pessoas vão morrer ali porque, numa interpretação literal do símbolo, quem está perto do Ganges está próximo da graça divina. E então, para se chegar ao céu, basta um curto passo. E ali os vemos, adoecendo deliberadamente, poderíamos dizer ao contato daquelas águas sujas. Pouco mais acima, cadáveres estão sendo queimados e atirados ao Ganges, que aliás é um bom lugar para se ir – ainda aqui, numa interpretação literal do símbolo.

A concepção da peregrinação como um movimento interior para o centro de nosso próprio coração está sendo traduzida literalmente, num ato físico. É bom fazer uma peregrinação, desde que, ao fazê-la, você medite sobre o significado desse ato e saiba que é para dentro, para sua vida interior, que está se encaminhando.

Às margens do rio, o povo se banha no Ganges. É um rito batismal contínuo, por assim dizer: entrar e absorver as virtudes desse dom milagroso do universo, as águas do Ganges. O Ganges, na realidade, é uma deusa, Ganga, e essa água que flui é a graça que nos chega por força do poder feminino. Em *Finnegan's Wake*, Joyce usa essa mesma imagem em relação ao rio Liffey, que atravessa Dublin, e a Dublin-sobre-o-Liffey é o exato equivalente de Benares-sobre-o-Ganges. Eis o segredo da interligação da mitologia e da vida espiritual com o nosso ambiente. *Land-nam* é o nome que se dá a isso na Islândia, reivindicação da terra por força dos nomes dados à paisagem. Concebe-se a terra em que se vive como sendo a terra sagrada.

Numa carta muito interessante endereçada ao *New York Times*, um jovem judeu discorda da ideia de ser considerado como alguém que está na Diáspora, como alguém que saiu da Terra Santa. Diz ele: "Minha pátria, minha terra é aqui nos Estados Unidos. Não fui forçado a estar aqui, e é por escolha própria e para minha alegria que chamo a este país minha Terra Santa." Pareceu-me ser esta uma esplêndida maneira de colocar o problema de nos libertar daquilo que pode ser designado como "herança tradicional", que tende a concretizar seu próprio sistema de símbolos. Aquele jovem se libertara e encontrara todo o sentido da terra santa ali mesmo onde vivia. É o que faz Joyce com o rio e a cidade; sua terra santa, pode-se dizer, era Dublin, como talvez a nossa seja Nova York-sobre-o-Hudson. Entretanto, essa noção está de tal forma secularizada que se chega a rir ao pensar no Hudson como dádiva da graça divina.

Esse local de banhos conta cerca de 4.000 anos. Localiza-se em Mohenjo-Daro, no vale do Indo. Mohenjo-Daro faz parte de um daqueles pequenos aglomerados de cidadezinhas, um dos dois maiores que surgiram na Índia por volta do ano 2000 a.C. Chega-se, assim, ao aspecto histórico. Nessa civilização do vale do Indo, ou civilização dravidiana, também conhecida como civilização de Mohenjo-Daro, ou civilização de Harappa – como se vê, os nomes não importam, pois não passam de referências – já existe a emergência de uma cultura ao estilo da antiga Creta e da Mesopotâmia. São mundos contemporâneos: 2000 a.C. E uma das construções mais importantes dessa cidade em ruínas é um banho público. Supõe-se que este tivesse um significado ou valor religioso e que aquilo que se encontra ao chegar ao Ganges seja uma continuação dessa concepção. A água sagrada, o banho na água sagrada, persiste há 4.000 anos.

Para quem chega do Ocidente, Benares está no coração da Índia. Na Mesopotâmia, às margens dos rios Tigre e Eufrates, apareceram as primeiras civilizações citadinas do mundo, por volta de 3500 a.C. Está se tornando cada vez mais evidente que todas as civilizações avançadas do mundo são reflexos dessa fonte. Em torno do ano 3500 na Mesopotâmia, 2500 a.C. na região do Indo, 1500 a.C. na China, com a dinastia Shang – e então ela atravessa o oceano. No México e no Peru, existem os fenômenos de Glmec (1100-800 a.C.) e Chavin (900-200 a.C.). Foram estas as fontes de sistemas altamente civilizados. Quando nos referimos a civilizações avançadas, estamos falando de civilizações que conhecem a escrita (com uma única exceção), que desenvolveram a matemática e que dão uma extrema atenção aos ciclos dos planetas entre as constelações. Essas passagens dos planetas entre as constelações constituíram o fator crucial na transformação da consciência naquele tempo. A escrita e a matemática tornaram possível registrar com precisão a passagem dos planetas pelas constelações. Na Mesopotâmia, desde 3200 a.C., ao que tudo indica, ficou evidente que os planetas se moviam com velocidade matematicamente previsível. E começa a se expressar a ideia de uma ordem cósmica, a ordem do cosmos. Quando falamos em mitologia e rituais, fazemo-lo geralmente do ponto de vista da mentalidade moderna. Falamos em descobrir as causas do mundo, os mitos das origens, e assim por diante: mitos explicativos, os chamados mitos etiológicos. Não é disso que os mitos tratam. Eles nada têm a ver com a análise e a descoberta científica das causas. O que fazem é relacionar o ser humano com seu ambiente. E antes da descoberta dos grandes movimentos planetários era este, em grande parte, o ambiente dos mundos animal e vegetal.

As mitologias mais antigas estão relacionadas ao mundo animal. O problema é que o animal, embora respeitado, é morto e comido. Identificar o que se chama de pacto entre o mundo animal e o mundo humano – assim como o milagre da vida que sobrevive – matando e comendo a vida constitui um problema fundamental que precisa ser solucionado: relacionar a mente a esse ato contínuo de matar e consumir animais, de usar suas peles e de viver em tendas feitas com elas. Este é um dos aspectos da questão.

O outro é o do mundo vegetal. Eis-nos de novo matando e comendo a vida. O animal e o vegetal são como o rio Ganges: eles brotam no mundo para nosso sustento; são, portanto, reverenciados. Tornam-se as energias reverenciadas e os símbolos com os quais o homem se deve relacionar.

Mas vem, então, a descoberta dos grandes ciclos do firmamento, e o se que vê é um grande interesse em relacionar toda a organização da sociedade a esses ciclos, uma tremenda ênfase sobre as festas sazonais. Essas festas não pretendem controlar a natureza. Sua finalidade é harmonizar a pessoa com a natureza, pois quando se está em harmonia com a natureza esta entrega as suas dádivas. Eis uma coisa que começa a despontar em nossa consciência, o reconhecimento, pelos movimentos ecológicos, de que ao violentarmos o ambiente em que vivemos, estamos na verdade destruindo a energia e a fonte de nossa própria vida. É por intermédio dessa percepção da harmonia, de um modo de vida adequado ao que deve ser feito neste mundo, que se promove a vitalidade do meio ambiente.

Tem-se, pois, a questão da harmonia com o mundo natural. Ora, quando se descobriu a grande ordem cósmica, o problema de se estabelecer uma harmonia com ela se transforma no sistema supremo, do qual encontramos um eco na oração: "Será feito na terra assim como é no céu." Os sinais celestiais tornam-se os sinais da ordem do grande mundo espiritual. Ora, é evidente que estamos indo além disso, desde que começamos a mandar foguetes para o espaço, com os homens andando na Lua que foi, por assim dizer, a primeira luz espiritual da humanidade. O que estamos aprendendo é que se transcendeu a separação do espírito e da terra; que, num certo sentido, ambos estão muito mais unidos do que poderia dar a entender o dualismo da filosofia que herdamos.

Na época da emergência das civilizações avançadas nos vales dos rios, os indo-europeus, ou arianos, povos nômades que pastoreavam o gado, vagueavam nas grandes pastagens das planícies do sul da Europa. Eram os arianos védicos, que chegaram à Índia, à Pérsia e à Europa.

Houve uma grande crise espiritual na Índia depois da chegada dos indo-europeus. É então que o mito começa a se transformar em filosofia. Os livros sagrados da Índia, os livros sagrados fundamentais, são conhecidos como Vedas, uma coletânea de hinos. A palavra *veda* vem do sânscrito; sua raiz é *vid*, que significa "conhecimento". Os Vedas são a manifestação de conhecimento, e esse conhecimento é de um tipo especial. Tem o nome de *sruti*, que significa "ouvido". Os Rhishis ou santos não inventaram os poemas, os hinos dos Vedas. Eles os ouviam, tal como poderá ouvir quem der atenção à musa. Você pode escrever porque tem essa intenção ou porque está sendo levado por uma inspiração. Isso existe. Ela chega e fala. Os que ouviram profundamente os ritmos, os hinos e as palavras dos deuses podem recitar esses hinos de tal forma que os deuses se sentirão atraídos. Os Vedas constituem a substância dos rituais por meio dos quais as forças da natureza, personificadas como divindades, são invocadas em defesa das intenções da sociedade ariana. Invocamos os deuses para que eles façam a nossa vontade. Assim, a liderança característica dessas tribos é exercida, de um lado, por um chefe guerreiro, e de outro por um mágico, um Rhishi, que pode invocar os deuses. Existem, portanto, dois tipos de poder. São os heróis gêmeos.

Coisa semelhante acontece na primeira parte do Êxodo – Moisés e Aarão, o chefe guerreiro e o sacerdote. Num determinado momento, de grande importância, o chefe guerreiro alcançou a suprema revelação. Subiu até o alto do Monte Sinai e o deus com os cornos de luz transmitiu-lhe uma nova mensagem. Quando desceu, lá estava o pobre Aarão, adorando ainda os touros, o antigo símbolo do ciclo do tempo. Então, enraivecido, Moisés quebra as leis, retorna ao cimo do monte, obtém uma segunda edição e volta a descer. Ocorre, então, um ritual muito interessante.

Ele tritura o touro dourado, mistura-o com água, faz com que todos comunguem numa refeição. Já haviam notado isso? Pois foi o que aconteceu. A partir de então, evidentemente, Aarão é posto de lado e Moisés assume os dois papéis. Assim, decorrendo dessa tradição, tem-se o mesmo tipo de temas trazidos pelos califas do mundo islâmico. O chefe espiritual e o chefe político são um só. Essas duas coisas são intimamente aproximadas, de modo que espírito e sociedade fiquem estreitamente unidos.

Os hinos invocam os deuses e se instalam altares para os rituais. Ora, para um povo estabelecido, é possível adorar em termos do lugar onde se vive. Um determinado bosque é um bosque sagrado no qual se vai buscar a inspiração das forças da natureza ali presentes. Ou é sagrada esta lagoa, ou aquela velha árvore em particular, ou esta rocha estranha e interessante. Mas, quando se faz parte de um povo nômade, a adoração tem de se dirigir para o que está em toda parte. Ora, os hebreus tinham uma arca, que vem a ser, em linguagem antropológica, um fetiche que se leva para todo canto e dentro do qual está contido o poder divino. Os hindus e os arianos adoravam o sol, que é visto em toda parte, e as energias dos ventos, das nuvens, da terra que se estende ao longe. Eles instalavam seus altares como representações simbólicas da natureza do universo, isto é, da ordem e da forma do universo. Invocavam, então, as divindades que viriam se sentar em derredor, por assim dizer, como pássaros nas árvores, à espera de serem alimentados, porque vão participar de um festim. Agni, o deus do fogo, era a boca dos deuses, e as oferendas eram lançadas no fogo. Agni as apanhava, tal como uma mamãe-pássaro apanha um verme, e dava de comer a todos os deuses. É assim que se deve pensar nessa pequena sociedade invisível. Os gregos agiam da mesma forma. Também eram arianos. Tinham seus altares, sacerdotes, rituais, oferendas e tudo o mais.

Assim eram, pois, os vedas. Durante muitos e muitos séculos, eles não se interessaram pela escrita. Seus escritos eram conhecidos oralmente e se comunicavam oralmente. Na forma como os conhecemos hoje, eles datam de cerca de 1000 a.C. Esse é o primeiro estágio. O do mito, o do ritual.

Surge, então, um conjunto de livros (chega-se aqui ao ponto decisivo) conhecidos como os Brahmanas, os livros dos brâmanes. O primeiro *a* em brâmane é um *a* longo e significa "relacionado a". Os brâmanes são os sacerdotes e estão ligados a Brahman, sem o *a* longo. Este é um nome neutro e significa "brrr", energia. O Brahman é a energia divina. Brahman não é uma divindade; as divindades são personificações de aspectos de Brahman. Assim é você, assim é o mundo. Os brâmanes são os indivíduos que estão em contato com a energia de Brahman. Sua função é interpretar o significado do sacrifício. A leitura dos Brahmanas é extremamente fatigante. São discussões pedantes acerca do sacrifício, em que ele consiste, qual a forma das diferentes conchas e assim por diante. Chega-se, porém, ao ponto decisivo: "Qual é a natureza do sacrifício?" Isso é extremamente importante, porque graças aos sacrifícios nós influímos sobre os deuses. O sacrifício é mais poderoso que os deuses. Mas quem oferece o sacrifício? Os brâmanes. Por conseguinte, os brâmanes são mais poderosos que os deuses. Um homem iluminado é, pois, mais poderoso que qualquer divindade. É isso o que há de maior no universo, e é isso o que o brâmane é. Primeiro ponto.

O brâmane controla os deuses por intermédio do sacrifício, que ele executa quase como se estivesse diante do teclado de um grande órgão. Eis o brâmane sentado, manipulando as teclas, e o mundo todo canta, acompanhando o que ele toca. Qual é a natureza do sacrifício que produz esse efeito? A natureza do sacrifício consiste em lançar uma oferenda na fogueira.

Quando leva um alimento à boca, você está lançando uma oferenda na fogueira. Como dizem os hindus, o calor do corpo cozinha o alimento. O aparelho digestivo cozinha o alimento e o transforma em corpo. É o que acontece quando lançamos uma oferenda na fogueira. O mundo é uma fogueira de sacrifícios que arde eternamente e na qual vai sendo lançado um sacrifício inesgotável. Tal é a natureza da vida. Todos nós somos uma oferenda lançada numa fogueira devoradora. O primeiro sermão de Buda é conhecido como o Sermão do Fogo, o sermão que ele fez quando estava sentado no parque de Benares.

Os sentidos, com sua luxúria, são uma fogueira devoradora. A audição é uma fogueira devoradora. A vista é uma fogueira devoradora. Aplaque-se essa fogueira. A outra tradição orienta-se no sentido de alimentar essa fogueira. Eis as duas atitudes para com o mistério que é a vida. A vida vive de vida. Vejam os pássaros. Vejam os animais pastando. Comer é o que eles fazem continuamente. Eles matam coisas, o que equivale a se abastecer de combustível. Caso contrário, não funcionariam. A vida é uma fogueira que arde eternamente. Alimente-se esse fogo. Daí decorre uma espécie de paixão pelo sacrifício.

Ora, a ideia global de sacrifício, segundo a qual quando matamos um animalzinho obtemos algum benefício, é algo realmente difícil de aceitar. Lembro-me de ter ido ao Kalighat na época da Durga Fuja, quando iam decapitar búfalos, cabritos e outros animais. Fiquei horrorizado. Um lindo cabritinho estava sendo preparado. Era um cabrito de estimação e as pessoas colocavam flores sobre sua cabeça, acariciavam-no, mas sua cabeça ia ser cortada. Isso, porém, por efeito mágico; você age da mesma forma que o mundo, e dá andamento ao sacrifício. Você conhece as regras. Se estiver caindo, mergulhe. Faça o que tem de ser feito. Há, pois, essa paixão pelo sacrifício.

Existe uma concepção anterior de sacrifício, também relacionada aos habitantes das selvas e, de modo geral, aos agricultores, mas não à maneira sofisticada dos indianos. Nas selvas, veem-se árvores apodrecidas das quais surgem novos rebentos verdejantes; é a vida brotando da morte. Crie-se, portanto, a morte, e se criará a vida. É este um modo demiúrgico aterrador de abordar as coisas. E isso foi ainda mais acentuado pela concepção indiana.

Chegamos, assim, à transposição do mito para a filosofia. O mundo é uma fogueira que arde eternamente: alimente-se essa fogueira. Ela é alimentada pelos sacrifícios sacerdotais. Agora, porém, chegamos ao segundo estágio da formação de uma filosofia, o estágio conhecido como dos Upanishads.

Se os Vedas datam de 1000 a.C., os *Brahmanas* datam de aproximadamente 900 a 800 a.C. É por essa mesma época que começam a aparecer os Upanishads. Os dois mais importantes são o Brihad-Āranyaka e o Chãndogya. É então que ocorre uma mudança essencial de atitude. *Shad* significa sentar-se; *upani* é aproximar-se. Você se senta ao pé de um mestre, que lhe ensina a doutrina do aproximar-se. Ele diz: "Quando você leva o alimento à boca, isso é um sacrifício." A fogueira dentro de você é Agni, a fogueira da chama sacrifical.

Por que recorrer aos brâmanes? Você a tem dentro de si mesmo. Volte-se para dentro. Todos esses deuses que você é solicitado a adorar por intermédio do sacrifício público são projeções da fogueira de sua própria energia. Há uma passagem maravilhosa no *Chãndogya*: "Adore este deus, adore aquele deus, um deus e depois outro – os que obedecem a essa lei não sabem. A origem dos deuses está em seu próprio coração. Vá até esse centro e saiba que você é aquele do qual nascem os deuses."

Essa concepção já ocorrera no Egito. É a concepção fundamental da filosofia perene.

As divindades são personificações simbólicas das energias do próprio indivíduo. Essas energias são as mesmas que compõem o universo, de modo que o deus está no exterior e no interior. O reino dos céus está dentro de nós, sim, mas está também em toda parte. Isso é filosofia perene.

Chega-se agora à questão de encontrar a fogueira dentro de nós mesmos. É um ato psicológico de discernimento; trata-se de discernir entre o aspecto físico, de transformação, de nossa entidade e aquela chama duradoura da qual a juventude e a velhice, o nascimento e a morte não passam de meras inflexões.

Temos então, acompanhando isso, as diferentes disciplinas. Os Upanishads mais antigos datam de cerca de 800 a.C. Na Índia, uma análise muito secreta, estimulada indiscutivelmente pelas experiências do yoga, que se volta inteiramente para o interior, levou à filosofia Sanlchya, extremamente complexa e intelectualizada. É uma análise da psicologia do ser interior. Surgem, então, os mestres com seus devotos, os gurus com seus discípulos, sempre ensinando, ensinando, ensinando. Quanto ao mestre propriamente dito, é alguém que encontrou aquela fogueira e com ela se identificou. Fala, pois, com a voz do fogo. Ouvimos a mesma coisa de Jesus, 500 ou 600 anos mais tarde, quando ele se identifica com o fogo, com a energia do Cristo que ampara todos os seres e fala como tal. Ele não fala como Jesus de Nazaré, nascido de Maria. Fala como aquele que nasceu duas vezes, aquele que assumiu o parto, o parto virginal do reconhecimento da vida espiritual, que é a verdadeira vida. E assim temos os gurus.

Esse período é fascinante. É uma fase de grandes transformações. Vivia na Pérsia, nessa época, um grande mestre, Zoroastro ou Zaratustra. Os Gathas (ou hinos) de Zoroastro têm muita coisa em comum com o sânscrito, de modo que a separação dos persas e dos arianos da Índia não pode ter ocorrido muito tempo antes de se terem escrito esses hinos. As línguas são demasiado parecidas. A datação provável de Zoroastro deve se situar aproximadamente na época dos Upanishads. É da mensagem de Zoroastro que deriva toda a nossa tradição ocidental; contrastando com ela, existe a tradição de Buda.

Zoroastro se opunha radicalmente ao sacrifício. Era inteiramente contrário às tendências das psicologias indianas e das mitologias mais antigas, preocupadas em colocar a pessoa em harmonia com o universo. Em sua mitologia, Zoroastro distingue dois deuses: Ahura Mazda, o Senhor da Luz, cujo nome foi dado às lâmpadas Mazda (*Ahura* significa espécie de espírito, sendo Mazda o espírito específico da luz) e que é todo luminosidade, benevolência, poder e conhecimento; contraposta a ele, a divindade contrária, Angra Mainyu, que é escuridão, hipocrisia e falsidade. O que Zoroastro fez foi concretizar dois opostos: o bem e o mal, a luz e as trevas foram personificados – superpersonificados, poder-se-ia dizer – como deuses.

Veremos, a seguir, o que vem a ser essa mitologia. O deus bom criou um mundo bom, todo feito de luz e, consequentemente, invisível. Para que se possa enxergar alguma coisa, é preciso que haja sombra. Angra Mainyu, que está sempre atrasado e é sempre invejoso, irrita-se com isso e resolve intervir. Lança naquele mundo escuridão e pecado e tudo o que há de sórdido. Ocorre, portanto, uma queda e o universo passa a ser composto de forças do bem e do mal em conflito e em união.

Não se harmonizem com o universo. É isso exatamente o que não se deve fazer. É o que nós somos, antes de tudo. Somos uma mistura. É preciso que, intencionalmente, por decisão, por ação e coragem, o indivíduo se alie àquilo que ele percebe ser o bem.

Conta o mito que um salvador veio ao mundo para ensinar como salientar o bem. A ação desse salvador trouxe como resultado a restauração que se está processando atualmente. Há pessoas boas que estão devolvendo ao mundo sua condição original, de modo que há uma linha reta ascendente até a restauração. Tempo virá em que, passada a crise, toda escuridão será eliminada. Haverá uma segunda vinda do salvador, na forma de uma figura conhecida como Saoshyant; a escuridão será permanentemente eliminada, assim como o próprio Senhor das Trevas. E então haverá de novo apenas a luz.

Vocês reconhecem essa história? Também nós temos, na Costa Oeste, esse aspecto ocidental da história, essa concepção do "Não se harmonize com a natureza. Determine-a".

Passemos agora à concepção budista. Diz Buda: "Toda vida é feita de tristeza. Tal é a natureza da vida. Bem e mal. Todos esses nomes que dais às coisas, o que é bom e o que é mau, tudo está misturado. Assim são as coisas." Na verdade, Buda empregava a terminologia médica de um hindu. O médico chega e observa um paciente.

"O que há com o paciente?"

"O paciente está sofrendo."

"Toda a vida é sofrimento, mas há um remédio para o sofrimento."

"Um remédio para o sofrimento? Qual é esse remédio?"

"O Nirvana."

"O que vem a ser estar com saúde? O que é Nirvana?"

Podem ser muitas as respostas errôneas para essas perguntas. Nirvana é a instância psicológica que torna a pessoa indiferente à dor, ao sofrimento. Que é que faz de sua vida uma sucessão de sofrimentos? O desejo e o medo-desejo de alguma coisa, um desejo ilusório, e medo de perder alguma coisa. Quando esse desejo e esse medo são debelados, alcança-se o que é conhecido como Mahasukha, o grande deleite, a realização do êxtase. Quando se está em êxtase, a dor não faz sofrer. É essa experiência de se alcançar um centro que confere ao indivíduo tal participação no êxtase. Você se encontra exatamente no centro, e não existe nem ganho nem perda. Você está habitando no ser. Isso é o Nirvana.

Eram numerosas as pessoas que falavam no Nirvana no tempo de Buda. Um desses grandes grupos era o dos jainistas. No jainismo, que se desenvolveu quase certamente no vale do Indo, a concepção da maneira de se alcançar a libertação nirvânica é extremamente física. A ideia essencial do jainismo é a de que a alma, denominada *Jiva*, a mônada viva, é infectada pela ação, a que se dá o nome de *Karma*, que obscurece e empana a luminosa Jiva. Mas não se diz como é que isso acontece. Simplesmente se diz que é assim que acontece. O objetivo do yoga é limpar a mancha, purificar a ação. Como se faz isso? Sentando-se, Mulabanda, com todos os sentidos fechados, nenhuma atividade, mas sem deixar de respirar. O problema, segundo os jainistas, consiste em não morrer antes de se estar completamente libertado do desejo de viver. Não desejar viver é mais difícil do que se pode imaginar.

Assim, a comunidade jainista é constituída de dois grupos: o grupo secular, a comunidade leiga, a comunidade dos indivíduos que esperam, depois de um certo número de encarnações, estar prontos para o ato seguinte; e o outro grupo, a comunidade dos monges e freiras que já se desprenderam da vida e estão, por assim dizer, mortos. Eles forcejam por morrer. O primeiro passo, evidentemente, aquele que é dado até mesmo pelos leigos, é tornar-se vegetariano. Isso equivale a dizer "Não" à vida tal como ela é. "Nós não matamos nem comemos animais." Mas matam e comem plantas. Os jainistas também reconhecem isso, então há outro passo, no qual não se matam nem se comem sequer os vegetais. Espera-se que eles morram. Bela refeição! Não se colhe uma maçã na árvore. Espera-se que ela morra e caia por si mesma. Além disso, é preciso ter muito cuidado quando se bebe água à noite: pode ter caído nela algum insetozinho ou coisa parecida. Naturalmente, restam hoje muito poucos jainistas. Em Bombaim, onde subsiste a maioria deles, veem-se pessoas andando pelas ruas com uma espécie de máscara cirúrgica que os impede de aspirar algum inseto. Antigamente, em Bombaim, havia um costume muito engraçado. Dois homens, carregando uma cama cheia de percevejos, caminhavam pela cidade dizendo: "Quem vai alimentar os percevejos? Quem vai alimentar os percevejos?" Estavam sendo generosos para com a vida. Bem, não sei por que você há de querer preservar a vida e matar a sua, mas todas as religiões contêm alguma coisa de absurdo. Continuando nossa história: alguma senhora atirava pela janela uma moeda e os dois sujeitos se deitavam na cama e serviam de pasto para os percevejos. Eles obtinham sua moeda e ela, o merecimento.

Por outro lado, você está empenhado em não comer, e a primeira coisa que tem a fazer é limitar o número de passos que dá durante o dia. Em cada passada, você faz uma pressão sobre o solo e, provavelmente, mata algum pequeno ser que mora lá embaixo. Assim, com o tempo a pessoa se vai reduzindo a ficar sentada num mesmo lugar, sem comer. E, evidentemente, a coisa acontece. Buda contestou: "Não, não, não", declarando que esse comportamento correspondia a uma interpretação física do problema. O que se faz necessário é morrer psicologicamente para nossos próprios desejos e medos. Só então, e de um modo muito interessante, a vida se torna positiva.

O caminho da iluminação: budismo

Buda viveu entre 563 e 483 a.C. Há muito tempo, pois. Quero chamar a atenção para a data, 500 antes de Cristo, que se reveste de grande importância, como veremos mais adiante. Durante os primeiros séculos da arte budista, a figura de Buda nunca foi representada, pois ele já se havia libertado de seu corpo. Aqui, ele aparece sob forma de árvore. Aí está o seu corpo, mas sua presença é como um pôr do sol. Ele deixara o corpo para trás, como um sol poente. Não estava ali. Quinhentos anos depois, entretanto, começamos a ter imagens de Buda, o que significa que começa a se expressar um novo tipo de budismo.

A primeira fase do budismo foi fortemente monástica. Como já dito sobre o jainismo, a comunidade acredita que em encarnações posteriores o indivíduo será capaz de renunciar ao mundo, abandoná-lo e prosseguir na busca da libertação nirvânica. O budismo primitivo também continha essa mensagem. Era acentuadamente monástico. Mas depois, ao longo do primeiro século da era cristã, no noroeste da Índia, essa concepção se altera. Há um outro budismo. O século I d.C. foi também o primeiro século da cristandade, acontecimento que ocorreu mais a oeste, não muito longe dali.

O budismo inicial é conhecido como Theravada. *Vaãda* significa "a palavra", e *thera*, "dos santos" – a doutrina dos antigos santos. Outro nome dado a esse budismo é Hinayana. *Yana* significa "barco de passagem", e *hina*, "pequeno". Assim, o budismo do pequeno barco de passagem. Um barco pequeno só pode levar um número muito reduzido de pessoas: aquelas que disseram "Não" à vida. Estão a caminho do nirvana. Mas o sentido integral da realização nirvânica está na transcendência dos pares de opostos: desejo e medo, você e eu. Chega-se à unidade.

A distinção entre *samsara*, sofrer no mundo, e nirvana, ou êxtase na transcendência, consiste em não ausência de distinção. Podemos então começar a ver que o próprio mundo é uma manifestação da consciência de Buda.

As imagens de Buda que começam a aparecer 500 ou 600 anos depois de sua morte nada têm a ver com aquele belo personagem do ano 500 a.C. Uma das imagens mais antigas que dele possuímos se encontra no Ceilão. Ele está sentado no chão, o que significa se tratar de um homem que, pela meditação, identificou sua consciência com a consciência de Buda, com a consciência transcendental que habita todos os seres.

Num ensaio de Daisetz Suzuki, lê-se uma maravilhosa história. Um jovem discípulo pergunta ao mestre: "Sou possuidor da consciência de Buda?" O mestre responde: "Não." O aluno insiste: "Mas, disseram-me que todas as coisas têm a consciência de Buda. As rochas, as árvores, as borboletas, os pássaros, os animais, todos os seres." O mestre retruca: "Tem razão. Todas as coisas têm a consciência de Buda. As rochas, as árvores, as borboletas, as abelhas, os pássaros, os animais, todos os seres, menos você." "Menos eu? Mas por quê?" "Porque está fazendo essa pergunta."

Se você se identificar pessoalmente com este problema racional, não estará entendendo a mensagem. O Buda é aquele que o eliminou, entendeu a mensagem e agora vive fora dela.

Eis Buda na postura do lótus. E o Buda como manifestação. Essa maravilhosa postura é conhecida como a de tocar-a-terra. O lótus, tal como a água do Ganges, é uma manifestação da graça da vida eterna que flui através do mundo. É o que a rosa representa no simbolismo medieval da tradição cristã. A imagem da Trindade aparece na rosa celestial. A de Buda, no lótus celestial. A figura sentada sobre o lótus, ou sobre a rosa, é a personificação da energia já representada nessas flores. Ou seja, Buda não teve de fazer nenhum esforço para realizar sua identidade.

Há duas maneiras de encarar Jesus: ele é verdadeiramente homem e é verdadeiramente deus. Como verdadeiro homem, ele sofreu. Como verdadeiro deus, não. Há duas maneiras de encarar Buda: ele é aquele que se sentou, meditou e encontrou sua consciência de Buda; ele é a encarnação da consciência de Buda e não precisou de nenhuma meditação, porquanto já sabia.

Ao nascer, Buda saiu do flanco de sua mãe. Isto significa que, no tocante à sua mensagem e à sua personalidade históricas, ele não estava ligado à natureza. Estava ligado ao parto virginal, à natureza da vida espiritual. Ele passou pessoalmente pela experiência do parto virginal, pode-se dizer, por ter nascido do flanco de sua mãe, ao nível do coração, e não ao nível pélvico do parto natural. Mal acabara de nascer e já as divindades baixaram para acolhê-lo num pano dourado. Ninguém acredita que isso tenha acontecido. As façanhas dinâmicas dos salvadores simbolizam o significado dos seus ensinamentos. Não é como na biografia de Lincoln, de Cari Sandburg, na qual se obtém documentação referente a pormenores reais da vida do biografado. Não tem nada a ver com as implicações dessa vida.

Buda nasceu, os deuses o acolheram num pano dourado, colocaram-no no chão e a criancinha deu sete passos, levantou a mão direita, com a esquerda apontou para baixo e disse: "Mundos de cima, mundos de baixo, não há no mundo ninguém como eu!"

Buda não precisou fazer esforço algum para descobrir isso. Já o sabia ao nascer. Em sua primeira entrevista sobre budismo nos Estados Unidos, Daisetz Suzuki mencionou esse fato. Disse ele: "Vejam, é muito engraçado uma criança recém-nascida dizer uma coisa dessas! Vocês acham que ele deveria ter esperado até receber aquela luz embaixo da árvore *bo* e realizar o seu nascimento espiritual. Mas no Oriente nós misturamos tudo isso. Não fazemos grande distinção entre vida espiritual e vida material. O material manifesta o espiritual." Passou, então, a discorrer longamente, fingindo ter perdido todas as suas anotações. Nas pinturas japonesas e chinesas há grandes espaços vazios, e isso pode significar alguma coisa. Foi o que fez Suzuki: deixou-nos um espaço vazio, fingindo ter perdido suas anotações, para que pudéssemos ajudá-lo a encontrá-las, dando-nos assim a sensação de participar da conferência. Não é bom ser perfeito demais.

Suzuki chegou finalmente a este ponto: "Dizem-me que, ao nascer, o bebê chora. O que diz o bebê quando chora? O bebê diz: 'Mundos de cima, mundos de baixo, não há no mundo ninguém como eu!' Todos os bebês são bebês-Buda."

O recém-nascido é um bebê-Buda. É uma manifestação, na inocência, dessas energias maravilhosas. Qual é, então, a diferença entre um filhote qualquer e o filho da rainha Maya? O dela sabia que era um bebê-Buda.

Alcançar a consciência de Buda significa, em última análise, chegar ao conhecimento de que se é essa consciência. Isso exige muito esforço, sobretudo porque a sociedade insiste em afirmar o *contrário*.

Quando essa pessoa que busca, que procura, que está prestes a se tornar Buda, chegou à árvore no meio do universo, ao *axis mundi*, designado como ponto imóvel, sentou-se embaixo dela. Trata-se de uma situação psicológica. Não é preciso ir a Bodh-Gaya para encontrar o ponto imóvel. Ele está aqui mesmo, para quem já o possui. E o que é esse ponto? É aquele que não é movido nem pelo desejo nem pelo medo.

E assim veio testá-lo o Senhor do Mundo, cujo nome é desejo e medo. Como desejo ele é chamado de Kama, que significa concupiscência, desejo, delícia, prazer. Ele tentou demover Buda exibindo-lhe suas três lindas filhas, cujos nomes eram Desejo, Satisfação e Arrependimento. Futuro, presente e passado. Buda se havia desprendido da parte biológica de seu corpo, de modo que não se moveu. Kama entristeceu-se com isso e se transformou em Mara, o Senhor da Morte, para inspirar medo. Lançou contra Buda todas as armas de um exército de ogros. Não havia ninguém ali. Eis por que não o vemos nas obras mais antigas; ele não estava presente fisicamente, como corpo. Tinha se desprendido do corpo. As armas se transformaram em lótus ao penetrarem naquele campo de não existência e, por isso, ele foi adorado.

Chega-se, agora, àquilo que, para os bons cristãos é mais difícil de aceitar. Kama/Mara, desesperado, transformou-se em Dharma, o Senhor do Dever Social. Supõe-se que isso seja cristianismo. Por Deus! Como haveremos de encontrar nosso próprio caminho se estamos sempre fazendo o que a sociedade afirma ser o nosso dever? É aqui, portanto, que Mara, agora como Dharma, o Dever, lhe diz: "Jovem Príncipe, espera-se que você se sente no seu trono e governe o país. Você não lê os jornais da manhã? Não sabe o que está acontecendo? As coisas vão mal. Há greves por todo lado." Que faria você diante desse apelo? Ele limitou-se a baixar a mão e a tocar a terra, como a dizer: "Não tentem me demover com esse apelo jornalístico. Só estou interessado na eternidade." E invocou a deusa, a Mãe Universo, para confirmar seu direito de estar ali. Do alto de sua majestade, com uma voz que ressoou qual trovão no horizonte, ela declarou: "Este é meu filho bem-amado que, ao longo de inúmeras existências, renunciou tão completamente a si mesmo que não há ninguém aqui." Diante disso, o elefante sobre o qual Dharma viajava inclinou-se em adoração, o exército foi dispersado e Buda alcançou a luz.

Eis, pois, o que Akshobhya simboliza; não ser movido. É a primeira posição. Você a encontrou. Está sentado aí. Está no ponto imóvel e nenhum apelo jornalístico virá demovê-lo. Tal é o primeiro passo. O segundo consiste em voltar ao campo do tempo depois de haver encontrado o ponto imóvel.

São, portanto, dois budismos: o budismo primitivo, o do pequeno veículo, que se afasta do campo do tempo e depois, mais tarde, o budismo que afirma sermos manifestações e podermos nos mover neste campo do tempo sem, contudo, sermos movidos. É o que se conhece como "participação alegre nas tristezas do mundo". E você pode fazer isso, pode se tornar o que é conhecido como Bodhisattva, aquele cujo "ser" *(sattva)* é "iluminação" *(bodhi)*. Tendo encontrado esse ponto imóvel, você pode se mover no campo do movimento, sem se mover. Eis o que é importante.

Heinrich Zimmer, talentoso intérprete das formas simbólicas, estava em Nova York fazendo palestras sobre o budismo e queria descrever a diferença entre o budismo do pequeno veículo, Hinayana, e o budismo do grande veículo, Mahayana. Para tanto, recorreu a uma imagem maravilhosa. Naquela noite, quando atingiu a iluminação, Buda sentiu-se tão aturdido que durante sete dias permaneceu sentado no mesmo lugar, sem se mover, o que significa estar completamente distanciado do campo do tempo. Depois ele se levantou, deu sete passos para trás e permaneceu sete dias em pé, olhando para o lugar onde estivera sentado, o que significa relacionar o temporal à realização imóvel. Em seguida, andou durante sete dias para a frente e para trás entre os dois pontos, interligando-os e integrando-os. Depois sentou-se embaixo de outra árvore e seu primeiro pensamento foi: "Isto não pode ser ensinado." Este é o ponto fundamental do budismo, e é disso que estou falando aqui. Isto não pode ser ensinado. Todos conhecem a frase: "Pode-se levar uma garota à universidade, mas não se pode ensiná-la a pensar."

Mal lhe ocorrera esse pensamento e eis que baixam os deuses Indra e Brahma. Assim como na cristandade a divindade da tradição anterior continua presente, também no budismo continuam presentes as divindades da tradição primitiva.

Indra e Brahma disseram: "Por favor, ensine, para a salvação da humanidade e de todo o mundo." E Buda respondeu: "Pois seja, ensinarei. Mas o que eu ensinar não será o budismo, e sim o caminho para o budismo." O chamado budismo é um veículo conducente à realização budista; a palavra que designa o veículo é *yana*, e o veículo a que se alude especificamente é um barco de travessia. Eis por que o budismo é denominado barco de travessia, que nos leva a uma margem que fica além da dor e do prazer, do lucro e da perda, do medo e do desejo, do você e do eu. É a transcendência da dualidade mediante a realização da unidade cósmica, ou unidade transcósmica.

Zimmer disse: "Ora, se quisermos compreender o budismo e os dois budismos, Hinayana e Mahayana, o pequeno e o grande barco de travessia, devemos refletir sobre o que é um barco de travessia. Estamos em Manhattan. Ali está o Rio Hudson; na outra margem do rio está New Jersey, o Garden State. Nunca estivemos em Jersey, mas ouvimos falar a seu respeito e já estamos saturados de Manhattan. Descemos até a margem do rio e ficamos a olhar para a cidade que fica do lado de lá. Para nós, Jersey é apenas uma miragem à nossa frente. Não sabemos como são as coisas ali, mas desejaríamos estar ali. Esses pensamentos nos ocorrem porque já não aguentamos mais Manhattan. Ora, sabem o que acontece um belo dia? Da outra margem vem vindo um barco, que se aproxima de nós. No barco há um homem, e este diz: "Algum passageiro para Jersey, para o Garden State?" Você diz: "Eu vou para Jersey." Ele então retruca: "Pois não. Só que tem um detalhe: você não poderá voltar. É uma viagem sem volta, Você estará abandonando sua família, seus ideais, seu dinheiro, seu futuro, tudo. Está disposto a partir?" Você responde: "Estou cheio deste lugar." E ele: "Então embarque!"

Tal é Hinayana, o barquinho de travessia; só podem fazê-la os que estão dispostos a abandonar tudo. E lemos nos textos: "A menos que você anseie pela libertação do Nirvana, tal como um homem com os cabelos em chamas que corresse a se afogar numa lagoa, não parta; é demasiado difícil." Está aqui, pois, a ideia da renúncia e de uma grande dificuldade ascética. Eis por que o barco é pequeno. E assim você embarca.

Começa a viagem e você pensa: "Minha mãe!" Tarde demais: você já está no barco. Aprende a apreciar os borrifos da água. Aprende a falar outra língua – *bombordo* e *estibordo* em vez de *esquerda* e *direita; proa e popa* em vez de *à frente* e *atrás*. A respeito de Jersey, nada sabe além do que sabia antes de partir, mas passou a considerar os habitantes de Manhattan uma gente tola. E aí está você. Na verdade, há muito pouca coisa a fazer: içar velas, recolhê-las, remar um pouco, orar. Você é um monge ou uma freira, deposita flores nos altares, desfia as contas de um rosário, ora nesta mão, ora na outra, e assim por diante, indefinidamente. A vida reduziu-se a algo suave e simples. A última coisa que você deseja é chegar à outra margem e descobrir que existe algo mais a ser feito. Entretanto, depois de uma ou duas encarnações (você imaginara que seria uma viagem curta; nada disso: a viagem é longa), o barco chega à praia de Jersey. Ah, eis chegado o grande momento! Aí está. É o chamado êxtase. Você desembarca. É um mundo diferente. Finalmente você pensa: "Como será Manhattan vista daqui?"

Com referência à travessia, disse Buda: "Imaginem um homem que, desejando passar para o outro lado do rio, construísse uma jangada e, em chegando à outra margem, em sinal de respeito para com a jangada, a pusesse nos ombros e a carregasse. Esse homem seria inteligente?" "Claro que não, mestre!", exclamaram os monges. O mesmo acontece com as leis vigentes; elas não têm nada a ver com o Nirvana. O Nirvana transcende tudo isso. As leis vigentes são o veículo que nos leva até lá.

Até agora falou-se do Hinayana. Estamos deixando Manhattan e chegando a Jersey. Estamos deixando *samsara*, o vórtice da dor, e indo para uma libertação nirvânica. Você está em New Jersey e se vira para ver Manhattan: está no domínio da não dualidade. Está no mundo da transcendência de todos os pares de opostos. Lá longe não há Manhattan. Não há Rio Hudson entre as duas margens. Não há barco de travessia. Nem homem no barco. É isso, apenas isso. Você passou além da dualidade, e sua percepção é: Estive ali o tempo todo. É apenas uma transformação dos olhos. Como diz aquela frase do Evangelho apócrifo de São Tomé: "O reino do Pai se estende sobre a terra, mas os homens não o veem." Veja-o! O esplendor está aqui, à nossa volta, aqui e agora! Isso mesmo, e a multiplicidade é unidade, numa maravilhosa espécie de demonstração. Tal é, pois, o Mahayana. Estamos lá, e no entanto estamos no barco, e o barco está lá. E quem está no barco? Não há ninguém no barco. Tal é o maravilhoso paradoxo do budismo. A palavra-chave é *anatman*. Todas as coisas são destituídas de um "eu". Todos nós somos manifestações dessa transcendência. A consciência do "eu" é exatamente o que nos separa das outras pessoas. Dissolva essa consciência. Não tenha medo, entregue-se. Torne-se alimento dos outros. Quando isso acontece, você habita na totalidade. E experimenta então o grande deleite, *mahasukha*.

Qual é, então, a melhor austeridade, a melhor disciplina? A melhor disciplina é: Deleite-se com seus amigos. Deleite-se com suas refeições. Entenda qual é o jogo deles. Tome parte no jogo, no jogo da vida. É o que se conhece como *mahasukha,* o grande deleite. Vem a frase final: *Bhoga* é yoga. Deleite e gozo *(bhoga),* uma forma de yoga. Tal é o tema de T. S. Eiiot em *The Cocktail Party*. Você precisa dar uma festa? É este o seu ritual: realizar a presença. Isto é uma coisa maravilhosa. É o grande budismo.

O interessante é que esse desenvolvimento do budismo Mahayana ocorreu no noroeste da Índia sobretudo durante os dois primeiros séculos depois de Cristo, que foram precisamente os séculos do desenvolvimento do cristianismo. Bodhisattva é aquele que, por haver alcançado a transcendência, tem participação no mundo. É esta a ideia de Cristo que, por seu amor ao mundo, veio aqui para ser crucificado: tomar parte na crucificação, intencionalmente, com júbilo. Qual é o convite feito por Cristo? Participação jovial, acolher a crucificação com alegria, sem medo, sem desejo; eis o êxtase. Tal é a história ali contada.

Muitos rituais associados à guerra, na Antiguidade, tinham por objetivo compelir os guerreiros à chamada "atitude frenética", graças à qual o indivíduo se encaminha para os infortúnios da guerra numa espécie de êxtase. É uma participação furiosa. Trata-se de uma maneira religiosa de encarar a guerra. Tem-se, portanto, os dois budismos: o do esforço ascético e o da participação jubilosa, o pequeno barco, o grande barco. "Nós estamos ali": eis a essência do grande barco. A outra – "Você está se esforçando muito" – mais ao pequeno barco. Certas pessoas gostam de um trabalho penoso, e a pior coisa que se lhes pode dizer é: "Puxa! Você está se divertindo pra valer!" "Não, estou morrendo de tédio, e este é o único sentido de minha vida." Outras pessoas talvez necessitem de uma doutrina diferente.

Esta é a Bodh-Gaya, a árvore sob a qual Buda se sentou. Podemos concretizar tudo isso; podemos ir à Bodh-Gaya. Há ali um grande templo que representa os estágios dos céus. O que está implícito é que a reencarnação, no Oriente, corresponde ao purgatório no Ocidente. Quando você morre, está de tal forma preso ao seu ego, aos seus intentos, desejos e medos que não pode se abrir para a revelação transcendente da visão beatífica que aniquilaria o egoísmo; terá de se purgar (purgatório) de seu ego. Eis uma espécie de curso de pós-graduação que lhe é dado numa boa tradição cristã. Na tradição oriental, você renasceria para ter uma nova oportunidade. Você continua a renascer até ficar purificado de seu ego. Mas, entre uma encarnação e outra, você irá para um céu ou para um inferno, dependendo do modo como se comportou. Se tiver reagido o melhor possível à disciplina imposta pela vida, você ascenderá ao céu para o qual esteja preparado. Se tiver oposto resistência, será mandado para um inferno no qual divindades implacáveis o esmagarão e o farão se arrepender.

O céu ao qual você ascenderá corresponderá à sua condição. Ninguém irá julgá-lo ou dizer-lhe que vá para este céu ou para aquele inferno. Sua própria psique tem uma espécie de gravidade específica que o leva para o céu que lhe seja mais adequado. Se você está preparado para o *rock-and-roll*, ela não o encaminha para um concerto de música de câmara. O céu de que você desfrutará será adequado às suas aptidões. Os céus mudam gradativamente. Os céus inferiores são os dos prazeres eróticos deste ou daquele tipo. Mais acima ficam os da contemplação filosófica, e assim por diante. Lá no alto é a transcendência, a meditação do transcendental, e finalmente você se dissolve. É a montanha do mundo. Embaixo ficam os infernos abissais, também com graduações. A *Divina Comédia* de Dante nos mostra exatamente isso. A diferença entre o inferno de Dante e o de Tomás de Aquino é a seguinte: o inferno de Aquino é simplesmente um castigo, ao passo que o de Dante se ajusta à sua conduta nesta vida. O mesmo acontece com o céu de Dante. Desse modo, o futuro transcendental é simplesmente um reflexo de seu caráter e de seu ser terrenos.

Buda e Confúcio compartilharam uma data importante: 500 a.C. Entretanto, Buda buscou o Nirvana, o ponto imóvel, enquanto Confúcio enfatizou a participação social. Por meio da participação social, o Tao – o caminho, a ordem vital – é admitido, requer a nossa participação e se torna manifesto. Confúcio viveu entre 551 e 478 a.C. aproximadamente. Essas datas correspondem quase exatamente às de Buda: 563 a 483 a.C. Confúcio é o homem mais importante do Extremo Oriente. Além de Confúcio há uma outra figura, conhecida como Lao-Tsé. Aí veem-se os dois conversando. Em verdade, não existem retratos desses homens; ninguém sabe como eles realmente eram. Mas Lao-Tsé significa "o velho menino", o velho sábio que se identifica com uma espécie de *puer aeternus*, com o Tao.

Dizem que na China há duas atitudes importantes: a do confucionista e a do taoísta. Quando a sociedade está bem estruturada, prevalece a atitu-de confucionista, que é a participação no processo social por intermédio dos ritos dessa mesma sociedade. Estes não têm nenhuma semelhança com os sacrifícios e os rituais à maneira antiga. Estão relacionados à partici-pação na ordem social. Quando a sociedade se torna violenta, as pessoas passam para a posição taoísta, que é a da unificação com o universo, o Tao do universo. O sábio taoísta, aquele que se poderia considerar típico, mantém-se no alto de uma montanha. Deixa que as urzes cresçam à porta de sua cabana; une-se ao universo. (Ou pode unir-se à sociedade.) Em todo caso, sente-se de maneira muito intensa que uma participação positiva no desenrolar dos fatos tem uma importância muito maior na China que na Índia. Mesmo no "Bhoga é yoga" do Mahayana indiano, a sensação que ainda predomina é "Bem que eu gostaria de estar fora disso". Na China, pelo contrário, há essa maravilhosa participação básica.

Lao-Tsé representa o Tao na natureza; Confúcio a adapta ao Tao na sociedade. Lembrem-se: 500 a.C., Buda na Índia, Confúcio na China.

Agora chegamos ao Oriente Próximo e a Dario I, 523-486 a.C. Ele era o soberano. Qual a concepção ali dominante? A do imperador como encarnação ou representante do rei dos reis – Deus como o rei dos reis e os seres humanos como seus súditos. É a concepção do homem como servo de Deus, súdito de Deus, escravo de Deus. Essa concepção chegou até nós.

Nos meus tempos de estudante, costumávamos recitar o catecismo. "Por que Deus criou você?" "Deus me criou para amá-Lo, servi-Lo e glorificá-Lo neste mundo e para ser feliz com Ele, para sempre, no céu." Isso implica a relação com Deus. Deus não me criou para realizar a minha divindade. É algo totalmente diferente. Estamos do outro lado da linha. É o sistema do Oriente Próximo, de onde provém a nossa herança bíblica. Ora, isso é importante e diferente.

Na Grécia, nessa mesma época, crescia a fama de Pitágoras. Poder-se-ia imaginar que se estava novamente na Índia. Uma das asserções pitagóricas mais acessíveis nos é referida por Ovídio nas *Metamorfoses*, quando ele diz que o sábio de Samos estava distante dos deuses mas em seu íntimo se sentia à vontade com eles. E o que ensinava esse sábio? "As coisas mudam, mas são uma só. Uma única cera assume muitas formas." É a mesma velha doutrina.

Aí está, portanto: entre os clássicos gregos indo-europeus e os indianos indo-europeus – e, mais além, entre os chineses – vamos encontrar a mesma tradição autoritária do rei-dos-reis que chegou até nós via Bíblia. Não sei como isso aconteceu, mas o fato aí está.

Na Grécia, durante o século IV a.C., Aristóteles nos traz algo diferente: a filosofia racional e a tradição humanista – o homem como homem, concepção totalmente inexistente no Oriente –, a ideia do homem como centro, livre de qualquer submissão às divindades. Elas estão ali como se fossem ecos, representando, porém, os poderes humanos.

Se pensarmos na antiga filosofia perene como uma manifestação da sabedoria do corpo voltada para a parte espiritual da mente, poderemos considerar a filosofia aristotélica como uma filosofia dirigida à parte espiritual e dela decorrente. Quando se lê Aristóteles (*Estética*, *A Alma* ou outra obra qualquer) percebe-se que seu intuito é traduzir, numa terminologia racional, certas referências à tradição mais antiga, assim como algumas das implicações dessa tradição. Ele fala da alma e da transcendência da racionalidade usando uma linguagem racional. O que se viu desde então foi o racional passar para o primeiro plano, enquanto a referência à transcendência ia sendo relegada.

É esta uma das características de nossa tradição. Tem-se, pois, no Ocidente, estas duas heranças: Aristóteles e a Bíblia. A racionalidade aristotélica era racional em sua referência a algo que transcendia à Racionalidade, mas se foi tornando cada vez mais estritamente racional. Na Bíblia, o que se acentua é o étnico, em detrimento do aspecto elementar da mensagem. E ambas nos impuseram um compromisso com o tempo e o espaço nos quais e pelos quais vivemos; para tal compromisso, a transcendência da filosofia perene surge como uma ameaça. Muitas pessoas se sentem ameaçadas por essa inovação que põe em perigo sua posição racional e étnica.

Surge o grande momento. O discípulo de Aristóteles é Alexandre Magno. Em 332 a.C. este derrota Dario III na batalha de Arbela. Jovem e brilhante soldado, filho de um grande guerreiro, Alexandre inventa métodos militares que superam tudo que se imaginara até então. E num lapso de 15 anos ele conquistou todos os sistemas mais antigos do Oriente Próximo. A Pérsia se submete e ele a atravessa rapidamente em direção à Índia. Penetra no Punjab por volta do ano 327 a.C. e é ali que se dá o primeiro encontro da mente ocidental com o guru oriental.

Alexandre levava consigo muitos jovens oficiais discípulos de Aristóteles e de outros filósofos. Todos eles tinham ouvido falar numa escola de filósofos indianos que viviam na floresta. E assim, servindo-se de cerca de noventa e oito intérpretes, eles foram conversar com aqueles filósofos. O que encontraram foi um grupo de excêntricos nus, sentados sobre uma rocha escaldante. Quando propuseram conversar sobre filosofia, os velhos iogues disseram: "Quem pode conversar sobre filosofia com jovens que vestem mantos e botas militares? Tirem suas roupas, sentem-se sobre uma rocha durante uns noventa anos e depois poderemos começar a conversar."

Um deles, porém, mostrou-se interessado. Ignorando as zombarias dos demais, ele acompanhou aqueles indivíduos e passou a ser uma figura importante entre os comensais de Alexandre. É possível que nessa época Alexandre estivesse um pouco cansado de Aristóteles. O velho iogue tornou-se um de seus grandes protegidos e recebeu presentes e dádivas. Mas, quando o exército voltou para a Pérsia, ele pediu que construísse uma grande pira. Subiu até o topo da pira, sentou-se na postura iogue e, com os elefantes do exército de Alexandre barrindo e andando à sua volta no sentido do sol, ateou fogo em si mesmo. Foi este o primeiro contato da Europa com a filosofia do Oriente, do qual ela ainda não se recuperou.

Alexandre provocou na Índia um efeito semelhante ao de ondulações que se propagam e a queda de sucessivas gerações. Ainda no século I a.C., em Orissa, no outro extremo da Índia, vamos encontrar soldados gregos (gregos mercenários) montando guarda nos templos. E as favoritas dos haréns do norte da Índia, naquela época, eram mulheres gregas. Assim predominou uma forte influência grega. E a personagem mais importante produzida na Índia por essa influência foi Açoka, que viveu em meados do século III a.C. Açoka foi o primeiro imperador budista, e se acredita que anteriormente ele tenha sido um jainista. Conquistou o norte da Índia e boa parte do leste mas, ao perceber os sofrimentos que havia provocado com suas conquistas, sentiu-se sufocado pela dor. Dominado pela concepção budista segundo a qual "toda vida é sofrimento", converteu-se ao budismo.

Açoka foi o primeiro monarca budista e enviou missionários – fato importante – ao Ceilão. Encarregou o próprio filho e a filha de fundar uma missão no Ceilão. Enviou também missionários, fato registrado em frases gravadas em mármore e rocha, à Macedônia, a Chipre e ao Egito. Por volta de 250 a.C., começou-se a encontrar missionários budistas no Oriente Próximo, e é nessa época que se inicia a chegada ali da filosofia neoplatônica. Têm-se feito estudos importantes (um deles, o de um alemão chamado Garba) sobre os paralelismos entre as filosofias neoplatônica e Sankhya. Não há dúvidas a esse respeito. As influências tiveram início, determinando uma síntese dos pensamentos oriental e ocidental.

Chega-se aos primórdios da arquitetura budista e realmente hindu. Esta é do tempo de Açoka e se encontra em Sanchi. Conhecida como *stupa*, ela representa um relicário, construção circular onde se guardam relíquias, porém simboliza o mundo. É o ovo cósmico. Na *stupa*, veem-se velhas divindades pré-budistas inclinando-se perante Buda. Isso é o que há de mais belo no budismo. Aonde quer que vá, ele não diz: "Destrua os seus deuses." Nos lugares aonde chega o budismo, dá-se facilmente uma síntese de religiões. As tradições cristã e muçulmana caracterizam-se pela aniquilação dos deuses dos países onde penetram. A característica da tradição budista, mais branda, é considerar essas divindades como as energias vitais locais, que são, elas próprias, manifestações da consciência de Buda. Eis por que elas se postam em reverência à revelação de sua condição de Buda.

7

Do Id ao Ego no Egito: yoga *Kundalini* – Parte 1

O sentido do yoga já vem expresso na própria palavra *yoga*. Deriva ela da raiz *yuj*, que significa *yoke*, ligar ou juntar uma coisa à outra. O que está sendo ligado é a consciência do nosso ego, a consciência *aham*, à fonte da consciência. É muito grande a diferença entre a concepção ocidental da divindade e a dessas tradições perenes, o mesmo acontecendo com a noção de consciência. Para falar em divindades usando os termos peculiares a essas tradições fundadas na mitologia, eu diria que a divindade é uma personificação da energia. É a personificação de uma energia que confere uma forma à vida – a qualquer vida, à nossa, à do mundo. A natureza da personificação será determinada pelas circunstâncias históricas. A personificação é folclórica; a energia, humana. As divindades derivam das energias. São mensageiras e veículos, por assim dizer, das energias.

Para nós, a divindade é um fato, e é desse fato que procedem as energias. Da mesma forma, no tocante à consciência, consideramos o cérebro como a fonte dessa consciência. De acordo com a concepção tradicional, o cérebro é uma função da consciência. Esta vem primeiro. O cérebro é um órgão que encerra a consciência e a orienta numa determinada direção, na direção do conhecimento do tempo e do espaço, conhecimento esse que é secundário. A ideia de que todos nós somos manifestações dessa consciência transcendental, que supera nossa capacidade de pensar e de dar nomes, constitui a concepção fundamental de toda a nossa vida. No pensamento ocidental têm ocorrido momentos nos quais essa concepção se introduz, contrariando o que se poderia designar como corrente predominante da filosofia, ou filosofias acadêmicas.

Muito tempo antes da Idade Média, há Dionísio, o Areopagita, filósofo místico. Sua filosofia foi retomada nos séculos VIII e IX, na Irlanda, por John Scotus Erigena, filósofo gnóstico criador de conceitos magníficos. Durante a Alta Idade Média, *Meister* Eckhart utiliza a linguagem complicada e concretizadora do cristianismo, dando-lhe porém uma nova vida, e surge então o reconhecimento da relação existente entre a divindade e aquele que a reconhece.

Na Itália renascentista, Cosme de Médici convidou Marsilio Ficino a traduzir um texto trazido de Bizâncio por um monge bizantino. Era o texto grego do *Corpus hermeticus,* a filosofia hermética dos primeiros séculos depois de Cristo, contemporânea do cristianismo primitivo, porém expressa em terminologia pagã. Quando apareceu esse texto, foi enorme o alvoroço provocado em todo o mundo das artes. A obra de Boticelli apresenta inúmeros exemplos disso, e a maravilhosa florescência da arte renascentista é uma eloquente manifestação dessas ideias. Temos mais tarde indivíduos como Giordano Bruno, que foi queimado numa fogueira em Roma, no ano de 1600, por proferir coisas semelhantes.

Depois, mais recentemente, aparece Immanuel Kant. Existem no mundo, segundo ele, dois tipos de filosofia: a filosofia inglesa, e ninguém compreendia o que Kant queria dizer com isso, e a filosofia que consideramos implícita nos sistemas centro-europeus. Em sua *Crítica da Razão Pura*, Kant averiguou que todos os nossos conhecimentos, toda a nossa experiência são condicionados pelos órgãos da experiência e do conhecimento. A *priori*, basicamente, nosso conhecimento do tempo e do espaço é anterior à nossa experiência de qualquer coisa. Tudo nos vem num campo de tempo e de espaço. Em sua maravilhosa obra *Os Fundamentos da Metafísica*, Kant formula a seguinte pergunta: "Por que podemos determinar relacionamentos no espaço aqui e saber que isso funcionará no espaço ali?" E responde: "Porque as leis do espaço estão bem dentro de nossas mentes." Ora, isso produziu em mim o efeito de uma bomba.

Durante o voo da Apollo ao redor da lua, o voo que precedeu a alunissagem, o controle terrestre de Houston perguntou: "Quem está no comando agora?" E veio a resposta, que ouvi, cheio de espanto: "Newton." As leis que iriam funcionar naquele espaço remoto, onde ninguém estivera até então, eram tão perfeitamente conhecidas que ficou possível trazer aquela pequena espaçonave de volta de sua órbita lunar e fazê-la pousar a uma milha de distância de um pequeno barco em pleno Oceano Pacífico.

Quaisquer que sejam as distâncias que esses veículos venham a percorrer no espaço, nós o cercamos. Nós o conhecemos. Mas, quando Neil Armstrong pisou na lua, ninguém sabia até que ponto os seus pés afundariam na poeira lunar. Esse é um conhecimento *a posteriori*. Porém, o sistema que estrutura o conhecimento, do qual decorrem todas as nossas experiências, isso nós já conhecemos.

Mas que é que estamos conhecendo através do espaço e do tempo? Será uma coisa qualquer? Não. As coisas estão no espaço e no tempo. Nele nós atingimos o transcendente. Por isso Kant o designa como "estética transcendental". Depois de ter visto tudo, começamos a refletir, a pensar a esse respeito, e são as leis do nosso pensamento que determinam o que podemos pensar. São as leis da lógica, as categorias, e não se pode pensar em alguma coisa que não se ajuste a elas. Portanto, estamos cercados. Isso é *maya* – exatamente.

Foi Schopenhauer quem primeiro observou a equivalência entre o conceito indiano de *maya* e o conceito kantiano das formas de sensibilidade e as categorias da lógica. Assim, em seu livro *O Mundo como Vontade e Representação*, ele pode falar do pensamento ocidental em termos de pensamento oriental. Ali, esses dois pensamentos são convergentes. Nietzsche também compreendeu isso, e com ele a filosofia acadêmica ocidental recebeu um impulso inteiramente novo. Foram esses, portanto, momentos cruciais para a tradição filosófica ocidental: o reconhecimento da penetração desse sistema de pensamento elementar, a filosofia perene, no que se poderia qualificar de sistema acadêmico.

O yoga constitui a união da consciência – a consciência *aham*, a consciência do ego – com a fonte da consciência. Essa fonte, evidentemente, transcende a todos os nossos conceitos.

Quando se pergunta: "Deus é um ou muitos?", *um e muitos* são conceitos, São as categorias do pensamento, Supõe-se que a palavra *Deus* não se refere a uma personalidade. Supõe-se que, ultrapassando a personalidade, ela se refira àquilo que realmente transcende ao pensamento. É assim que os símbolos míticos se abrem para a transcendência.

Jung faz uma distinção entre as palavras *símbolo* e *signo* ou *sinal*. Sua definição é arbitrária. Símbolo é um símbolo mítico que tem um dos pés aqui e o outro no infinito. Aponta para o transcendente. Um signo ou sinal aponta para alguma coisa que está aqui. Segundo a interpretação normal, Deus é um signo, não um símbolo. A palavra Deus faz referência a algo que se supõe ser um fato. Há uma frase surgida durante o período gnóstico e que eu gosto de citar: "O problema de Iavé é que ele pensa que é Deus." Isso significa que ele diz: "Eu sou Deus! Não sou um símbolo." Ora, sendo ele o único a existir, o deus de todas as outras pessoas não é nenhum deus.

Em linguagem apropriada: a concretização da imagem, do símbolo, constitui o que denominamos idolatria, e deste ponto de vista nossa religião é um sistema idólatra. Talvez seja por causa dessa nossa própria idolatria inconsciente que nós a vemos nos outros e destruímos os seus ídolos. Veja-se nisso apenas uma pequena reflexão para o dia de hoje.

O livro clássico do yoga é o *Yoga Sutra*. A palavra *sutra* tem relação com a nossa *sutura*, a linha utilizada pelo cirurgião para nos costurar. Portanto, *Yoga sutra* significa "o fio do yoga". Existe um tipo de livro proveniente da Índia denominado *sutra*. Existem inúmeros *sutras*, ou livros adquiridos pelos estudantes à noite, à véspera de um exame. Usando fórmulas extremamente concisas, eles resumem o trabalho feito pelo aluno durante o ano, mas só consegue compreender o livro quem já conhece o assunto.

O aforismo introdutório do Yoga Sutra, atribuído a um sábio lendário chamado Patanjali, é a definição clássica do yoga: "Yoga é a interrupção intencional da atividade espontânea da substância da mente."

A fisiologia da mente apresenta dois aspectos. Um deles é o dos nervos, da matéria cinzenta; o outro, o da energia existente nos nervos. A energia é que transmite as mensagens. A matéria densa, palpável, recebe em sânscrito o nome de sthula. A matéria sutil, a energia interna, o princípio ativador, é o *sukshma* ("*sutil*").

Essa matéria sutil contida no interior do cérebro assume a forma daquilo que atinge os sentidos. Vemos as coisas como se elas estivessem dentro de nossas mentes porque a matéria sutil assumiu as suas formas. Ouvimo-las pela mesma razão, e assim por diante. Mexa seus olhos rapidamente e verá com que rapidez a matéria sutil se altera. O problema é que ela continua a se modificar até mesmo quando você quer que ela permaneça imóvel. Suponhamos que você deseje reter na mente um pensamento ou uma imagem, uma coisa qualquer que deseje reter ali: verificará que dali a quatro ou cinco segundos estará associando ideias. A mente está em movimento.

O objetivo do yoga é imobilizar a mente. Por que alguém haveria de querer tal coisa? Chega-se aqui a uma ideia básica da filosofia perene, vale dizer, a de que tudo é experimentado por intermédio da mente. Isto é *maya*. A mente está em atividade. Temos a imagem de uma lagoa encrespada pelo vento. A lagoa, com suas ondas, reflete imagens fragmentadas. Elas vêm e vão, vêm e vão, vêm e vão. No Livro da Gênese o vento, o hálito, o espírito de Deus soprou sobre as águas. É a criação do mundo. Você provoca esse incitamento.

Agora, o que mais importa. O que fazemos é nos identificar com uma dessas imagens fragmentadas, um desses reflexos fragmentados na superfície da lagoa. Aí venho eu; lá vou eu. Isso nos liga ao fluxo temporal, ao tempo e ao espaço – *maya*. Imobilize-se a lagoa e restará uma imagem única. O que estava fragmentado e refletido é visto agora em sua perfeição estática, que é o seu verdadeiro ser. Mas é igualmente o verdadeiro ser de todas as outras pessoas. Tal é a meta do yoga: encontrar essa realidade de consciência que pertence a você e a todos os demais.

O *Mundo como Vontade e Representação*, de Schopenhauer, é repassado por essa ideia. Esse livro é uma sinfonia do enlevo relacionado a tal questão. Em seu livro As *Bases da Moral*, ele recorre a um exemplo que gosto de lembrar. Pergunta ele: "Como pode um ser humano participar do perigo que ameaça um outro ser de tal modo que, esquecido de sua própria preservação, ele se movimenta espontaneamente para socorrer o outro?" Como é que aquilo que nos parece ser a lei fundamental da natureza, aquela que manda preservar esta entidade distinta, este ego, se dissipe subitamente, como se fosse o outro, e como lhe é possível agir espontaneamente no interesse do outro, pondo em risco a própria vida? Age-se espontaneamente para salvar uma criança prestes a ser atropelada. E Schopenhauer responde: "Trata-se de uma percepção metafísica que irrompe através de algo que geralmente não se encontra presente." É a percepção da consciência universal, da qual todos nós somos manifestações. Neste sentido, portanto, você e o outro são um só.

A experiência do isolamento não passa de uma experiência secundária dentro da estrutura apriorística do espaço e do tempo, estrutura essa que é o princípio isolante a que Nietzsche dá o nome de *principium individuationis*, princípio de individuação do tempo e do espaço. Não fossem o tempo e o espaço e não estaríamos aqui isolados. Esta é a nossa experiência secundária. Para se viver no mundo, é preciso ter essa experiência, mas de vez em quando há uma abertura para a outra percepção.

Assim, a função do yoga é libertar-nos do compromisso com o tempo e o espaço e nos conduzir ao transcendente. Surge, então, o problema de nos trazer de volta para que possamos agir segundo os dois conhecimentos.

Costuma-se remontar o aparecimento dos sutras a uma data situada entre 200 a.C. e 200 d.C., aproximadamente. No decorrer desses 400 anos eles foram tomando forma. O yoga que pretendo analisar pertence a um tipo específico, tardio, que se desenvolveu durante os séculos IV e V. É conhecido como yoga Kundalini e influenciou todas as estruturas religiosas do Oriente. Aparece quase simultaneamente no budismo, no jainismo e no hinduismo. Para ilustrá-la usarei, portanto, imagens budistas e hindus.

Kundalini vem da palavra *kundalin*, que significa "enrolado". Refere-se à energia espiritual que está como que enrolada na base da espinha dorsal, na base do corpo. Quando se encontra nessa situação, ali enrolada, não existe muita vida espiritual. Os órgãos espiritualmente ativados estão na parte inferior da região pélvica. O objetivo do yoga é despertar essa energia enrolada e fazê-la subir pela espinha. É representada como uma serpente, uma pequena serpente fêmea, porque, repito, a energia é feminina. A ação também é feminina, *shakti*. A serpentezinha fêmea, a *kundalini*, toda enrolada, é representada com a espessura aproximada de um pelo de javali e enroscada três vezes e meia em torno do *lingam* simbólico, órgão masculino simbólico que também se encontra na base do corpo. Tudo isso é substância "sutil", que não será encontrada numa mesa de operações. A serpente está enroscada três vezes e meia, com a cabeça sobre a chamada porta bramânica do *lingam*, de modo que as energias não podem subir. O objetivo do yoga é despertar essa serpente e fazê-la subir pela espinha. Nesse percurso, ela passa por sete centros. O centro situado na base é a *mūlādhāra*, a raiz; o centro no alto da cabeça é o *sahasmra*, o lótus das mil pétalas; e entre eles ficam mais cinco centros. À medida que a energia dessa serpente penetra no campo desses centros sequenciais, toda a psicologia do indivíduo se vai transformando.

Isso me servirá de elo entre as nossas filosofias ocidentais para verificar como é que cada uma delas se posiciona a esse respeito. Trata-se de um conceito filosófico muito recôndito e amadurecido, como diz Jung quando analisa o *Livro Tibetano dos Mortos*: "Essas pessoas se acham tão à nossa frente que nós chegamos apenas ao terceiro *chakra*." O próprio Jung, diria eu, tinha atingido o quarto. "Mas", diz ele, "precisamos avançar lentamente, sem ter a impressão de que compreendemos todas essas coisas, porque ainda não temos a experiência sistematizada que as interpreta."

Depois dessa pequena introdução, vamos começar, e o faremos pela meditação. Costuma-se dizer que essa postura é confortável. Temos de nos sentar com a espinha dorsal perfeitamente ereta. Como o corpo humano e o corpo cósmico são equivalentes, nossa espinha pode ser comparada com o eixo do mundo. Desse modo atingimos o eixo do mundo, o ponto central, que não se pode mover, e estamos agora em meditação.

Começa-se pelo controle da respiração: respira-se num certo ritmo. É uma respiração muito curiosa. Respira-se por uma narina, retém-se o ar, expira-se pela outra, para-se, inspira-se pela segunda, para-se, expira-se pela primeira; e assim por diante. A ideia é a de que a emoção, o sentimento e o estado de espírito estão relacionados à respiração. Quando se está em repouso, a respiração se faz de maneira agradável, regular. Ela se altera quando a pessoa é perturbada por alguma surpresa. A paixão a altera. Mude a respiração e você mudará seu estado. O que tentamos fazer é acalmar as águas encapeladas da lagoa, respirando lentamente. É impressionante a extensão da respiração de um desses sacerdotes. O iogue experimentado dispõe de enormes capacidades respiratórias.

Vamos, pois, acalmar as águas. Quando isso acontece, surge esta imagem das imagens e nós passamos a conhecê-la. Atingimos o essencial. Aí está o corpo denso, exterior; em suas mãos há uma representação do corpo sutil. Não estabeleça nenhuma identificação entre o corpo denso e o corpo sutil. Se o fizer, estará louco e pensará que é esse corpo. Devemos, portanto, nos desprender. Esta imagem representa a totalidade das energias vitais fluindo no campo do tempo e do espaço: é o que chamamos de Deus. Deus é tão–somente uma personificação das energias. Mas essas energias se apresentam no mundo sob variados aspectos. Cada órgão do corpo tem o próprio impulso para a ação, e o problema da nossa psicologia reside no conflito entre esses conjuntos de impulsos. Cada um dos órgãos do corpo e da natureza tem uma inflexão desse tipo, que lhe é peculiar.

No Oriente, são cinco os elementos. No Ocidente eles são quatro, mas além deles existem o amor e o ódio, que os aproximam e os separam, representando o quinto elemento. O quinto é o espaço, *ākāsha*, ou, de acordo com a tradução usual, éter. O ar, o fogo, a água e a terra. Esse sistema é, portanto, um panteão. A cada um deles está associado um Buda, um Buda designado. Há o Buda do Centro, o do Leste, o do Oeste, o do Sul e o do Norte.

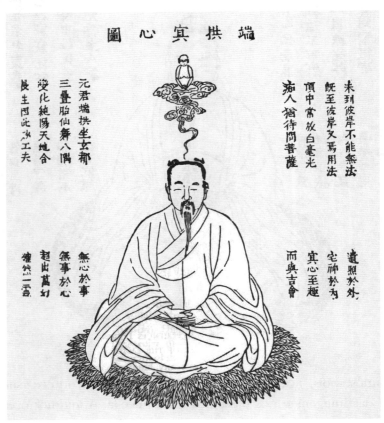

Esse tema do leste, do sul, do oeste e do norte associados ao curso do sol é uma característica comum a todas as mitologias. O sol se ergue, é um novo dia. Ao meio-dia o sol está ao sul, de modo que o sul representa o ápice, o momento culminante da consciência no campo do tempo. A oeste ele torna a mergulhar na transcendência, e falamos em "ir para o ocidente" quando uma pessoa morre. Ao norte, por assim dizer, é como estar sob a terra, e é dali que vêm os demônios, as doenças, os perigos e a força tirânica. Nas mitologias dos índios americanos, os pequenos heróis que viajam para salvar sua mãe das garras dos monstros são por ela avisados de que não devem ir para o norte, que é onde está o perigo. Podem ir para o leste, para o sul, para o oeste. E assim eles vão para o norte. A única maneira de superar as regras da sociedade é ir para o norte, é romper com as regras. Você encontra algo que a sociedade ignora e o traz de volta, e isso funciona como uma força redentora, amplificadora. Nesta gravura tibetana do século XI há um Buda central e outros quatro, representando o leste, o sul, o oeste e o norte. O próprio Buda está sentado no ponto imóvel, Bodh-Gaya, a árvore Bo, a árvore da iluminação, a árvore Bodhi, a árvore do despertar.

A palavra *Buda* significa "aquele que despertou, aquele cujos olhos se abriram". Trazemos o olho o tempo todo no bolso. Ele está no reverso da nota de um dólar, no topo da pirâmide, para onde convergem os lados, os pares de opostos. Ali se abre o olho do conhecimento. No campo da ação, porém, você está abaixo, num dos lados. Você está deste lado e seu vizinho está do outro lado, e existe assim a ação. Mas este olho é o do meio, o do árbitro numa partida de tênis. Para ele, não importa qual dos lados saia vencedor. Não se pode jogar uma partida a não ser que se pretenda seriamente derrotar o opositor. O tempo requer a violência. Por trás da violência, porém, o olho exige o reconhecimento da paz, na qual o leão se deita ao lado do cordeiro, O que não significa que o leão não vá comer o cordeiro. É claro que ele vai comer o cordeiro, Mas significa que nada está acontecendo quando isso acontece. É apenas uma coisa temporal, e importa compreender a paz que está por trás daquele ato. Há o Buda embaixo da árvore. Seus olhos se abriram graças à influência daqueles outros Budas. São eles os Budas da meditação, os Budas Dhyani. Não são Budas históricos, e sim matéria sutil. É sob sua influência que ele alcança o conhecimento. A ignorância é representada por um porco trespassado por uma lança. Quando o olho se abre, a ignorância é eliminada.

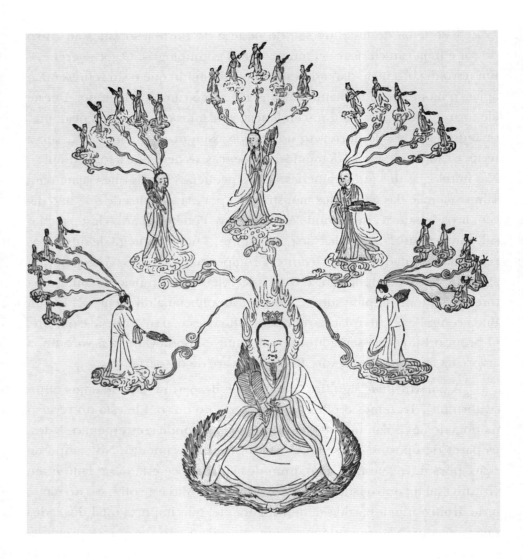

Estes são os nervos sutis, cada qual com seu nome. A palavra aqui é *prānāyāma*, que significa controle da respiração. Respire e imagine que sua respiração enche todos os nervos, ativa todos os sentidos, todos os órgãos da consciência. Torna-se cada vez mais consciente. O problema está todo aí. O que inibe a consciência são os demônios ou monstros. Muitos desses demônios são nossos professores e mestres. Eles estabelecem regras sobre o modo como devemos pensar, e nem sempre são úteis.

Entre essa infinidade de nervos, há três importantíssimos. Aí estão eles, e aí estão os sete centros. Na espinha, um nervo central que sobe ao longo do seu centro e que se chama *sushumnā*. E de cada lado há um nervo.

O que aparece em cinza é o *idã* e está relacionado à consciência lunar. É esta a chave mais importante para a compreensão de tudo – a consciência lunar, a consciência que morre, como faz a lua, e é ressuscitada. A serpente se desfaz de sua pele para nascer de novo. Representa, assim, o poder da vida, a energia e a consciência para lançar fora a morte. Este é, porém, o campo da morte. É a consciência no campo da morte, o lançar fora a morte e a aquisição de novos corpos, a reencarnação ou sequência das gerações. Cada vez que se produz uma nova geração, a morte dessa geração é lançada fora e a vida prossegue.

O ato de se desfazer desses corpos e assumir outro simboliza a energia vital e a consciência aplicada ao campo do tempo, ao campo da morte e do nascimento. A lua emite sua sombra para tornar a nascer. A serpente se despe de sua pele para renascer. Ambas simbolizam essa energia.

O outro nervo tem o nome de *pingalã* e representa a consciência solar. O sol não morre. Quando ele se põe, leva consigo a luz. Não traz consigo a morte. É a consciência desvinculada do campo do tempo.

Algumas pessoas começam a se sentir muito espiritualizadas. Você as encontra em *ashrams*. Elas caminham um pouco acima do solo. Para elas, a vida é vulgar. Nunca esquecerei o que senti na primeira vez em que estive num *ashram*, muitos anos atrás. Era um lugar lindo, corças pastavam nos gramados e, nas pontes, moças vestindo sáris contemplavam os peixes dourados que nadavam nas lagoas. Era simplesmente arrebatador. Mas eis que entrou no grupo uma pessoa vulgar. E então pensamos: "Como é possível tolerar esse grosseirão?" Ora, quando pensamos que nossa vida espiritual vai nos libertar da parte física, estamos seguindo por esse caminho. Numa altura qualquer, teremos algum grande desapontamento porque nosso corpo continua presente. É a chamada experiência maníaco-depressiva. Identificamo-nos com o corpo sutil, mas continuamos vulgares. Estamos tentando ficar imortais, mas continuamos presos a terra.

Jesus repeliu o demônio quando este lhe disse: "Jovem, você parece faminto. Por que não transforma as pedras em pão?" Jesus respondeu: "Nem só de pão vive o homem, mas de cada palavra que sai da boca de Deus." Disse então o demônio: "Levá-lo-ei para o alto de uma montanha e lhe mostrarei os reinos do mundo. Bastará curvar-se ante mim e você poderá governá-los." Eis como se faz um político. E Jesus disse: "Arreda, Satanás." O demônio retruca: "Como você é sutil! Vamos para o alto do templo de Herodes. Agora, atire-se lá para baixo. Deus haverá de segurá-lo." E Jesus disse: "Não, eu ainda estou vivo. Ainda sou um corpo." É esta a virtude conhecida como temperança. "Ainda sou um corpo. Arreda, Satanás." Três vezes ele o repeliu; a terceira é esta superação da economia e da política. "Você é apenas espírito." "Não é assim." Jesus está igualmente consciente da existência do corpo material.

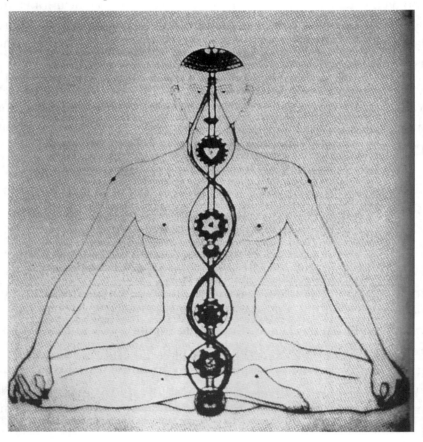

As pessoas que desconhecem a referência espiritual dos símbolos costumam expressá-los em termos materiais e se envolvem em atividades bastante vulgares. Vale dizer, se você der ao símbolo espiritual uma interpretação concreta, deixar-se-á envolver pela ação concreta associada a esse corpo concreto e terá perdido a mensagem espiritual. Não é possível fazer a *kundalini* elevar-se acima do centro antes de compreender que se está simplesmente diante de dois aspectos de uma mesma consciência. A luz da lua é um reflexo da luz do sol. A luz do nosso corpo, a consciência do nosso corpo, é a consciência eterna, imortal, que existe em cada indivíduo.

Primeiro a consciência, depois o indivíduo. Este representa a especificação da consciência no tempo e no espaço. As especificações da vida pessoal o levam a abstrair o imortal. O objetivo total está em experimentar a própria eternidade por intermédio das vicissitudes da mortalidade.

Datado de 2000 a.C., existe um selo indiano mostrando uma pessoa em postura yoga. Veem-se duas serpentes, *idã* e *pingalã*. Temos na Índia, portanto, 4.000 anos de exploração interior, a respeito da qual vamos descobrir alguma coisa acompanhando a Kundalini. Eis aqui um objeto importante proveniente da mesma época, 2000 a.C. É uma taça destinada às libações do rei Gudea de Lagash, na Mesopotâmia. Lagash foi uma das cidades importantes da Suméria durante a renascença sumeriana. Dois leões alados, conhecidos mais tarde como querubins, abrem as portas de um relicário. Dentro desse relicário encontram-se um, dois, três, quatro, cinco, seis, sete centros formados por duas serpentes entrelaçadas. Pelo que se sabe, é esta a mais antiga aparição no mundo do caduceu de Hermes/Mercúrio, o guia das almas para o conhecimento da vida imortal.

O querubim que guarda a porta do Paraíso, os dois querubins postados por Deus junto à porta para manter o homem afastado da árvore da vida imortal, estão agora abrindo o portal. Pode-se, portanto, entrar, e ali está a árvore da vida, sob a qual está sentado Buda. E onde fica essa árvore? Dentro de cada um de nós. Não é preciso, então, ir a Bodh-Gaya. No entanto, se interpretar tudo isso em termos puramente materiais, e não espirituais, você irá a Bodh-Gaya.

Passemos agora a galgar a linha. Em sânscrito, esses centros chamam-se *padmas* (lótus) ou *chakras* (rodas). Transliterado do sânscrito, o *c* pronuncia-se como *ch*. O primeiro centro, situado na base do corpo entre o reto e os órgãos sexuais, – na raiz mesma do corpo –, denomina-se *mūlādhāra* (raiz básica). A postura yoga apresentada anteriormente é a *mūlabandhāsana*, postura da ligação, ligação do *mula*. Nesse nível, a psique está praticamente inerte. Está apenas presa à vida; mentalmente, visualizo isso sob forma de dragões que, segundo nos ensina a mitologia, montam guarda em cavernas. Os hábitos do dragão vêm sendo estudados há milênios. Montam guarda em cavernas, protegem lindas virgens, símbolos de Chakra 2, o *cakra* da sexualidade, e pilhas de ouro, Chakra 3, posse e lucro. Não sabem o que fazer com nada disso; simplesmente montam guarda. É esta a condição de toda a psique quando a energia está presa a *mūlādhāra*: nenhum entusiasmo pela vida, nenhuma ação positiva, somente reação.

A psicologia mais adequada a esse estado de inércia é a do behaviorismo. A psique do indivíduo não é ativa, mas apenas reativa. É a atitude qualificada por Nietzsche como rastejamento perante o fato absoluto. Na verdade, não existe fato absoluto; o que há é o objeto para um sujeito. A atitude da mente ao observar o objeto é que altera o caráter e o significado do fato. Costumamos qualificar de rastejadoras as pessoas que se apegam dessa maneira. Poder-se-ia dizer que nelas se encarna com exatidão o caráter de Chakra 1. A arte, neste nível, não passa de simples naturalismo sentimental: ela não se abre para o esplendor.

Aqui está uma representação do Chakra 1. O retângulo é o do elemento terra, o mais denso dos elementos. No centro há um triângulo vermelho, *oyoni*. É o útero, ou órgão sexual da mãe cósmica. Todos nós estamos dentro de seu útero. Ela é tempo-espaço, incluindo as formas *a priori* da sensibilidade e das categorias de conhecimento. É dentro desse útero que estamos.

O *lingam*, o órgão masculino, representa a energia que penetra nesse útero. Há um aspecto interessante e importante: o *lingam* representa a energia vinda do transcendente e que penetra no útero, mas ele não precede o útero porque não existem coisas; não existem pares de opostos antes de se chegar ao interior do útero. Esse tipo de simbolização, portanto, é adequado ao que está no tempo e no espaço. No transcendente não existem pares de opostos. Ele não é nem masculino nem feminino. Quando se diz que *brahman* é a energia imóvel e *maya* a energia ativa, ainda se está falando em termos dualísticos. O transcendente é transcendente. Transcende todo pensamento. Não se pode pensar sobre ele. Como Heinrich Zimmer costumava dizer, "as melhores coisas não podem ser ditas". Exatamente por esse motivo. "As que vêm logo a seguir são mal interpretadas." Porque essas coisas que vêm em segundo lugar utilizam os objetos do tempo e do espaço para se referirem à transcendência. E assim elas são sempre mal compreendidas por serem interpretadas em termos de tempo e espaço. A terceira melhor coisa é a conversa. Neste momento estamos procurando utilizar as segundas para falar das primeiras.

Tal é, pois, o símbolo do mistério da geração do universo. A configuração central é aqui a letra sânscrita *lam;* ao pronunciá-la, o iogue ativa a energia desse centro.

Em certos mítos, os elefantes originalmente podiam voar, mas agora estão presos a terra. Este elefante está preso a terra e carrega toda a Kundalini. Tem sete trombas e seu nome é Airavata. É a nuvem que transporta o deus Indra, o equivalente védico do clássico Zeus, rei dos deuses. Quando Brahma, o Criador, abriu o ovo do mundo de onde proveio todo o universo – estamos falando mitologicamente: os hindus não acreditam que tenha havido um ovo aberto pelo deus –, dali saíram nove elefantes. Um deles foi Airavata. Os outros oito formavam quatro pares que se encaminharam nas quatro direções para sustentar a concha superior. Esses elefantes são, portanto, as cariátides do universo. Quando se está ciente disso, é um prazer entrar num templo e ver os elefantes sustentando o universo. São nuvens condenadas a fazer esse trabalho. Por conseguinte, quando avistarem elefantes andando pela rua, cobertos de mantas e xairéis, com *howdahs* às costas, lembrem-se de que eles são simbólicos; vocês estão diante de uma meditação.

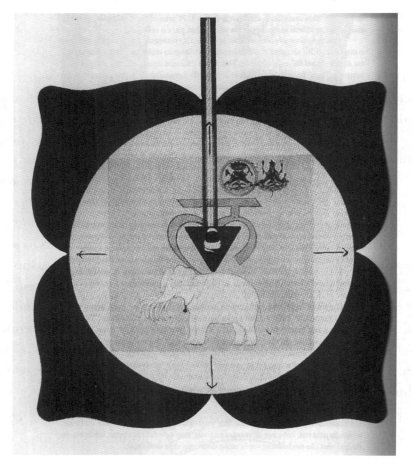

Existe uma bela história sobre elefantes. Um discípulo acabara de ser informado por seu guru de que era um ser divino. Era igual a Deus. "Eu sou Deus. Shivo'ham, eu sou Siva." Imerso em profunda meditação e encantado com ideia de ser Deus, saiu ele a caminhar pela rua. Eis que surge em seu caminho um elefante tendo às costas um *howdah* com algumas pessoas em cima. O *mahout*, o cornaca que guiava o elefante, sentado sobre a sua cabeça, bradou: "Saia do caminho, seu tolo." O estudante pensou: "Eu sou Deus, assim como o elefante é Deus. Cabe a Deus sair do caminho de Deus?" As coisas iam nesse pé quando o elefante chegou junto dele e simplesmente envolveu-o com a tromba e o atirou para um lado. Todo desalinhado e psicologicamente mortificado, ele voltou ao guru nesse estado lamentável. Vendo-o chegar, o guru perguntou: "Que lhe aconteceu?" "Bem", respondeu o discípulo, "um elefante atirou-me para fora do caminho. Gritavam para que eu me afastasse, mas, meditando sobre o que você me havia dito, pensei: 'Eu sou Deus e o elefante é Deus. Cabe a Deus sair do caminho de Deus?'" "Bem", disse o guru, "por que não ouviu a voz de Deus, que lhe gritava para sair do caminho?" Tal é a identificação do corpo material com o sutil.

Aí temos a Sri Yantra. Vocês já devem tê-la visto muitas vezes, com toda a certeza. *Yantra* é uma máquina. Vem do radical yan, ajudar-nos a fazer alguma coisa. *Yantra* é uma máquina que nos ajuda a meditar, um auxílio para a meditação. O que se vê no centro é o triângulo que vimos há pouco. O *lingam* não está aí representado porque o estamos vendo de cima. É o chamado *bindu*, a gota, o impacto da energia eterna dentro e sobre o campo do tempo. Ao receber esse impacto, o campo do tempo se rompe em pares de opostos. Existem sempre pares de opostos.

Eu estava no Japão, levaram-me a Nagasaki, onde havia caído a segunda bomba atômica. Estava com um grupo de japoneses e, devo dizer, senti-me mortificado, sendo americano e, indiretamente, responsável por aquele ato terrível. Ainda era evidente a amplitude da devastação. Havia um estátua enorme, apontando para cima, justamente para o ponto de onde viera a bomba. Não havia nenhuma maldade em meus amigos japoneses, eles não pretendiam me culpar. Tínhamos sido inimigos, pares de opostos, dois aspectos da mesma coisa; era lindo. Começar a refletir sobre as coisas desta maneira, eis o processo de Brahman.

Há uma pequena meditação apropriada às refeições dos monges Ramakrishna. É extraída diretamente do *Bhagavad-Gita*. Brahman é o sacrifício, aquele que está sendo morto. Brahman é a concha do sacrifício, o instrumento por meio do qual ocorre o sacrifício. É o fogo do sacrifício, o fogo que depois consome o sacrifício. Quem vê essa ação de Brahman em todas as coisas está em via de perceber a si mesmo como Brahman. A coisa mais horrível que lhe possa acontecer, ou a seus amigos, vem de Brahman. Encarar isso, então, como um sacrifício e como o mistério desse processo desvincula o indivíduo dos valores do tempo e do espaço e o vincula a esta outra coisa: você, pessoalmente, não passa de uma bolha, uma onda na superfície encapelada.

Uma série de pétalas vermelhas representa o corpo sutil; uma azul, o corpo material. Encontram-se essas mesmas cores na mitologia medieval. Maria, que representa a mãe terrena, é sempre azul; e Cristo, tanto dentro do seu útero como depois de ter nascido, é vermelho. É o sangue do salvador, o mistério sutil. É o sustentáculo de tudo. Ao meditar, você pode imaginar esses triângulos como procedentes do centro; é a meditação sobre a criação. Pode imaginá-los também como retornando ao centro; é a meditação sobre a desilusão, ou *prayala*. O universo vem e vai. Brahma abre os olhos e os fecha, abre e fecha. Portanto, por que toda essa angústia por causa da bomba atômica? Meditar sobre a desilusão é quanto basta. O mundo todo, e não apenas você, o mundo todo vem e vai, vem e vai. Isso faz parte do processo. O que não significa que não se deva trabalhar para acabar com a bomba atômica. Essa atitude está ligada à relação com a totalidade do mistério, nos termos de sua metafísica, e à nossa relação com o mistério da existência. Pode-se meditar agora, portanto, sobre a desilusão.

O cristianismo originou-se de uma meditação sobre a desilusão. Nos primeiros séculos antes e depois de Cristo, toda a raça judaica estava preocupada com o fim do mundo. Os Rolos do Mar Morto falam disso. Ele era esperado. Daí surgiu o cristianismo. E a cada mil anos os cristãos acreditam que o mundo vai acabar. No ano 1000, na França, houve quem doasse suas propriedades à igreja para se tornar merecedor desde logo, antes do fim do mundo. Quero crer que alguns de seus descendentes continuam a recorrer aos tribunais, tentando consegui-las de volta. Ora, estamos chegando ao ano 2000, de modo que é tempo de devolvê-las. Medita-se hoje sobre a bomba atômica e outras coisas mais: trata-se, pois, de um ciclo regular de nossa cultura: de mil em mil anos nos deparamos com meditações sobre a desilusão.

8

Da psicologia à espiritualidade: yoga *Kundalini* – Parte 2

Fui despertado recentemente pelas badaladas do Angelus, quando o sino toca nove vezes, faz uma pausa e toca mais nove vezes. Quando toca, ele está falando da concepção do Cristo Menino, fala do fluir da energia eterna no campo do tempo. Tal é o significado do *Angelus*. Tal é o significado dos 108 nomes da deusa. É tudo uma mesma história.

Quando estive na Cachemira, encontrei um templo em ruínas no meio do qual havia um *yoni*, o símbolo do órgão sexual feminino. Num templo dedicado à deusa, era ali que ficava o altar. Estive mais tarde num templo como aquele em companhia de alguns amigos indianos. Levamos como oferendas frutos e quejandos; o sacerdote apanhou um pouco do pó vermelho que as mulheres usam na testa e espalhou-o no *yoni*, recitando os 108 nomes da deusa. E 108 vezes 4 é 432, o número de anos do ciclo do tempo. A deusa é o ciclo do tempo. É o tempo. É o útero.

O *lingam* é a energia masculina do deus. Tem-se, assim, os dois símbolos das energias supremas, a masculina e a feminina; elas se separam no campo do tempo e sua existência transcende o tempo. Porém, a ruptura no campo do tempo se deve ao poder feminino. Portanto, nessa mitologia, o poder máximo é o da deusa. Nessa estatueta proveniente da China veem-se uma, duas, três voltas e meia do poder da serpente. É exatamente a *kundalini*. Essa estatueta de bronze data do período das contendas entre Estados, o que a situa aproximadamente no século V a.C., na época de Confúcio. É anterior a qualquer outro indício da *kundalini* no simbolismo indiano. Uma serpente similar está representada numa cesta, o objeto sagrado da deusa Ísis, proveniente da Roma de Calígula, por volta de 50 d.C. Ainda aqui, a serpente está associada à lua: a serpente se desfaz de sua pele e a lua faz o mesmo com sua sombra. Como se vê, as coisas a que me refiro se aplicam a toda a Eurásia, desde Roma até a China. Mas somente na Índia é que tudo isso encontrou sua plena expressão e elucidação graças às experiências e análises dos mestres iogues.

Olhemos novamente para a representação do Chakra 1. No canto superior direito está Brahma, o deus hindu da criação, sentado sobre o lótus que brota do umbigo de Vishnu. Aí está sua consorte Sarasvati. Eis uma bela representação de Brahma, o Criador, proveniente de Aihole, do século V, aproximadamente. Como está sentado sobre um lótus, ele não é realmente o criador. Ou seja, o mundo já existe. Com suas quatro faces, o que ele representa é o espargir da luz da consciência sobre o campo da existência, representada pelo lótus. Ora, o lótus é feminino. É a própria deusa.

147

No que tange à adoração, Brahma segura a concha pública – o sacrifício – e o rosário da meditação participam dos caminhos que nos aproximam do deus. O que dele vem é o alimento da imortalidade, cujo elixir está contido no jarro, e as bênçãos do deus da vida harmoniosa.

Junto ao seu joelho direito há um ganso macho, hamsa, que se sente à vontade em terra, na água e voando nas alturas. Consequentemente, ele simboliza o espírito do senhor dos três mundos e traduz as características desses três mundos. Em sânscrito, ganso é *hamsa*. Quando respiramos, ouvimos *ham*, e quando expiramos o ar ouvimos *sa*. Nossa própria respiração nos diz constantemente que nós somos esse *hamsa*. Quando não a ouvimos como *ham-sa*, mas como *sa-ham*, ela significa "eu sou isto". É a meditação da respiração. Cada respiração nos diz que o que somos na realidade, é esse espírito que dá forma ao universo. Por outro lado temos os Rhishis, os santos, mergulhados no êxtase do conhecimento da natureza de Brahma.

Uma das minhas pinturas favoritas mostra o pássaro do espírito da respiração sustentando os nove elefantes, os nove esteios do mundo. Eles representam *o* poder material, sustentado, por sua vez, pelo poder sutil. Estávamos, pois, lidando com *mūlādhāra*.

Passemos ao Cakra 2, *svādhisthāna*, que significa "seu refúgio favorito". Ela se localiza nos órgãos sexuais. Neste chacra a psicologia se transforma. Já não é behaviorismo, mas antes a psicologia do dr. Freud. Tudo é excitante. O sexo é o objetivo da vida. Tudo é maravilhoso. Os passarinhos cantam e os sinos tocam para mim e minha namorada.

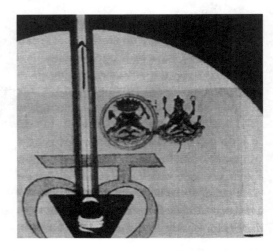

Aqui, é preciso identificar também as frustrações sexuais. Quando essas frustrações são contínuas, o indivíduo desvia sua mente para alguma outra coisa e enseja a civilização. É o que se chama de sublimação.

Eis uma representação do Chakra 2, onde se pode ver a simbologia do mundo associada à psicologia desse chakra. No campo interior vê-se uma lua crescente. A lua preside às marés da vida. A sexualidade é uma espécie de maré da vida: quando a lua está cheia, as pessoas se tornam lunáticas pelo sexo. Os cães latem, os coiotes uivam, e ouvi dizer que os caranguejos saem da água e dançam na praia. Dentro do crescente está um *makara*, o animal-símbolo do Ganges, a deusa Ganga. O fluir das águas do Ganges é essa energia, a fonte erótica da vida, da excitação e do ser no mundo. Mas Ganga não é a única fonte. No panteão védico, o deus Varuna representa o ritmo do céu em movimento. À noite, pode-se ver essa movimentação do céu, que obedece a um ritmo que é o do universo, o de Varuna. A divindade hindu deste chakra é Vishnu, que está associado ao erotismo. Aqui o vemos com seu traje amarelo; ele está numa disposição essencialmente erótica.

Na Índia, Krishna é a encarnação favorita de Vishnu sob esse aspecto. É aquele que se apaixona por Radha, uma jovem casada. Estamos diante de uma transgressão da ética. É o amor de Deus pelo mundo, da eternidade apaixonada pelas formas do tempo. Deus se apaixona perdidamente por Radha.

Existe um poema belíssimo e muito voluptuoso sobre esse tema: é o *Gita–Govinda* (A Canção do Pastor de Vacas), composto por um jovem brâmane apaixonado pela filha de seu guru, que via a si mesmo como Krishna e a ela como Radha. Ele escreve sobre o seu amor como se Krishna o estivesse inspirando, como se o amor de Krishna animasse seu próprio amor. É uma obra longa, rica, muito humana e, não obstante, divina. Esse poema data do século XII, cerca de 1170 a 1180, as mesmas datas do romance de Tristão, na Europa. A temática desse "erotismo rebelde" subjacente à tradição do amor cortês ocorre simultaneamente na Índia. Há, no Japão, o *Genji* da Senhora Musaraki, pertencente ao século anterior e também no estilo erótico. É por meio da experiência completa do Chakra 2 que se pode alcançar a realização divina. É a tradição Vaishnava – a tradição associada a Vishnu –, que obedece a esse padrão erótico, o caminho do amor. Também Cristo é amor. Seu amor o levou a morrer na cruz. É uma espécie de encarnação Vaishnavita. Entre o cristianismo e o vaishnavismo há inúmeros paralelos desse tipo.

Existem cinco categorias de amor. O mais antigo, o mais inferior, e o mais simples, para as pessoas que estão interessadas principalmente em alguma outra coisa, é o do senhor e do servo, o amor do servo pelo senhor. "Ó Senhor, vós sois o amo e eu o servo. Dai-me as regras para minha vida e eu viverei de acordo com elas. Farei a vossa vontade." É o amor das pessoas empenhadas nas atividades da vida e sem muito tempo para reflexões religiosas. Este é o nível de sua adoração. Esse princípio de imposição de regras é encontrado em dose maciça no Antigo Testamento, no Livro das Leis e outros mais: são regras e mais regras, com as quais Deus subjuga os homens.

A segunda categoria de amor é a do amor do amigo pelo amigo. Na amizade, você pensa mais no amigo. Na Índia, esta é a categoria dos Pandavas, dos meninos do *Mahabharata* e de Krishna. Na tradição cristã, é a dos apóstolos de Cristo. Eles estão próximos, podem fazer perguntas, pensam mais nele e conseguem compreendê-lo.

O terceiro tipo de amor é o dos pais pelos filhos, no qual a divindade é o filho. É a categoria da manjedoura do Natal. Na tradição hindu, é a do amor pelo travesso menino Krishna, o ladrão de manteiga, e assim por diante. Esse amor representa o nascimento da vida espiritual em nosso coração. Ele acaba de nascer, é uma criança frágil que precisa ser protegida. Onde encontrá-lo? Uma mulher veio a Ramakrishna e lhe disse: "Acho que não amo a Deus. Esse conceito não me comove." Ramakrishna perguntou-lhe: "Há alguma coisa no mundo que você ama?" E ela: "Sim, amo meu pequeno sobrinho." Ao que ele retrucou: "Aí tens!"

É o reconhecimento do divino nas atividades da vida. Esta é a melhor expressão do hinduísmo, do tantrismo, do budismo. Frequentar os templos é secundário. Nossa vida religiosa acontece aqui e agora. Tal é a concepção que Eliot pretendia incorporar em *The Cocktail Party*, ou seja, a do ritual, do relacionamento; porque é pelo relacionamento que se realiza o Tao. É esta também a concepção confuciana.

Chega-se, então, à quarta categoria de amor, ao casamento, ao amor entre os esposos. Os hindus dão muito maior importância à atitude da mulher para com o marido do que à atitude deste para com ela. O princípio, porém, é o seguinte: na vida matrimonial, na existência conjunta de duas pessoas, está o campo do ritual. Você declara: "Eu não amo a Deus." Mas lá está ela, sua esposa.

A categoria mais elevada de amor está onde nada existe além do amor – exaltado, comprometido, ilícito, indiferente às regras mundanas, uma irrupção no transcendente. Pode-se compará-lo com a experiência de salvar alguém arriscando a própria vida. Paixão, impulso que assumiu proporções tão grandes que o mundo se desvanece. É a concepção do amor cortês. E, acreditem-me, naqueles tempos isso constituía um grande risco, porque o adultério era punido com a morte.

Já vimos as Apsaras, as dançarinas celestiais que cavalgam as coxas e as pernas dos músicos celestiais, arrebatadas num êxtase amoroso. Nas estradas que cortam nosso país veem-se exemplos desse tipo de amor. Os casais de motociclistas que por ali circulam são perfeitas encarnações dessas Apsaras.

Chega-se, assim, ao Chakra 3, *manipura*, ao nível do umbigo. *Manipura* significa "Cidade da Joia Cintilante". A energia aqui é agressiva: conquistar, consumir, transformar tudo no próprio indivíduo. Nesse ponto, há uma psicologia adleriana, uma transformação total. Um dos problemas das primeiras teorias freudianas já foi identificado aqui. Para Freud, o sexo era a energia primordial: para Adler, era a vontade de poder. Há quem aceite a primeira teoria, ao passo que outros preferem a segunda. Enquanto ambos defendem seus pontos de vista, Jung intervém e afirma: "Sim, há quem vá por este lado, e há também quem vá pelo outro. Existem em nós essas duas maneiras de ser. Uma delas é recessiva, enquanto a outra é dominante em determinados casos." Ele adota, assim, essa psicologia da dualidade, a *enantiodromia*, como ele a qualifica; você se perturba e de repente seu impulso sexual se transforma em impulso para a violência. Ou seu impulso competitivo cede lugar ao impulso sexual. Esses dois impulsos se opõem em nossas vidas.

De modo que o Chakra 3 é um chakra dominado antes de tudo pelo poder, e aqui o sânscrito é muito importante. É nele que devem ser geradas quase todas as energias. Vejam este lótus de mau agouro. As pétalas têm a cor de nuvens carregadas de relâmpagos e trovões. No centro está o útero, o *yoni,* fogo, energia. O motivo da suástica significa movimento, energia, violência. A sílaba é *ram,* e o animal é um carneiro [ram, em inglês]. Ele representa o veículo do deus do fogo, Agni, o fogo do útero, o fogo do sol, o fogo do altar do sacrifício. São todos um mesmo fogo. São o fogo que transforma. O útero é o agente da transformação, da transformação do passado em futuro. As divindades aqui são Xiva, sob seu aspecto violento, e sua esposa Lakini, cujas mandíbulas e cujos seios exalam o cheiro do sangue e da gordura dos sacrifícios.

Estamos nos aprofundando. Kali se apresenta sob seu aspecto Durga. Mas ela é como um tempo escuro, kali; *Kali* significa "negro"; *kali,* "tempo". É este o seu nome. Ela é o tempo escuro de onde vêm e para onde vão todas as coisas, o vácuo, o transcendente, a mãe e túmulo de todas as coisas. "Não tenha medo; acontecendo nada está, é só uma ondulação na superfície." Seu altar primordial é o campo de batalha, o sacrifício. É o yoga da guerra. O indivíduo se entrega ao Senhor da Morte e não se protege, deixando-se levar pelo curso da história.

Ao nível dos Chakras 1, 2 e 3, vive-se em níveis animais. Também os animais se apegam à vida. Também eles geram o seu futuro. Também eles lutam para vencer. Nesses níveis, as pessoas precisam ser controladas pelas leis sociais, *dharma.* Reflitamos sobre o que interessa às nossas religiões populares: orações pedindo saúde, riqueza, progênie, vitória... O que corresponde a pedir aos deuses que atendam à nossa natureza animal. Isso é religião popular. O nome da divindade não tem importância. Nunca me esquecerei de uma ocasião em que estive na igreja da Virgem de Guadalupe, na Cidade do México. Havia ali uma verdadeira multidão; e as mulheres, carregando seus filhinhos, tinham avançado de joelhos ao longo de vários quarteirões para agradecer à Virgem a saúde de seus filhos. A última vez que presenciei um espetáculo semelhante foi em Puri, no templo de Juggernaut. Era o mesmo tipo de religiosidade popular. E eu me perguntei: Que deseja o comum dos mortais? Deseja saúde, riqueza e progênie, pouco importando o nome da divindade. É esta, portanto, a única religião, a religião do povo em todo o mundo, seja qual for o nome do seu deus. A função dos sacerdotes, dos que têm a seu cargo o templo histórico, é associar a isso o nome do seu deus; o dinheiro jorrará como água.

Pensemos nas primeiras tentações de Buda: a tentação da luxúria, Chakra 2; a tentação do medo, Cakra 3; e a tentação do dever, *Dharma*. Ele ultrapassara tudo isso. Só alcançamos o campo da autêntica vida religiosa, o campo do nascimento espiritual, quando atingirmos o Chakra 4. Esse chakra se encontra ao nível do coração – o Sagrado Coração de Jesus, como diz Leopold Bloom em *Ulysses*, "com o coração nas mãos".

O Chakra 4 é *anahata*, que significa "não ferir". *Anã* é "não". *Hata* é "ferir". É o som que não é produzido por duas coisas que se entrechocam. O som da minha voz, qualquer som que você ouça, é produzido por duas coisas que se entrechocam.

A voz é produzida pelo ar incidindo sobre as cordas vocais. Qual é o som que não é produzido por duas coisas que se entrechocam? É *om*. É o som da energia do universo, que se manifesta em todas as coisas. A energia está na base de todas as formas – E = MC2 – e se afirma que o som dessa energia é *om*.

Om pode ser escrito com letras romanas, como *o-m*, ou como *a-u-m*; em sânscrito, o *o* é decomposto em a e u. É a sílaba dos quatro elementos: *a, oo, mm*, e o silêncio de onde vem e para onde vão. Os indianos sempre reconhecerão esse contato com o silêncio, com o infinito, com o transcendente, com o vácuo. Quando pronunciado, *om* tem início no fundo da boca; em seguida, *a* enche a cavidade bucal, *ooo;* depois, fecha os lábios, *mmm*. Ao pronunciá-lo corretamente, você terá produzido todos os ruídos; desse modo, todas as palavras são apenas fragmentos de *om*. Assim como todas as imagens das formas estilhaçadas do mundo são fragmentos da forma das formas, assim também todas as palavras são fragmentos de *om*. *Om* é o som do esplendor de Deus.

Om é analisado em termos de seus quatro elementos, os quatro estágios, nas duas páginas de *Māndūkya,* um Upanishad muito interessante. O *a* é associado à consciência que está despertando, aos corpos materiais das formas nas quais habitamos e de que fazemos parte. Aqui, eu não sou você, e você não é eu; prevalece uma dualidade, uma lógica aristotélica. Aqui *é Não A*. A lógica de Aristóteles é a lógica da consciência que desperta, que se aplica a fundo, e não permite que nada mais interfira. Os corpos densos não têm luz própria. Eles precisam ser iluminados de fora. *Oo* pertence ao sonho. Quando sonha, você se surpreende com seu sonho; não obstante, o sonho é você. Você, como sujeito, se surpreende ao se ver como objeto. Parece que são duas coisas, você e seu sonho, mas na verdade é uma só. Destarte, embora pareçam dois, sujeito e objeto são uma só coisa. Tal é o *insight* da compreensão metafísica: os dois que parecem separados são, na realidade, apenas um. Perceber a relação como identidade é estar a meio caminho da transcendência. Os objetos dos sonhos sutis irradiam uma luz própria, mudam de forma rapidamente – sonho, visão, deus. Os deuses, o céu e o inferno constituem aquilo que poderia ser qualificado de aspecto cósmico do sonho, que é, por sua vez, o aspecto pessoal do mito. O sonho e o mito pertencem à mesma categoria. Pertencem à categoria do *oo*, à consciência onírica. Você e seu deus são um, tal como acontece com você e seu sonho. Mas o seu deus não é o meu deus, por isso não tente impingi-lo a mim. Cada um de nós tem a própria natureza e a própria consciência.

A terceira categoria é, então, *mmm,* que é o sono profundo, sem sonhos. A consciência está presente. O coração bate. O corpo reage ao calor e ao frio. Mas a consciência que desperta, a consciência *aham,* a consciência do ego não está em contato com a consciência pura. Ela foi suprimida pela escuridão. O objetivo do yoga é trazer essa consciência que desperta para o campo do mmm, é acordá-la. O que se experimenta é a consciência indiferenciada, não a consciência de uma coisa qualquer, mas a consciência original com a qual estamos tentando estabelecer o "yoga", ligar a nossa consciência que desperta. É sobre isso que estamos falando.

No sistema sânscrito, a divindade que representa tudo isso é Xiva, o dançarino. Examinem esta forma, os braços, a cabeça. E olhem depois para *om*. Em outras palavras, ao olharem para a imagem de Xiva estarão ouvindo a sílaba om, o som do esplendor. Quando me dirigi a metodistas, numa conferência cujo tema eram as imagens esculpidas, apresentei-as como sendo uma meditação permanente. Não se trata de idolatria. Você não está adorando essa imagem; ela constitui a abertura para o esplendor. Xiva nos ajuda a ir além de Xiva; você não se detém nele. Ele dança sobre o anãozinho Esquecimento, está fascinado pela serpente do mundo e ignora o peso que está sobre as suas costas, como acontece com todos nós. Mas Xiva está logo ali, esperando ser reconhecido.

O Chakra 4 é o chakra do coração. É o chakra dessa transformação. O pequeno "foyer" é o da árvore da realização dos desejos. A medida que as energias e a iluminação se aproximam deste *insight*, a pessoa sente que todos os seus desejos estão prestes a se realizar. E estão mesmo. O crucial aqui é o centro, onde está novamente o *yoni*. A última vez que o vimos, tendo dentro de si o *lingam*, foi no Chakra 1. Mas este é o *lingam-yoni* dourado do nascimento virginal. É o *yoni* do nascimento da vida espiritual contraposta à vida meramente física, uma nova trajetória das ideias que nenhum animal pode ter. Com a concepção de uma vida espiritual, os três primeiros chakras passam a uma posição secundária. Como já ficou dito, as pessoas podem avançar por esse *pingalã* (linha) acima, até rejeitar por completo os seus corpos, que passaram para um segundo plano. O problema consiste em chegar a essa realização por intermédio do corpo, de modo que seja *no* corpo que se realize a vida espiritual. O animal é o antílope, ou a gazela, que é o veículo de Prana, o Senhor do Vento, a respiração. É aqui que a respiração assume sua função e controle.

Dois triângulos formam a estrela de seis pontas. O primeiro representa a aspiração. Você ouviu a sílaba *om* ressoar em todas as coisas. Não é preciso ir a parte alguma, ela está aqui. *Om.* Tal é o sentido da meditação voltada para dentro, "Tenho-o dentro de mim. O fogo está aqui, está ali, mas não preciso ir até lá para capturá-lo. Eu estou ali, naquilo." A experiência do som do *om* é ubíqua. E agora você quer ouvir diretamente esse som: não através das coisas, mas diretamente. Tal é, pois, a aspiração do esforço espiritual. O triângulo inferior, que aponta para baixo, é a inércia, a inércia física.

Vamos ter agora, portanto, um sistema de símbolos da tentativa de demolir o sistema da inércia, os anseios do corpo meramente físico, para que se possam realizar uma compreensão espiritual e uma amplificação, e para que a energia possa ser levada para cima. Este é o centro da transformação.

Segue-se o Chakra 5, *visuddha*. A palavra significa "purgação", a eliminação do sistema físico, puramente animal. Ou melhor, não se trata tanto de expurgá-lo quanto de sublimá-lo, de fazê-lo se abrir para o alto, para que, por meio suas experiências, se possa experimentar o transcendente. O

160

Chakra 5 fica na garganta. As pétalas têm a mesma cor escura, ameaçadora, do Chakra 3. Em outras palavras, e nisso está todo o segredo, a energia anteriormente projetada para fora, visando conquistar os outros, volta-se agora contra você mesmo. É a chamada reviravolta do *shakti*. O *shakti*, sua energia, não está mais voltado para fora, e sim para dentro. Essas representações do Yab-Yum, a divindade masculina abraçada à feminina, são a reviravolta do *shakti*. Tudo está ali. Dizem que Deus criou o mundo para seu próprio prazer e que o mundo deve se voltar para ele. E aí estamos nós.

No Chakra 3 tivemos o *yoni* vermelho como fogo. Aqui ele é etéreo e o nosso elefante subiu. A sílaba *éham*. Tendo atingido Chakra 4, tomamos a energia do Chakra 3 e a impelimos para o Chakra 5, contra nós mesmos.

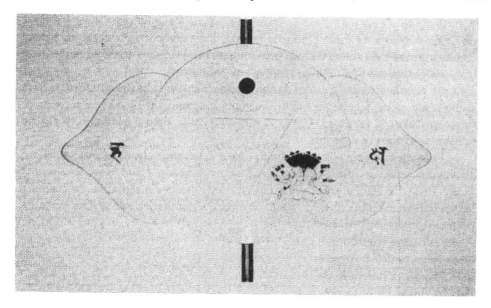

A divindade empurrando para baixo o homem físico. Tal é o sentido dessas coisas no Tibete, na China e no Japão, em toda parte onde exista *Mahāyāna*. O colar de cabeças cortadas significa "Estamos eliminando o corpo". Temos armas e a flor da nova vida que nasce por termos matado a vida antiga.

Nosso deus supremo é nossa suprema obstrução. Representa a consumação dos pensamentos e sentimentos mais elevados que possamos ter. Vá além disso. *Meister* Eckhart diz: "A despedida suprema é quando se deixa deus (isto é, o deus popular) por Deus (isto é, o ideal básico)." Essa ruptura é muito difícil. Em sua mão está a cabeça de Brahma, o criador do mundo. Estamos deixando isso para trás, com todos os seus valores.

Kali também é representada com nove elefantes sobre o seu *shashlick*, seres humanos espetados em suas presas, com a mão erguida no *abhaya mudrā*, que significa "Não tenha medo". Dirigimo-nos a ela, por conseguinte, como à "nossa querida Mãe". Às vezes Xiva é representado com cinco cabeças, os cinco sentidos unificados.

E assim, graças ao nosso esforço, alcançamos a visão de Deus, Cakra 6, *ājnā*, "autoridade ou poder". A alma olha para o seu objeto. Que aconteceu? Há um lótus de duas pétalas, a alma e seu deus, Jiva e Ishvara. A deusa Hakini, sobre a alma de seu amor, é aqui a figura dominante. Eis Maya com seis cabeças.

A sexta cabeça é a mente. Em suas seis mãos estão o passar do tempo, "não tenha medo", a meditação, as escrituras, a "outorga-de-bênçãos" e a cabeça cortada do criador do mundo. A energia de Chakra 3 é transferida para Chakra 5. Essa transferência permitiu um salto qualitativo, e a energia do amor, de Chakra 2, passa a manifestar-se sob a forma sublime do amor a Deus.

Quando olhava para Beatriz, Dante não o fazia à maneira de Chakra 2, e sim à de Chakra 6. Não a via como objeto de luxúria, e sim como manifestação da beleza da graça divina e do amor de Deus pelo mundo. Essa contemplação o conduziu ao trono da realização final. É o que está acontecendo aqui.

No alto de uma das paredes da Caverna de Elephanta há uma pintura de Xiva como *bindu*, como a gota que atinge o campo do tempo, dividindo-se em pares de opostos: Chakra 3, agressão, Chakra 2, erotismo, masculino e feminino, pares de opostos sob todos os aspectos.

Vem agora o acontecimento final, Chakra 7, *sahasrāra*. A alma observa Deus, porém o objetivo do místico é integrar-se no ente amado. "Eu e o Pai somos um" (João 10:30). Halaj, o grande místico sufista, descreve a situação de modo idêntico. Ramakrishna afirma: "Quando observa deus, você não é deus." Há de permeio uma espécie de vidraça.

A alma observa o seu objeto; sua meta, entretanto, é integrar-se nele. Como poderemos passar para o outro lado, remover a barreira e unir a alma a Deus? Estamos além dos pares de opostos.

Segundo Halaj, esta situação assemelha-se à da mariposa que, à noite, vê uma lanterna acesa e quer se aproximar da chama. O vidro a mantém do lado de fora. Ela se bate durante toda a noite e depois, pela manhã, dirige-se aos seus amigos e lhes fala da coisa maravilhosa que acabara de ver. Eles retrucam: "Não parece que isso lhe tenha trazido algum proveito." Tal é a condição do iogue, a autodestruição ascética com o fito de passar para o outro lado. A mariposa volta na noite seguinte e, por sorte ou por engenho, consegue atravessar o vidro. Sua meta foi alcançada num instante e ela se incendeia. É o instante eterno, para lá do espaço e do tempo. A meta aqui é esta: remover a barreira. Bum!

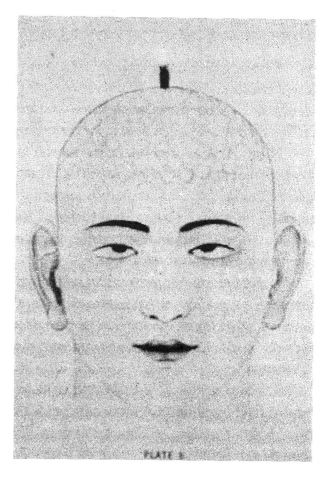

No Chakra 7, *sahasrāra*, a serpente se incorpora ao lótus das mil pétalas no alto da cabeça. *Sahasrāra* significa "de mil pétalas". A única coisa que vemos no centro são duas pegadas. São as pegadas de Vishnu, que devem ser adoradas. Por que essas pegadas estão ali? Nós acreditávamos ter transposto a barreira. Elas são símbolos, e as palavras podem funcionar como barreiras. Podemos ficar perplexos diante dessas pegadas ou então transpô-las. Existe um provérbio citado tanto em Lao-Tsé como nos Upanishads: "Os que sabem não falam. E os que falam não sabem." Isso é humilhante para um conferencista, mas é uma advertência para irmos além das pegadas.

Os Chakras 4, 5, 6 e 7 aparecem numa cruz de pedra do século IX, no norte da Irlanda. Já no século XIV a.C., os de números 1, 2 e 3 aparecem representados na pesagem do coração contraposto a uma pena. O nariz do monstro situa-se exatamente entre os Chakras 3 e 4. Se a espiritualidade vencer, o vitorioso será Thot, que tem a seu cargo os Chakras 4, 5, 6 e 7.

Chega-se, assim, ao problema final. Que é que existe entre o Chakra 6 e o Chakra 7? Em 6, de Brahma para baixo, até as folhas da grama, tudo vem em pares de opostos. Dá-se a isso o nome de *māyā*, que é, por assim dizer, o útero. Esta palavra deriva do radical *mā*, que significa "medir para diante". É *māyā* quem cria, portanto, todos os pares de opostos, tanto *lingam* como o *yoni*. Acima disso não há nem o indivíduo nem Deus. Não há nada desse tipo. O universo todo é a deusa. Nós estamos aqui, o inferno fica lá embaixo, o céu lá em cima. Como é que se vai para o inferno? O indivíduo vai endurecendo cada vez mais a estrutura do próprio ego, até se atolar nele. O inferno é o lugar das pessoas aferradas a si mesmas. Como ir para o céu? Abrindo-se progressivamente, até que tudo se torne transpessoal.

Xiva é o deus que cria o mundo. *Shave* significa "cadáver". Na Índia, quando estão prestes a ser queimados, os cadáveres são envoltos num traje amarelo. Os monges usam o traje amarelo, que significa "Sou um cadáver. Cortei meus laços com o mundo".

Um, Dois, Três, Quatro, Cinco, Seis, Sete. Se permanecermos lá em cima, o corpo se desvanecerá e estaremos libertados da vida. Para alguém que esteja interessado em viver, o ideal é retornar ao coração, ao ponto onde os dois estão unidos, ao Chakra 4, onde compreendemos que a energia de Chakra 3 agiu em 5, a energia de 2 em 6 e a energia de 1 em 7. Desse modo, sabemos como transferir nossa experiência terrena para o exercício espiritual. Chakra 3 – é a nós mesmos que temos de conquistar, e também àquilo que nos prende, e partir para a guerra. Chakra 2 – graças ao nosso amor humano, conheceremos o esplendor da eternidade.

Buda atua a partir do centro do coração. Dali vem a energia. Quando Buda diz "Não" ao tentador, sua mão se acha na postura de tocar a terra. Tendo, porém, alcançado o conhecimento do que deve ser conhecido, a mão se vira e distribui bênçãos. E assim Buda volta a conceder bênçãos, deixa para trás suas austeridades e torna a ensinar. O próprio senhor do universo se presta reverência e se abraça como universo, a deusa. Tal é a lição da *Kundalini*.

A descida ao Paraíso: o Livro Tibetano dos Mortos

Passemos agora à região norte; mas, em vez de viajarmos pelo país, proponho uma viagem pela psique. É o que farei, com a ajuda do *Livro Tibetano dos Mortos*. O budismo chegou ao Tibete relativamente tarde, no decorrer dos séculos VIII e IX. Havia um rei que tinha duas esposas, uma chinesa e outra indiana, ambas budistas. Ele começou a enviar mensageiros à Índia em busca de mestres; um após outro, durante os quatro séculos seguintes, mestres eminentes chegaram ao Tibete, vindos da Índia. O budismo atingira na Índia, naquele tempo, sua fase mais elaborada, mais desenvolvida. Entretanto, a partir do ano 1001, aproximadamente, os muçulmanos começaram a conquistar o norte da Índia e o budismo se extinguiu ali. A matança de todos os monges conseguiu eliminar o budismo, mas os líderes do hinduísmo são os sacerdotes e os homens da família, e assim o hinduísmo pôde sobreviver, enquanto o budismo desaparecia.

Depois, em 1959, a invasão chinesa extinguiu o budismo no Tibete. Nesse meio tempo, entretanto, foram preservadas no Tibete, como que num vaso coletor, as formas budistas dos desenvolvimentos tântricos mais elevados e mais intelectualizados.

A mitologia da morte e do nascimento é a mitologia da reencarnação. A reencarnação é o equivalente oriental do purgatório ocidental. Vale dizer, é uma oportunidade de tornar a viver, de passar pelas experiências suscetíveis de trazerem alguma iluminação. Gosto de definir o purgatório como um curso de pós-graduação; quando a pessoa morre sem ter sido iluminada, despreparada para a contemplação da visão beatífica, capaz de esmagar tudo o que somos se não estivermos abertos, será essa a maneira de expurgá-lo. Desse modo, no Oriente, você volta para viver uma nova vida.

Entre o momento da morte e o da reconcepção decorrem 49 nove dias, sete vezes sete dias. Durante esse intervalo, você percorre todos os mundos dos *chakras*, o sistema que apresentamos nos capítulos anteriores, porém na direção contrária, de cima para baixo. No momento da morte, toma-se conhecimento da grande luz. Você será capaz de suportá-la? Está preparado para dissolver-se? Se não estiver, haverá um recuo imediato, como proteção. E isso iniciará sua descida.

A família do moribundo terá solicitado a presença de um lama, um sacerdote, provavelmente o capelão e mestre da família. Ele providenciará para que a pessoa prestes a morrer assuma a postura de Buda para o *parinirvāna*, a postura do leão. Manterá sua mão pousada sobre a veia jugular ou sobre o pulso, para que você possa se inteirar do momento exato da morte. E então dará início à instrução.

Pode-se perguntar: "Qual a vantagem de se instruir um morto sobre a jornada que a alma está prestes a iniciar?" Há dois aspectos a considerar. Um deles é o seguinte: Será que a pessoa morre completamente de imediato? Será que não existe alguma relutância na morte dos nervos? Aparentemente, o corpo não morre totalmente de imediato. E vem daí a ideia de que a voz tranquilizadora de alguém que foi seu mestre o ajudará a sobreviver a esse relutante momento de desintegração do espírito, a fim de que você possa recorrer ao espírito e saber em que ponto de seu caminho se encontra.

O segundo aspecto, visto que a família está presente, é o de que se está diante de uma meditação sobre a morte. É bom que isso aconteça. É o momento, na vida familiar, de uma experiência imediata e intensa, uma das grandes experiências, a da morte e seu significado, ou de seu sentido para a vida das pessoas presentes. Consequentemente, o lama transformará isso num momento de meditação para a família, que não se limitará a ficar ali sentada, conversando "sobre como ele era antigamente".

No momento da morte, o lama dirá: "Agora você está passando pela experiência da luz-mãe; entre a sua consciência e a consciência universal, nenhuma obstrução... Procure manter-se consciente disso..." Mas você já o perdeu.

Você partiu, pois, do topo e, incapaz de se manter ali, começou a descer e está agora em *ājnā*, Chakra 6. O lama dirá então: "Procure conscientizar-se da imagem do senhor que foi objeto de sua adoração durante a sua existência. Poderá ser qualquer divindade, contanto que ela tenha sido vista como imagem suprema dos poderes das energias do universo que atuaram durante a sua existência. Pode ser a imagem de um Buda qualquer, mas também a de uma das divindades do hinduísmo. Pode ser alguma concepção de Alá. Pode ser Iavé. Seja qual for a sua divindade suprema, é esse o lugar onde você poderá contemplá-la. Ele está no segundo lugar, não no primeiro. Se você não conseguir se manter aí, terá início uma série muito interessante de experiências no Chakra 5, que é o chakra seguinte.

Há aqui dois estágios. Antes de seu ego estar consolidado, você se encontra aberto para o esplendor, nas séries descendentes, dos cinco Budas que representam o centro e as quatro direções. Eles serão experimentados cada qual por sua vez: primeiro o Buda do centro, depois o de leste, o do sul, o do oeste e o do norte. Se nenhum desses esplendores foi capaz de retê-lo e se você, pelo contrário, teve medo de todos eles, é porque continua demasiado preso ao ego. Esses cinco Budas assumirão então o aspecto irado. Parecerão horríveis, aterradores. Estarão ali para aterrorizar o ego até esmagá-lo. Quando isso não funciona, desce-se para um estágio inferior, ainda no Chakra 5, e se depara com o chamado aspecto da detenção do conhecimento dessas divindades.

Certas pessoas são incapazes de vivenciar o esplendor, mas podem prestar atenção a um conferência. Creio que foi Oscar Wilde quem declarou: "Quando se dá a um americano a possibilidade de escolher entre ir para o céu ou ouvir uma conferência sobre o mesmo, ele vai à conferência." De modo que, embora sejam incapazes de vivenciar o céu, vocês talvez ouçam uma conferência sobre esse assunto. Isso pode salvá-los.

Até agora, estivemos acima do nível do medo da morte. Este aparece quando se chega ao Chakra 4, o chakra do coração. Atingimos o lugar dos dois triângulos, um apontando para cima, o outro para baixo; é o lugar da decisão e da escolha, um lugar crucial. O lama lhe dirá a altura de sua descida em que se encontra e a que coisa deverá se agarrar; então, você estará se desintegrando e procurando alcançar essa realização, que o livrará de outro nascimento.

Finalmente o Chakra 3. Vêm agora os pavores da morte. Antes disso, a morte tinha sido, e de fato o é, o ornamento da vida. A vida sem a morte não é vida. É apenas uma fixação. Mas o processo da morte é a vida, o abrasamento, a combustão. Até aqui, a morte havia sido enaltecida; todos bradavam "Mate, mate! Não é maravilhoso!" Mas tudo muda daqui para baixo. E o momento da decisão, um momento de grande terror. E o lama dirá: "Não tenha medo. Essas

169

forças que o estão estraçalhando são meras invenções de sua imaginação. Estão no campo do tempo, são invenções. Segure-se. Não há nada a perder. Não há nada a fazer. Firme-se no ponto imóvel sem se mover." Mas você o perdeu. Rochedos enormes lhe bloqueiam o recuo, e para você as regiões superiores estão perdidas. Você está sendo arrastado na descida pelos três últimos chakras. Não pretendo contar a história toda; portanto, vamos iniciar a nossa travessia.

Começamos com o Bodhisattva Avalokiteshvara, o Bodhisattva da Infinita Compaixão. Sua compaixão chega aos abismos do inferno. Nenhum ser, nenhum ato fica fora do alcance de sua compaixão. Este Bodhisattva é aquele que vive entre nós encarnado no Dalai Lama, considerado uma encarnação do Bodhisattva Avalokiteshvara da Infinita Compaixão. Assisti a uma conferência do Dalai Lama: ao falar sobre o budismo, o que ele enfatiza continuamente é a força da compaixão, da misericórdia e do amor. Existem muitos caminhos, mas este é o do Bodhisattva, o da tradição a que nos estamos referindo. Este Dalai Lama é do século XVIII, é o Bodhisattva Avalokiteshvara que olha para baixo, cheio de misericórdia, para o lótus do mundo. Os Dalai Lamas moravam em Potala, o gigantesco complexo palaciano que se ergue no alto de uma colina a cavaleiro de Lhasa. É o equivalente do Olimpo, em cujas alturas fica o palácio dos deuses, a imagem mítica do eixo do mundo, onde céu e terra se reúnem. O Bodhisattva representa na terra a encarnação da virtude da celestial misericórdia divina. Antigamente, as pessoas costumavam dar seu passeio diário circundando o palácio em sentido horário. Levavam consigo seus animais favoritos, cordeiros e cães. Como a vida que habita esse mundo é uma só, também eles poderiam obter merecimentos graças a essa circum-ambulação. Que coisa maravilhosa! Os animais são pequenos companheiros de jornada e também estarão lá em cima, mais tarde. Isto se aplica igualmente às árvores, à grama e até às rochas. Tudo isso acabou. O Potala é hoje um museu.

Voltemos ao nosso ponto de partida: uma pessoa está prestes a morrer. O lama local tem a mão pousada sobre o seu pulso. No momento da morte, ele diz: "Agora você está contemplando a mãe-luz." O Brahma absoluto, a consciência indiferenciada; é o que estivemos tentando dizer até aqui. Pode-se falar nisso como um vácuo, um abismo, como a mãe-luz. É aquilo que transcende todo conhecimento. Não há palavras para isso. Ele dirá: "Segure-se." Se não o conseguir, você descerá do Chakra 7 para o 6 e ele lhe pedirá para se conscientizar da imagem do senhor que você elegeu para contemplar durante a sua vida.

Esta bela imagem é de Mahavairochana, o Grande Buda do Sol; em japonês, Dainichi-nyorai, o Grande Dia que Acaba de Chegar. Em sua grinalda estão os cinco Budas da meditação. Meu livro *The Mythic Image* traz uma reprodução desse Buda. Quando comecei a escrever sobre ele, pensei: "Quem sou eu para escrever sobre Dainichi-nyorai?" Dante já o havia feito no último canto da *Divina Comédia*. Mahavairochana é como a Trindade: uma substância divina, mas sob cinco aspectos, e não como três personalidades divinas – representando o poder, a consciência e o êxtase dos divinos –, sentados ou aparecendo na rosa celestial, ou sobre o lótus. Ao contemplar a Trindade, a personificação do mistério, Dante viu três anéis luminosos.

Finnegans Wake começa com a segunda metade da frase que encerra o livro: "Um caminho, um solitário, um final, um amado, um longo o..." "curso do rio, depois de Eva e Adão, da curva da praia para o ângulo da baía, nos traz por um *commodius vicus* de recirculação de volta ao Castelo Howth e Cercanias." Bem, aqui você pode se afastar – "Um caminho, um solitário, um fina, um amado, um longo o...". Acabei este livro, estou livre. Ou, arre! gostei deste livro, gostaria de fazê-lo de novo. Como vê, você está de volta. É a reencarnação.

Vamos descer para o Chakra 5, o chakra da garganta, onde você encontra as benevolentes manifestações dos cinco Budas da meditação. Primeiro, no centro, aparece o Buda distribuidor de bênçãos, Vairochana, o "Buda do Sol", em meditação, sentado no ponto imóvel da iluminação, inativo. Há bênçãos que você receia aceitar. Matou-se o porco da ignorância; o ensinamento foi comunicado aos discípulos. Buda na postura do ensinamento significa que ele está fazendo alguma coisa para ajudar. Você não chegou ali, não alcançou o ápice, mas está bem perto. De repente, uma palavra de instrução pode ajudá-lo a chegar lá.

Se você permitir que a visão de Vairochana se desvaneça, surge Akshobhya, vindo do leste e significando: "Não pode ser movido." Ele se encontra no ponto imóvel. Ele alcançou a iluminação, de modo que o tentador não o pode mover. Terá na mão o raio e o trovão, o *vajra*, e estará abraçando sua mamaki – vale dizer, sua energia "que muda de direção", sua *shakti* voltada para o objetivo da iluminação. O vício de uma pessoa é a sua virtude. Aqui, a qualidade é a tenacidade, e o aspecto negativo da tenacidade é a teimosia. Se sua virtude é a teimosia, conserve-a, não a perca. Este é um dos problemas da renovação do próprio caráter.

Na *peça Equus,* o problema psicológico identificado pelo psiquiatra consistiu em que, ao "curar" seu paciente, ele o privou de seu Deus. Creio que foi Nietzsche quem declarou: "Tenha cuidado para que, ao eliminar seu demônio, você não esteja eliminando o que há de melhor em você." Muitas pessoas, depois de psicanalisadas, ficam como peixes cortados em filés. Suas características pessoais desapareceram.

Se você é malcriado, seja malcriado, porém mude a direção da energia, da *shakti*. Se o seu problema é apenas a teimosia e você não a fez mudar de direção, você há de renascer no domínio dos teimosos. É o inferno. O inferno é o lugar dos teimosos com respeito à sua individuação e ao que essa individuação significa para eles, para suas personalidades, seus desejos, suas concepções do bem e do mal, e assim por diante. Essa é a sua virtude e o seu vício.

Fudo, o deus japonês da sabedoria, é Akshobhya sob seu aspecto "imóvel no fogo". A imagem, apresentada pelo *New York Times,* do monge vietnamita que ateou fogo às próprias vestes era uma imagem de Fudo. Lá estava ele, sentado, imóvel, em chamas. Caso se mexesse, perderia o mérito. A questão é que, para poder fazer uma coisa dessas, ele transcendera o corpo. Quando não se é capaz disso, a tentativa é uma imprudência.

Se você se mantém ligado ao relâmpago da iluminação, atendendo ao ensinamento de Vairochana, e ainda precisar renascer, renascerá no céu. Se estiver dominado pela teimosia, renascerá no inferno. Buda senta-se imóvel, na postura de tocar a terra, no momento em que a vida fala o mais alto possível com ele, que permanece mudo. Ele está indo para o Pai, para a crucificação.

Quando essa oportunidade se desvanece, desponta, vindo do sul, o mais encantador desses Budas, Ratnasambhava, "nascido de uma joia". Enlaçado por sua *shakti*, "Olhos de Buda", sua virtude é a beleza. E qual é seu vício? O orgulho. Se o orgulho está em sua beleza, conserve-o, porém mude-lhe a direção para que a beleza de que você se orgulha seja a beleza espiritual. Você então a cultivará. Não se livre de seu vício. Se for o orgulho, faça com que ele opere em prol de sua iluminação, e não de sua degradação. Se tiver renascido sob o signo dessa divindade, você terá um renascimento humano. Existem agora, portanto, três domínios de renascimento: o celeste, o infernal e o humano. O senhor do sul concede bênçãos generosamente. O orgulho e a beleza são generosos.

Se a visão desse par de Budas salvadores se desvanece, vindo do Ocidente surge Amida, o Buda favorito do Extremo Oriente. Seu nome em sânscrito é Amitabha (*a-mita* significa "incomensurável"; *ābha*, "esplendor"), o Buda do Incomensurável Esplendor. Há uma lenda associada a esse nome. Quando se encontrava no limiar da iluminação, ele fez um voto: "Não aceitarei a iluminação para eu mesmo a não ser que, graças a ela, eu possa iluminar e libertar todos os seres que me adorarem, que honrarem o meu nome."

174

Por isso, quando Buda alcançou a iluminação, apareceu diante dele um grande lago, um lago de bênção, e na superfície desse lago havia muitos lótus. Todo aquele que durante a existência tiver sido devoto de Amida não será submetido a uma nova existência; renascerá, pelo contrário, sobre um lótus no lago de Amida em *sukhāvati*, a "Terra da Bênção". Se, no momento da morte, a pessoa não estiver nem mesmo perto da iluminação, ela renascerá num lótus fechado a flutuar sobre as águas de cinco cores, as cores dos cinco elementos. E quando as águas se encapelarem essa pessoa ouvirá: "Tudo é instável, tudo é destituído de um eu." E à volta do lago haverá árvores cobertas de joias, e nelas cantarão pássaros também cobertos de joias: "Tudo é instável, tudo é destituído de um 'eu'." E, no ar, instrumentos musicais estarão tocando: "Tudo é instável, tudo é destituído de um 'eu'." Enquanto isso, o esplendor do próprio Buda, tal como o sol poente no horizonte ocidental, estará penetrando as pétalas. A pessoa receberá, enfim, a mensagem, as pétalas se abrirão e ela se sentará como um Buda em meditação, flutuando sobre o lago dos lótus. E em breve, imersa em sua meditação, ela se dissolverá no êxtase e na transcendência.

Amitabha é o Buda cujo lugar-tenente é Avalokiteshvara e cuja encarnação sobre a terra é, portanto, o Dalai Lama. Enlaçado por sua *shakti*, conhecida como a "Mulher de Branco", sua virtude é a misericórdia, a compaixão. E qual imaginam vocês seja o seu vício? Apego, apego ao ser que é objeto de amor. Se, ao morrer, você estiver dominado por esse apego, você renascerá no mundo dos fantasmas famintos. Com seus ventres vorazes e suas bocas minúsculas, eles jamais conseguem comer o que desejam.

Quando Amitabha e sua *shakti* se desvanecem, surge o quarto dentre os Budas circundantes, vindo do norte, a direção agourenta. Seu nome é Amoghasiddhi, "aquele que não será desviado da realização de sua meta". *Siddhi* é "meta" ou "realização"; *Amogha* significa "não ser desviado de".

A virtude aqui é a tenacidade no propósito; não consiste apenas em permanecer onde se está, e sim em manter a intenção consciente. O aspecto negativo é a beligerância, e quem morre neste contexto renascerá no reino dos antideuses, os demônios, os deuses que lutam.

O que aconteceu é que, ao descer, nós perdemos por assim dizer o *vajra* que Akshobhya tinha na mão e que agora estamos procurando. Há aqui, portanto, uma série descendente. Esta é a grande representação tibetana do *vajra*, com o Yin-Yang no centro, uma combinação de chinês e hindu.

Ainda no Chakra 5, descemos mais um degrau para encontrar uma grande mandala de dançarinos, as Divindades que Detêm o Conhecimento. A meu ver, trata-se de uma espécie de baile estudantil. Eles gritam "Morte! Morte! Morte!", agitam bandeiras feitas de peles humanas esfoladas e tocam trombetas feitas de ossos de coxas humanas. A morte é o adorno da vida. Eles não a temem. Encontram-se no limiar, experimentando ainda a excitação da morte.

A mandala é aterradora. Os deuses, até então benevolentes – Vairochana, Akshobhya e assim por diante – dançam com figuras femininas conhecidas como Dakinis, uma espécie de fadas espaciais. Vi certa vez, na Rua 42, um cartaz publicitário do filme *Firewomen of Outer Space* (Mulheres de Fogo do Espaço Exterior). Era algo semelhante ao que se tem aqui.

Uma das mãos segura uma faca de esfolar cujo cabo é o relâmpago. Na cabeça, um ornamento guarnecido de cabeças e um relâmpago, um colar de crânios. Tal é o tipo de personagens que se encontra nessas festas. Sima-dakini, a Dakini com cabeça de leão, esmaga a natureza puramente animal. Na verdade, cada vez que se aceita um parceiro como esse, calca-se aos pés a própria natureza animal. Predominou a compaixão. A principal é Sarva-Buda Dakini, espécie de deusa-fada de todos os Budas. E em que recipiente está ela bebendo? Num crânio. E o que bebe? Sangue. Vestindo um saiote feito de ossos humanos esculpidos, ela empunha uma faca de esfolar com cabo de relâmpago.

A inspiradora de muitas dessas imagens é Kali, a deusa hindu dessa mesma energia. As Dakinis, as parceiras dessa dança, conduziram-na ao sistema budista. Nesse estágio, celebra-se a morte. Você dança com a Senhora Morte e não se importa. Mas, se morrer enleado nessa dança e não em seu significado, você renascerá como um animal.

Vêm então as divindades sob seus aspectos ferozes, encolerizados. Ao lado do leito, o lama dirá: "As divindades virão até você, com cada fio de cabelo de suas cabeças irradiando fogo e produzindo estranhos ruídos: 'kla, kla, *kla*'. Não se apavore. Tudo isso é apenas o aspecto violento de sua própria consciência." Todo o seu ser estará aterrorizado, mas o lama continuará a falar: "Não se apavore, não se mova." É a segunda tentação de Buda, a tentação do medo, do terror. "Fique calmo."

Para se permanecer calmo, é preciso recorrer a Yama-Antaka, esse aspecto das forças que, na pessoa, eliminam o medo da morte. Yama é o Senhor da Morte, o primeiro homem que morreu. *Antaka* significa "fim", o fim do medo da morte, aquele que põe fim ao Senhor da Morte. Ao seu redor há muitas forças. Uma delas, feminina, converteu-se ao budismo e sai para converter os demais. Como todo convertido, ela é um pouco insegura e, para se tranquilizar, quer converter os outros. Esfola as pessoas que recusam se submeter. Seu nome é Lhamo. A primeira pessoa que não conseguiu converter, e que ela, portanto, esfolou, foi o próprio filho. Existe uma pintura na qual ela está tomada de tamanha fúria que nem se pode vê-la. Seu símbolo é o guarda-sol de penas de pavão. Esse aspecto violento é o da energia que rompe o ego.

Descemos, pois, do topo, passando pelo Chakra 6, para chegar ao Chakra 5, no qual a sílaba é *ham*, e agora estamos alcançando o Chakra 4, ao nível do coração, cuja sílaba é *yam*, e aqui se podem ver os dois triângulos.

É o lugar da decisão. Se não se definir aqui, você continuará a descer até o fim do caminho. Este é o lugar da lua. A lua é, ao mesmo tempo, corpo e luz, e assim é você abaixo desse nível. Você vai se identificar com o corpo, com o veículo, ou com a luz?

Verá os cornos lunares e a monstruosa face de búfalo de Yama. O lama lhe dirá: "Você chegou ao reino do Senhor da Morte, o juiz dos mortos. Seus criados virão até você e o dilacerarão."

Eis um *tanka* que representa o reino onde o Senhor da Morte preside ao julgamento das pessoas. Tudo isso lhes está acontecendo. As boas ações são contrapostas às más e, de acordo com as balanças de avaliação, as pessoas são encaminhadas para os diferentes mundos. Podem-se ver as torturas do inferno: pessoas sendo cortadas em pedaços, outras arrastadas para um inferno gelado, outras colocadas em água fervente. Observe o livro, e veja o que acontece aos monges que saltaram trechos de suas orações. O indivíduo com uma pesada rocha presa às costas é alguém que gosta de matar insetos. Há cenas ainda mais horríveis de terrores sutis, mas o lama continuará a dizer: "Não tenha medo."

Lembrei-me disso quando li sobre as brutalidades, verdadeiras cenas de tortura, ocorridas no Tibete em 1959. Monges eram esquartejados, às vezes durante sete dias, sem que fossem mortos. Milhares de outros foram assassinados, tal como acontecera quando os muçulmanos invadiram o norte da Índia. Os mosteiros ao redor de Lhasa, onde viviam de 6 a 8 mil monges, foram destruídos. E fiquei a imaginar se seria possível que, vendo tudo isso acontecer, um monge continuasse a pensar: "Nada está acontecendo; trata-se apenas do campo do tempo, o ponto imóvel está aqui." E então ele alcançaria a iluminação.

Quando o grande místico sufista Mansur al-Hallaj estava prestes a ser torturado e crucificado como Jesus, conta-se que ele teria murmurado a seguinte oração: "Ó Senhor, se lhes tivésseis revelado o que revelastes a mim, eles não estariam fazendo isso comigo. Se não me tivésseis revelado o que me revelastes, isso não estaria acontecendo comigo. Ó Senhor, louvores vos sejam dados, a vós e às vossas obras." É grandioso. Conta-se também que Hallaj teria dito: "A função da comunidade ortodoxa é conceder ao místico o seu anelo." Eis uma boa maneira, uma maneira heróica, de refletir sobre tudo isso.

Estamos, portanto, no reino do Senhor Juiz da Morte, o touro com os chifres da lua e os terrores. Estaremos libertados se conseguirmos passar, deixando-o para trás. Caso contrário, fecha-se às nossas costas um enorme penhasco, e o sublime deixa de ser nosso. Ouvimos ruídos, os ruídos do mundo. Ao ouvi-los, tente não pensar no que está sendo dito, mas naquilo que está falando. O que fala é a ignorância, a lascívia e a malícia. O mundo, tal como é vivenciado pelas pessoas que ainda temem o Senhor da Morte, é um mundo dos três primeiros chakras: ignorância, lascívia e malícia. O grande penhasco constitui a fronteira para além da qual nada podemos ver, porque tememos o Senhor da Morte.

E assim continuamos a descer. Estamos agora nos três últimos chakras. No Chakra 3 começamos a ver casais enlaçados, E o lama ao nosso lado está dizendo: "Procure não se intrometer entre eles." Chegamos ao nível do dr. Freud. Aqui embaixo, já nos introduzimos entre eles e vamos renascer, como homem ou como mulher. Se nascermos como homem, descobriremos que odiamos nosso pai e amamos nossa mãe. Será o inverso se nascermos como mulher. São os complexos de Édipo e de Electra.

A tarefa final do lama consiste em levá-lo a renascer num ambiente decente, no qual tenha a oportunidade de receber ensinamentos budistas para uma outra existência, e em livrá-lo de nascer na larva de alguma mosca, no útero de uma ratazana ou coisa parecida. Tudo isso é possível.

Bem, você nasceu, é uma coisinha assustada, aterrorizada, recém-saída de uma grande batalha travada ao longo do canal do nascimento. Seus olhos se abrem para a superfície das coisas, visto que acaba de atravessar todo o mistério interior e o esqueceu.

Platão diz no *Timeu*: "A única coisa que se pode fazer por outrem é reapresentar-lhe as formas do espírito cuja memória se perdeu por ocasião do nascimento." Mas o problema é saber como o fazer.

Numa mandala feita por uma das pacientes de Jung veem-se os seis mundos, e no centro ela é representada lendo – sem dúvida, lendo Jung. Essa mandala pareceu-me extremamente interessante, sobretudo por causa da leitura.

Esta é Pancaksara, a protetora dos livros, chegando à iluminação por intermédio da leitura das escrituras. Para quem é levado, graças às escrituras, a deixar de temer a morte, o mundo que parecia tão aterrador se transforma no mundo da consciência de Buda; Buda está em toda parte. São as escrituras que levam a isso. Quanto a Pancaksara, trata-se de u*m ldam,* isto é, de uma "divindade escolhida", a divindade que você próprio escolheu, *istadevata*, a "divindade desejada".

É uma concepção extremamente intelectualizada. Essa divindade não existe. É uma imagem. Destina-se a colocar em sua mente a ideia de uma divindade; ela adquirirá vida na medida em que você fizer dela a sua divindade. E passará então a ser o guia de sua vida.

Falo antes de tudo de Pancaksara, a divindade da leitura e da escrita, por ser ela a minha *idam*. Todos os meus conhecimentos, eu os obtive graças à leitura. Quando encontrei Buda, os iogues e tudo mais, interpretei-os de acordo com minhas leituras. Coloquei esta *idam* diretamente na face do próprio Buda. É o que me sustém.

Para outras pessoas, suas *istadevatas* serão outras; outras serão as divindades escolhidas; permaneça, porém, fiel à divindade que escolheu. É o seu caminho, e todo o mundo de Buda chegará ao seu conhecimento por intermédio de sua divindade, seja ela qual for.

Kalacakra é outra *istadevata* ou *idam*. *Kalacakra* significa "a roda do tempo". Tudo é Buda. Este é o mundo que, quando você teme a morte, é um lugar tão horrível. Nenhum horror, entretanto, consegue sobreviver ao esplendor dos conhecimentos que hão de vir.

Pendurado na sala de meu apartamento havia outrora um *tanka* de Sakra Samvararaja, o Senhor que Tudo Abraça. Eu estava ajudando um monge tibetano a escrever sua autobiografia quando, ao sair do apartamento, ele viu o *tanka* e disse: "Mas esta é a *istadevata* do meu mosteiro!" Então, uma *idam* pode não ser simplesmente uma escolha pessoal, e sim a energia que anima os exercícios de todo um mosteiro. Esta é a mais intelectualizada concepção de divindade que eu conheço, a concepção de uma divindade escolhida que lhe servirá de guia.

E com essa ideia concluímos a história de como o Senhor, com sua *shakti* voltada para outra direção, chega à transcendência: torna-se Buda, imóvel, ensinando ao mundo.

10

Das trevas à luz: as religiões de mistérios da Grécia antiga

O cerne da experiência espiritual visada pelas religiões de mistérios da Grécia Clássica era a transferência do aspecto puramente fenomenal da consciência do indivíduo para aspecto espiritual, profundo, energético, eterno. Alguns dos inúmeros rituais associados a essa experiência tiveram início na Idade do Bronze. A chegada do povo homérico, guerreiro e patriarcal, relegou-os durante algum tempo ao segundo plano, porém mais tarde eles voltaram à tona.

Os mistérios de Elêusis, um santuário maravilhoso situado a oeste de Atenas, cujos habitantes o consideravam um lugar sagrado, datam da Idade do Bronze. Elêusis floresceu no mundo clássico e sobreviveu nos tempos romanos até a conversão do Império Romano em Império Cristão. Durante o governo de Constantino, por volta do ano 327 d.C., o cristianismo foi reconhecido como uma das religiões autorizadas do Império Romano. Com Teodósio, pouco tempo depois, o cristianismo – mas somente na forma específica praticada pelo trono bizantino – passou a ser a única religião permitida no Império Romano. Começou então uma perseguição violenta e sistematizada, e os santuários foram objeto de um vandalismo tanto mais violento quanto mais sagrados eram eles considerados. A destruição de Elêusis em 395 d.C. exemplifica muito bem o que aconteceu.

Antes dessa crise espiritual da civilização ocidental, entretanto, muitos dos primitivos cultos de mistérios voltaram a semanifestar durante o período helenístico.

A meu ver, a grande revelação alcançada por São Paulo na estrada de Damasco foi a de que a morte de Jesus Cristo na cruz poderia ser explicada nos termos da interpretação dada, pelas religiões de mistérios, à morte e à ressurreição do Salvador; vale dizer, a morte da existência puramente animal, material, e em seguida o nascimento da vida espiritual. Isso está simbolizado na terminologia cristã pela transformação do antigo Adão no novo Adão. Há, além disso, o refrão *O Felix Culpa*, "Ó culpa feliz" – o pecado original – e a ideia de que a queda do homem no campo do tempo, a privação do êxtase intemporal do Jardim do Éden, teve sequência na vinda do Salvador, que foi uma espécie de sublimação, uma manifestação da consciência mais elevada da humanidade que aquela que se havia revelado no jardim. Sem a queda, portanto, não teria havido um Salvador. Tudo isso, na realidade, se traduz num linguajar místico que deriva dos mistérios gregos.

Na verdade, sabemos muito pouco a respeito das religiões gregas de mistérios, justamente porque elas continuaram a ser mistérios. Ninguém podia revelar ou falar sobre o que se passava nos santuários secretos. Temos de nos contentar com as observações externas, algumas delas de pessoas como Clemente de Alexandria, que verberavam os mistérios clássicos. Nelas se podem respigar algumas informações sobre os rituais; na minha opinião, entretanto, os melhores indícios se encontram na arte – cerâmica, escultura, etc., que nos transmite uma pequena compreensão dos rituais e das formas que eles podiam assumir.

No mundo clássico, o plantio se fazia no outono e a colheita durante a primavera; os frutos da colheita, os cereais, eram armazenados em silos, depósitos subterrâneos, no auge do verão, para serem repiantados no outono seguinte. Consequentemente, a riqueza, a opulência da comunidade se encontrava nas profundezas do mundo subterrâneo, confiada à guarda de Plutão, a divindade etoniana dos domínios infernais. Nesta placa votiva ateniense do século V vê-se Atena entregando os cereais a Plutão, apresentado sob o aspecto de eterno menino, *puer aetemus*.

Uma divindade como Plutão (Merlin, nas lendas célticas), tanto pode ser representado como um jovem como sob o aspecto de um velho, de um ancião. Representavam-no, com frequência, segurando uma cornucópia: a dádiva generosa de nossa vida fica sob sua guarda. Atena está sentada perto de uma serpente semelhante à do selo indiano de 3000 a.C. Segundo a concepção mitológica do culto, Elêusis era o lugar onde o cultivo dos cereais tinha sido inventado por Deméter, a deusa telúrica. Isso não passa de uma concepção mitológica. Todos sabemos que não foi em Elêusis que se originou a agricultura cerealista; mas, para o culto, ela surgiu ali.

A ideia de que a vida provém da escuridão abissal, das regiões crônicas, é um importante tema mitológico. Desse modo, esses cultos eram muito associados ao ciclo da morte, da descida ao mundo subterrâneo e ao renascimento da vida. Por analogia, isso ficou simbolizado pelo ciclo agrícola da morte na colheita, do plantio da semente e das plantas que retornam à vida. Em outras palavras, as imagens agrícolas foram utilizadas para traduzir uma mensagem espiritual.

Aqui está um vaso existente num museu de Bruxelas. O candidato à iluminação está sendo recebido pelo *psychopompos*, o guia do santuário. À direita há uma figura masculina em pé, e a clava que está ao seu lado nos diz quem é ele: Héracles, ou Hércules, que mais adiante veremos numa interessante situação durante a aventura cerimonial. Assim, empunhando uma tocha, o que significa que vamos entrar no domínio sombrio, o candidato é conduzido ao interior do santuário.

Este sarcófago, existente num palácio de Roma, mostra, passo a passo, algo do que ocorria nessas cerimônias. À esquerda vê-se um loureiro, árvore *apotropaica*, isto é, que defende a entrada contra presenças malévolas.

Como árvore do limiar, ela é dotada de um poder santificador. A seu lado está uma personificação de Baco (ou Dioniso, outro nome da mesma divindade) conhecida como Iaco, que é o grito de boas-vindas pronunciado em determinado momento da cerimônia, quando se dá a revelação do novo nascimento. Iaco está ao lado de um altar onde se acham as frutas da oferenda e segura uma tocha que, repito, indica sempre a aventura subterrânea ou ctônica. No centro estão as duas grandes deusas: Deméter, sentada sobre o cesto sagrado que contém a serpente, e sua filha Perséfone, aquela que morre e ressuscita, que é raptada e regressa, o *Anodos e Kathodos* da donzela. A tocha de Deméter mantém-se voltada para cima, purificando as regiões superiores. A de Perséfone se volta para baixo, purificando as inferiores. Trata-se, portanto, de uma passagem purificatória, e nesse culto elas serão as figuras dominantes: a deusa dual, a deusa da vida e a deusa do mundo subterrâneo de onde procede a vida.

À direita do quadro vê-se o candidato com a cabeça coberta, pois vai experimentar uma revelação, uma epifania, o desvendamento do mistério a uma pessoa que vai passar por essa experiência pela primeira vez. O guia está depositando as oferendas, tendo à frente Baco-Dioniso. O personagem atrás deste último é Hécate, o aspecto negativo e escuro da deusa, associado frequentemente à bruxaria.

Algumas pesquisas muito interessantes referentes às plantas associadas a tais cultos revelaram que as pessoas que iam se submeter a essas importantes cerimônias ingeriam uma bebida feita de cevada antes de comparecer aos ritos. Um dos alucinógenos historicamente importantes é o esporão de centeio, produzido por um fungo que se desenvolve parasitariamente sobre a cevada. Como durante séculos os ritos estiveram a cargo de uma família, acredita-se hoje que esse caldo de cevada contivesse um pouco de ergotina (esporão de centeio). Há um belíssimo estudo intitulado *The Road to Eleusis*, escrito por Albert Hofmann, o descobridor do LSD, R. Gordon Wasson e Cari A. P. Ruck, um erudito versado nos temas clássicos. Esse livro trata pormenorizadamente de todo o ritual de Elêusis, encarando-o como uma cerimônia adaptada ao êxtase das pessoas que haviam ingerido a bebida, um desempenho teatral apresentado como epifania. Há, portanto, uma predisposição interior e uma realização exterior. Conta-se que o próprio Sócrates se teria referido à importância que tivera para ele a experiência de Elêusis. Ali se experimentava realmente uma espécie de revelação.

Quanto à história de Perséfone, a filha de Deméter, conta-se que estava ela a colher flores, na primavera, quando de repente surge Hades em seu carro e a carrega para o mundo subterrâneo. Deméter ficou tão desolada com a perda de Perséfone quanto Ísis com a de Osíris. Saiu, pois, em busca da filha perdida. Quando chegou a Elêusis, Deméter sentou-se à beira de um poço, tal como Ísis se sentara ao pé do poço que havia do lado de fora do palácio onde o corpo e o sarcófago de seu marido estavam encerrados numa pilastra. O poço de Elêusis continua ali, ou pelo menos uma reconstrução dele.

O povo foi ao poço e tentou inutilmente consolar Deméter, até que uma criaturazinha chamada Baubo executou uma dança obscena e Deméter não pôde conter o riso. Eis aí um esplêndido tema: a obscenidade abre uma perspectiva diferente. O indivíduo sai da esfera de um estado de desenvolvimento, retorna à dinâmica natural da geração e da regeneração e se liberta dos grilhões de sua mágoa.

Equivalente a Perséfone é a espiga de trigo dourada. Zombando dos mistérios de Elêusis, Clemente de Alexandria fala da tolice de se considerar a elevação de um grão de trigo como um momento culminante. No entanto, a culminância da missa na igreja católica é a elevação de uma hóstia feita de trigo. O que constitui o sentido de um ritual não é o objeto, e sim aquilo a que este se refere. Qualquer objeto pode vir a ser o centro do culto. Em Elêusis, o objeto central do culto era uma planta maravilhosa que alimenta tanto nossa vida física quanto nossa vida espiritual quando ingerida com a compreensão de que se trata de um dom divino.

Nos mais antigos ritos primitivos associados a plantas alimentícias, o mito típico subjacente refere-se a alguma divindade que foi morta, cortada em pedaços e enterrada. Das partes enterradas dessa divindade surgiria o grão ou o que constitui a parte nutritiva da planta. O Hiawatha de Longfellow fala da experiência fantástica de um jovem empenhado numa busca visionária. Uma jovem divindade aparece, luta com ele durante três noites e lhe diz na quarta noite: "Agora você me matará e me enterrará." Assim fez Hiawatha, e daquele corpo enterrado brotou o milho.

Meditando sobre isso, percebemos estar ingerindo uma substância divina e que é essa substância que nos alimenta. Não se trata apenas de uma substância física, e nisso consiste uma parte de nossa meditação: toda a nossa vida é sustentada pela dádiva e preservação de um poder transcendente.

Às vezes me perguntam: "Que rituais podemos ter?" Os rituais já estão aí, o que falta é meditar sobre eles. Ingerir uma refeição é um ritual. Basta compreender o que se está fazendo. Consultar os amigos, eis um ritual. Basta refletir sobre o que se está fazendo. Gerar um filho, dar à luz uma criança – que mais se pode desejar?

Aqui está o jovem Filofates levando o trigo. Está recebendo a bênção de Deméter e de Perséfone. Ele é o veículo. Num dos lados do vaso ele é retratado como um velho sentado em seu veículo místico, levando a dádiva do trigo, do cereal. Hermes o conduz, tendo como cajado o caduceu.

No outro lado do vaso vê-se Dioniso, com um cálice, sendo conduzido no mesmo veículo por um sátiro. Aí estão o pão e o vinho da missa. Os rituais da primitiva tradição cristã baseavam-se em rituais já existentes. Percebemos assim como os rituais e os mitos se desenvolvem organicamente, sem provocar rupturas: adotam-se interpretações, vocabulários e artifícios renovados. Este é o cálice da missa contendo o sangue de Dioniso, que é o vinho transubstanciado. Neste ritual, entretanto, não há necessidade de uma transubstanciação, pois já se trata do vinho divino.

Quanto à história do nascimento de Dioniso, conta-se que ele teria nascido de uma coxa de Zeus. Este tinha a sua própria maneira de fazer nascer as crianças. Zeus engoliu a mãe de Atena quando soube que ela estava grávida. Um belo dia, evidentemente, ele teve uma grande dor de cabeça. Ela estava dando à luz e ele tinha de ser o intermediário; lá está ele gritando de dor de cabeça quando Hefesto, o ferreiro dos deuses, chega com um machado, abre a cabeça de Zeus e dali salta Atena, completamente formada. *Voilà!*

Coisa semelhante acontece com Dioniso. Sua mãe, Sêmele, dormira com Zeus e, indiscreta, gabara-se disso diante de Hera, a esposa de Zeus. Esta retrucou: "Sim, minha querida, porém Zeus não se revelou a você com a mesma majestade com que se revelou a mim." Assim, quando Zeus voltou a procurá-la, Sêmele estava mal-humorada e ele perguntou: "O que é que há?" E ela: "Bem, você não se revelou a mim com a mesma majestade com que se revelou a Hera." "Cuidado", disse ele, "você não está suficientemente preparada para isso." Ela respondeu: "Você sempre disse que faria tudo o que eu pedisse." E Zeus retrucou: "Cuidado, garota." Pum! E foi o fim de Sêmele.

No entanto, preocupado com o feto que havia no útero dela, Zeus o retirou, abriu a própria coxa e ali colocou Dioniso. Dessa maneira, Dioniso ficou sendo o "filho de dois úteros", a vida da mãe feminina e a vida da iniciação masculina. Um belo dia a perna de Zeus começou a doer. Hermes veio acolher o recém-nascido num lençol dourado e o entregou às três ninfas. E assim o pequeno Dioniso é criado pelas ninfas.

Aí está Dioniso na árvore. Observem a serpente. Sempre a mesma história. Essas coisas se repetem de maneira fascinante. Não se requer muito tempo nem muito empenho para se aprender esse vocabulário pictórico. É uma escrita pictórica, e a reorganização das formas reorganiza a ordem da experiência, sua profundidade ou a exata importância deste ou daquele mito.

A religião apolínea dos habitantes do Olimpo, de Zeus e das outras divindades, orientava-se para a luz. Dioniso representa a dinâmica do escuro, portanto está adequadamente associado aos rituais de mistério. Na minha opinião, quem melhor discutiu Dioniso e Apolo foi Nietzsche, em *O Nascimento da Tragédia*, em que eles são apresentados em relação com todo o mundo das artes clássicas. Nietzsche escreve sobre Dioniso considerando-o como a dinâmica do tempo que passa por todas as coisas, destruindo formas antigas e promovendo outras novas com aquilo que ele qualifica de "indiferença pelas diferenças". Contrastando, há o mundo luminoso de Apolo e seu interesse pelas admiráveis diferenças entre as formas, a que Nietzsche dá o nome de *principium individuationis*. O poder de Dioniso consiste em se sobrepor à violência da força vital. Eis o que ele representa. Assim, a mensagem essencial dos ritos é a da realização, adequadamente preparada, da dinâmica da inexaurível natureza que faz fluir sua energia no campo do tempo e com a qual precisamos nos harmonizar, levando em conta tanto seu aspecto destrutivo como seu aspecto produtivo. Isso é experimentar a energia vital em toda a sua pujança.

Esta gravura mostra Dioniso e sua mãe, Sêmele. Entre os dois está o cálice do sangue de Dioniso, o cálice da missa. Ela me lembra as pinturas medievais da coroação da Virgem por seu filho Jesus. Os dois são apresentados mais ou menos com a mesma idade, 35 anos aproximadamente.

Esta tigela dourada, a chamada tigela de Pietroasa, foi encontrada numa escavação na Romênia, há cerca de 100 anos, juntamente com uma profusão de objetos de ouro. Foi levada ao Museu Britânico e reproduzida. Vemos aqui a reprodução. Durante a I Guerra Mundial, quando os alemães avançavam pela Romênia, julgou-se importante proteger essa tigela, de modo que ela foi levada para a Rússia, onde foi, evidentemente, fundida. Não a temos mais, portanto. Temos de nos contentar com a reprodução. Mostramos aqui um desenho baseado numa fotografia dessa reprodução, para que possamos percorrer a história passo a passo. Tal será a nossa iniciação.

Sentada no centro da tigela, sobre a cesta com a vinha de onde provém o vinho contido em seu cálice – ou no Graal –, lá está a deusa, a mãe–universo, com o sangue de seu filho.

À sua volta há dezesseis figuras. Este é Orfeu, o pescador. O tema da retirada do peixe da água para trazê-lo à luz está associado à iniciação. Aqui, estamos perdidos nas águas da ignorância e Orfeu, o pescador, nos pescará. Nos romances do Graal, há um tema relacionado ao Rei Pescador. Na tradição cristã, quando chamou os apóstolos, que eram pescadores, Jesus disse: "Eu vos farei pescadores de homens." É a mesma concepção órfica. O anel do papa é conhecido como o anel do pescador, e nele há uma gravação *do hall* dos peixes. Eis Orfeu com sua vara de pescar e sua rede, tendo aos pés um peixe. Prosseguindo da esquerda para a direita, vê-se o candidato segurando uma tocha. Ao entrar no santuário ele apanha uma pinha da cesta colocada sobre a cabeça de um guardião da porta. Este é representado como uma

193

figura de pequeno porte, apenas para se ajustar ao conjunto da tigela. Parte de uma estátua magnífica, em tamanho natural, de um desses guardiões da porta com a cesta sagrada sobre a cabeça encontra-se no museu de Elêusis. É uma das peças quebradas pelos fanáticos do amor.

O candidato apanha uma pinha da cesta. Por que uma pinha? Trata-se de um símbolo significativo. Existe no Vaticano uma pinha de bronze com cerca de 3,5 metros de altura, que anteriormente se encontrava no Campo de Marte romano. O que é importante numa pinha? O importante é a semente, e não o cone. Do mesmo modo, em cada um de nós o importante é a semente da consciência que deverá ser libertada, o novo Adão, aquele que renasceu depois da morte do antigo.

Uma lâmpada cristã do século III, aproximadamente, tem como decoração a lenda de Jonas, que simboliza o advento do ser humano que se liberta da condição de peixe. É possível, portanto, examinar uma lenda e dar-lhe uma interpretação que pode ou não ter sido a originalmente aceita. Reza a história que Jonas era um profeta que recebera de Deus a missão de pregar em Nínive; mas, tendo se refugiado num navio, ele passou a ser uma fonte de incômodos para todo o mundo. Visivelmente desambientado e constituindo uma presença negativa, foi lançado para fora do barco e engolido por um peixe, de cujo ventre saiu mais tarde. Esse tema é conhecido como a "viagem noturna pelo mar". É uma história muito antiga. Hiawatha foi engolido por um peixe, o herói-corvo dos índios da Costa Noroeste também foi engolido por um peixe e assim por diante. É a descida às profundezas abissais e o retorno: as mesmas mitologias com que estamos lidando aqui.

Voltemos ao nosso herói: ele pegou a pinha e agora, guiado por uma figura feminina que carrega o pequeno balde do elixir da imortalidade, está sendo levado ao santuário das duas deusas.

Deméter, em cujo ombro está pousado o corvo da morte, é quem está no campo do nascimento e da morte, o que denominamos terra telúrica, a terra da qual brotam as plantas. A seu lado está Perséfone com a tocha, que representa a terra etônica, as cavernas abissais.

Este é o primeiro estágio da iniciação. Não sabemos como eram os ritos associados a essa dupla; conhecemos, porém, sua mensagem: estabelecer um relacionamento harmonioso com esses dois aspectos de nosso ser.

Tendo passado por tudo isso, o herói está simbolicamente mais velho e, portanto, é representado com uma barba e está sendo abençoado por Fortuna, ou Tiche. Nessa altura, ele terá completado o primeiro grau da iniciação, a iniciação pelas deusas.

Vemos em seguida o nosso candidato, o mista, novamente sob o aspecto de um jovem, prestes a passar pelo segundo grau da iniciação, a iniciação nas profundezas finais. Diante dele está Plutão, ou Hades, o deus do abismo, sob cujos pés há uma espécie de monstruoso crocodilo das águas abissais; além disso, ele carrega uma enorme cornucópia. O candidato tem na mão esquerda uma folha de palmeira, a palma do peregrino, e os eruditos sugerem que o que ele traz na mão direita é uma dedaleira, planta associada ao sono, ao sonho e à visão. Qual será o fruto dessa experiência nas profundezas abissais?

Uma das experiências dessa iniciação está ligada à androginia transcendente, à compreensão de que, como seres existentes no tempo, não passamos de uma fração daquilo que realmente somos. Por esse motivo, Héracles, o mais masculino dos deuses, é por vezes representado com trajes femininos. Assim, a figura representada a seguir é a do nosso herói como andrógino. Sobre sua cabeça coberta de longos cabelos veem-se as asas do espírito, e ele tem na mão uma tigela vazia. Ele é ao mesmo tempo macho e fêmea. Mas o sentido dessa iniciação final não está apenas na androginia, na transcendência do par de opostos da nossa identificação sexual; está também no reconhecimento de que nossa mortalidade e nossa imortalidade são uma só coisa: a união da consciência lunar e da consciência solar a que nos referimos anteriormente.

Por consequência, as duas figuras seguintes são os gêmeos Castor e Pólux, olhando um para o outro. Somos, portanto, mortais e imortais. Observem o corvo da morte pousado no ombro de Castor: estamos voltando, completando o ciclo, e a morte está voltando ao nosso encontro.

E então avançamos, a partir da iniciação, com uma nova característica – a de homem mortal – ou de mulher mortal –, tal como faz o nosso herói, cuja tigela está agora cheia do fruto da sabedoria.

A figura seguinte é uma mulher-guia, que nos orienta e nos conduz ao trono de Apolo, o Senhor da Luz. E, ó maravilha! Eis aqui os princípios dionisíaco e apolíneo em harmonioso relacionamento. Apoio segura a lira da música das esferas, que toca para todas as coisas, e sob o seu trono deita-se um gamo, o animal a ele associado.

Desejo agora apresentar-lhes o simbolismo dessa concepção apolínea tal como ela foi revivida durante o Renascimento, depois de permanecer esquecida durante a Alta Idade Média. No decorrer dos três primeiros séculos de desenvolvimento do cristianismo no Oriente Próximo, simultaneamente com a doutrina cristã – isto é, antes da vinda de Teodósio com seu "machado do amor" –, floresciam as tradições herméticas clássicas e um conjunto de textos conhecido como *Corpus Hermeticus*. Como dito anteriormente, Cosme de Médicis pedira a Marsilio Ficino uma tradução latina desse texto grego, que fora levado de Bizâncio para a Itália; isto feito, a arte adquiriu de imediato um brilho inteiramente novo, pois se reconhecera que as imagens simbólicas do mundo pagão tinham um significado místico equivalente ao da simbologia cristã misticamente interpretada. Os artistas daquela época começaram, portanto, a utilizar tanto os temas clássicos como os do Antigo Testamento, e todos entoavam a mesma canção. Foi um momento glorioso que promoveu o engrandecimento da arte, graças precisamente à inspiração dessa tradução do *Corpus Hermeticus*, no qual os próprios símbolos do culto cristão que, como vimos, remontam ao mundo clássico, eram reinterpretados em termos da mitologia hermética, e não da mitologia mosaica.

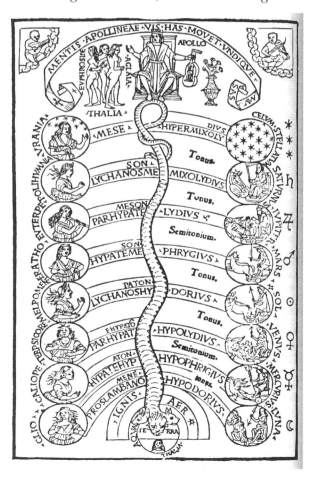

Existe, no Vaticano, um grande quadro de Pintoricchio representando a deusa Isis sentada num trono e instruindo dois discípulos. Um deles é Hermes, o outro, Moisés. São as duas maneiras de interpretar as formas simbólicas: Hermes é a maneira simbólica, hermética; Moisés é a interpretação literal, prosaica, histórica. A forma tem dois aspectos, e você escolhe aquele que lhe aprouver.

Produto desse grande momento é esta página extraída de um livro intitulado *Practicum musica*, cujo autor foi um homem chamado Garforius. Datado de 1493, ela mostra todo o mistério das nove musas e das três graças em sua relação com a sequência ptolomaica dos planetas: Terra, Lua, Mercúrio, Vênus, Sol, Marte, Júpiter, Saturno e as estrelas fixas. Examinemos por miúdo esse esquema. É uma belíssima condensação dos mistérios clássicos e renascentistas.

Associada a cada um dos planetas dessa sequência ptolomaica há uma musa. Há nove musas, e todas elas estão vestidas. A arte é a vestimenta de uma revelação. Chegado ao ápice, ao próprio trono de Apolo, no qual se revela para onde as artes estão apontando, temos as três graças nuas. Nove musas, portanto; ora, a raiz quadrada de 9 é 3. Quando Dante olha para Beatriz, ela tem nove anos de idade. Quando a olhou pela segunda vez, ela tinha dezoito, tal como ele. E ele disse: "Ela é um nove porque sua raiz está na Trindade." Era ela a sua musa. As musas são nove e sua raiz está na Trindade, que no sistema hermético é representada sob uma forma feminina, ao passo que no cristianismo ela tem uma forma masculina – as três pessoas numa única substância no mistério da Trindade divina.

Essa mesma substância imóvel é aqui personificada como Apolo, masculino, enquanto os aspectos móveis são femininos. Diz o texto: "O esplendor, o êxtase da mente apolínea move as musas em toda parte." As musas, as inspirações da poesia, o que equivale também a dizer da religião, da mitologia, são movidas pelo esplendor de Deus.

No centro da página está Cérbero, o cão de três cabeças que vigia a entrada dos Infernos; e, subindo ao longo da escada, vê-se a fantástica cauda serpentina do animal, pela qual ascendemos ao trono de Deus, Observem as três faces do animal. Quando se encontra perdido num bosque cheio de perigos, no início da *Divina Comédia*, Dante é ameaçado por três animais. Um deles é o leão, que representa o orgulho, o apego ao ego, a

198

si mesmo. O segundo é um leopardo, que representa a luxúria – aqui, é a face de um cão, o desejo, O terceiro animal é um lobo, que simboliza o medo, o passado, que nos arrebata as coisas que obtivemos. E esses três animais estão juntos. Tal é a tentação de Buda. Se ele estivesse apegado ao seu ego, a luxúria e o medo o teriam movido. Não o fizeram. No entanto, eles nos movem e por isso ficamos perplexos.

A primeira musa, cujo nome é Tália, é apresentada sob a terra. Chamam-lhe "a silenciosa Tália", porque não a podemos ouvir. Enquanto permanecemos apegados ao ego, ao medo e ao desejo, aos nossos problemas pessoais, somos incapazes de ouvir a voz do universo. Relaxemos, portanto. Lembro-me de um quadro que mostra a figura da Morte tocando violino para o artista. Deixe que a Morte lhe fale, e assim você se livrará do orgulho egoísta. Isso significa que você colocou sua cabeça na boca do leão. Enfrente a experiência do dia de hoje. Não a reinterprete em termos de experiências passadas.

Um dos problemas colocados pelo Zen é o de ter uma experiência. Fala--se em procurar aprender o significado da vida. A vida não tem significado. Qual o significado de uma flor? Q que estamos buscando é uma experiência de vida, a aquisição dessa experiência. Mas nos afastamos da experiência quando nomeamos, traduzimos e classificamos cada experiência por que passamos. Você se apaixona. Muito bem: isso vai levá-lo ao casamento, ou é um sentimento ilícito, ou coisa parecida. Você classificou, e por isso mesmo perdeu a experiência. Coloque, portanto, a cabeça na boca do leão e diga apenas: "Não sei que diabo está acontecendo!" E alguma coisa há de resultar daí.

Coloquemos, pois, nossas cabeças na boca do leão, deixemos que aconteça o que tiver de acontecer e experimentemos uma exaltação artística que desponta, ao longo do corpo de Cérbero, através das notas do tetracórdio, aquilo que hoje designaríamos como uma escala em dó menor. À direita veem-se os nomes dos equivalentes gregos dos tons musicais, e à esquerda os das notas da escala em sua forma clássica.

Assim, graças à nossa exaltação artística, chegamos finalmente ao esplendor apolíneo que move as três graças: Eufrosina, que faz a energia fluir para dentro do mundo; Aglaia, o esplendor, que a leva de volta; e no meio, unindo as duas, Tália, que tem o mesmo nome da musa. Lembrem-se: isto é uma tradução da simbologia hermética, clássica, pagã. Na tradução bíblica autorizada, essas três formas femininas passam a ser as três pessoas masculinas da Trindade: Jesus, morrendo por amor aos homens e derramando a graça sobre o mundo; o Paracleto, levando-nos de volta; e o Pai, cujos lados direito e esquerdo correspondem a essas duas forças. E no alto, em vez de haver simplesmente uma substância radiosa, existe novamente uma personificação dessa substância na figura de Apolo. De modo que a composição de Garforius constitui uma demonstração muito concisa do relacionamento das artes com as exaltações e as transformações da consciência.

Voltemos ao meio da tigela de Pietroasa, ao círculo interior das figuras que cercam a divindade essencial com o cálice. O ser humano reclinado é a mente que ainda não passou pela iniciação. Está, por assim dizer, adormecida. Ela vê um cão perseguindo um coelho, duas gazelas comendo um vegetal e um leão e um leopardo prestes a comerem as gazelas. "Tudo é dor!" Mas a pessoa iluminada sabe que isso é uma manifestação, em formas secundárias, do processo dinâmico do ser.

No teto da catacumba de Domitila vê-se Orfeu tocando a lira. Seria de se esperar ver ali o Cristo. Os painéis circundantes retratam cenas do Antigo Testamento, do Novo Testamento e de sacrifícios pagãos. Em outras palavras, na antiga Roma cristã havia uma coordenação não somente do Antigo e do Novo Testamentos, mas também do Novo Testamento e das tradições pagãs. E por que não?

Discutiu-se muito, durante os quatro primeiros séculos, sobre se o cristianismo tinha algo a ver com o judaísmo. Vale dizer: o Filho, Jesus, era filho de Iavé ou de algum poder superior, ignorado, de Iavé? Iavé foi declarado tolo porque não compreendeu que existia um poder mais alto que o seu. Ele se julgou Deus. E então o filho, que nos devia levar além, foi a revelação de uma luz mais alta. Iavé, assim foi, associado ao demiurgo que trouxe ao mundo a agonia, a maldade e o sofrimento. Isso representou uma crença muito definida na antiga tradição cristã e só por acaso é que o Novo e o Antigo Testamentos permaneceram unidos, e o Novo Testamento foi encarado como a realização das promessas do Antigo. Eis por que, quando lemos a Bíblia, nos deparamos com inúmeras notas de rodapé que chamam a atenção para predições contidas no texto do Novo Testamento e vice-versa: procedeu-se ao seu entrelaçamento. Seria igualmente possível entrelaçar o cristianismo primitivo com as tradições gregas. Essas tradições existiram: por que deveriam ficar isoladas? Portanto, leiam misticamente – e este é o ponto que eu gostaria de salientar, porque todas essas tradições nos falam da prodigiosa história de nossa identidade com o poder eterno e de nossa perda desse sentimento de identidade quando nos deixamos envolver pelo mundo egocêntrico do medo e do desejo.

A tradição religiosa que nos foi inculcada na infância continua presente. Não vale a pena nos desfazer dela só porque não podemos interpretar essas formas em termos das modernas realizações científicas. Não pode ter havido uma ascensão ao céu. Não pode ter havido uma assunção ao céu. O céu não existe. Mesmo que se movessem à velocidade da luz, nem assim esses corpos estariam fora da galáxia. Ensinaram-nos, porém, que essa assunção e essa ascensão eram acontecimentos físicos, embora não possam ter ocorrido. Essa interpretação nos faz perder a mensagem contida no símbolo. A coordenação de realizações terrenas e espirituais pode ser interpretada a partir desses símbolos.

Outro aspecto de Orfeu é que também ele foi dilacerado, tal como Jesus ao ser açoitado e crucificado. O que representa isso na interpretação mais antiga, digamos, do *Corpus Hermeticus*? Em primeiro lugar, que a eternidade está apaixonada pelas formas temporais, mas que, para assumir essas formas, ela tem de ser desmembrada; consequentemente, você, como entidade distinta na configuração do tempo, terá de ser desmembrado e se abrir para o transcendental a fim de romper o seu elo com essa instância inferior. Nessa tradição, portanto, a cruz representa o limiar entre a eternidade e o tempo, e o retorno do tempo à eternidade. É esta, igualmente, a simbologia das duas árvores do Jardim do Éden. A árvore do conhecimento do bem e do mal é a árvore da transição da unidade para a multiplicidade, enquanto a árvore da vida eterna é a árvore da transição da multiplicidade para a unidade. É a mesma árvore em duas direções. Algumas das controvérsias do Midrash rabínico, composto no decorrer dos primeiros cinco séculos da Diáspora judaica, giram em torno da questão: "Qual o significado das duas árvores do jardim?" Elas são encaradas sob vários aspectos, mas no fim tudo se reduz a esses dois sentidos.

Orfeu vem, portanto, ao mundo e é dilacerado. Sua cabeça é decepada, mas, enquanto flutua até Lesbos, ela continua a entoar a canção da musa.

E vejam, finalmente, o que existe aqui: Orfeu-Baco crucificado, tal como o mostra um selo cilíndrico de 300 a.C. Aí está a crucificação como símbolo metafísico: Orfeu no mesmo sentido que Cristo e indo ao encontro da cruz tal como um noivo vai ao encontro de sua noiva. No alto da cruz está a lua – tema da morte e da ressurreição – e acima dela sete estrelas representando as Plêiades, conhecidas na Antiguidade como a lira de Orfeu. Basta atentar um instante para essas coisas e elas cantarão para você.

Referir-me-ei agora sucintamente ao que aconteceu com o cristianismo durante esses primeiros séculos. Havia duas interpretações conflitantes em relação a Cristo: ele era encarado ou como o herói do mistério que morre para ser ressuscitado, ou como encarnação única. Tal era a grande controvérsia entre os gnósticos e a comunidade cristã ortodoxa. Esta última optava pela importância da historicidade da encarnação, e para saber o que é a crença cristã basta recitar o credo conhecido como "Credo dos Apóstolos", prestando atenção ao que se está dizendo.

"Creio em Deus, Pai, Todo-Poderoso, Criador do céu e da terra." É isso. "E em Jesus Cristo, seu Único Filho, nosso Senhor; o qual foi concebido do Espírito Santo, nasceu da Virgem Maria... padeceu sob Pôncio Pilatos, foi crucificado, morto e sepultado." Ora, as frases finais – "padeceu sob Pôncio Pilatos, foi crucificado, morto e sepultado" – constituem as únicas declarações históricas contidas nessa sentença. O resto é mitologia: "Desceu aos infernos." Tudo isso deve ser interpretado literalmente. "Ao terceiro dia, ressurgiu dos mortos. Subiu ao céu e está sentado à direita de Deus, Pai Todo-Poderoso, de onde há de vir julgar os vivos e os mortos." Vocês acreditam literalmente nessas coisas? "Creio no Espírito Santo, na Santa Igreja Católica, na comunhão dos santos, na remissão dos pecados, na ressurreição da carne, na vida eterna. Amém."

Quanto à ressurreição do corpo, uma coisa lhes posso garantir. Vocês decerto chegarão aos 35 anos, à idade na qual o corpo atinge sua perfeição. Procurem, então, lembrar-se de como eram antes disso, ou se preparem para ter uma boa aparência em sua condição futura, e assim terão a vida eterna. Trinta e cinco anos, ótimo, mas não será uma chateação? Muito bem, aí têm a história.

11

Onde não havia caminho: as lendas arturianas e o feitio ocidental

O tema do Graal pode servir como fio condutor para passarmos da generalidade dos temas míticos universais à especificidade do material pertinente à consciência europeia que constitui a nossa herança.

O período dos romances arturianos e do Graal, que se estende quase precisamente de 1150 d.C. até 1250, representou uma espécie de prelúdio à segunda grande fase da cultura ocidental. A primeira grande fase foi a do período greco-romano, iniciado com as epopeias homéricas. O período dos romances arturianos corresponde, nos mundos gótico e moderno, ao que o período homérico representou para o mundo greco-romano. Ou seja, foi então que se formularam os temas básicos que seriam desenvolvidos em termos de valores culturais e de dimensão espiritual.

As grandes obras aparecem repentinamente. Há uma característica notável no nascimento das civilizações: passam-se 200 anos, e lá está tudo o que não existia antes. Existia o material, mas não essa sua constelação particular.

Havia na Europa quatro poderosas tradições mitológicas plenamente ativas antes do advento do cristianismo. Havia a tradição grega clássica, a itálica ou romana clássica, o material céltico e o germânico. Com toda a sua pujança, elas representavam algo que é típico da Europa e de nenhum outro lugar: o respeito pelo indivíduo, pelo caminho e pelo feitio de cada indivíduo. Os gregos já haviam compreendido que o que os distinguia do mundo dos antigos e daquilo a que davam o nome de Oriente era exatamente esse reconhecimento do indivíduo. É grega a noção de que o membro de uma sociedade é um cidadão, e não um sujeito, um súdito.

E o nosso assunto é essa concepção do indivíduo e da indagação individual. No gótico europeu, considerava-se isso como um passo adiante. Era extremamente forte a consciência do caminho individual.

Há muitos romances do Graal, mas três deles são especialmente importantes. O mais antigo é o *Perceval*, de Chrétien de Troyes, que data aproximadamente de 1180. O segundo, e o mais importante, é o *Persifal* de Wolfram von Eschenbach, versão adotada e transformada por Wagner. Data de cerca de1210. Esses dois romances do Graal apresentam o ponto de vista heróico, no qual o cavaleiro heróico, ou Parsifal, é um homem casado e automotivado. O terceiro grande romance do Graal, traduzido para o inglês por Malory e condensado em *Morte d'Arthur*, é um texto do francês antigo conhecido como *La Queste del Saint Graal (A Busca do Santo Graal)*, escrito por um monge cisterciense cujo nome desconhecemos. Seguiu-se a essa versão uma obra menor, redigida por outro cisterciense e conhecida como *Estoire del Saint Graal (História do Santo Graal)*, em que o Graal é interpretado como o cálice da paixão de Cristo: o cálice da Última Ceia, aquele que lhe recebeu o sangue quando seu corpo foi retirado da cruz e suas feridas, lavadas. Essas narrativas cistercienses enfatizam o ponto de vista cristão.

Eis, portanto, as duas tradições europeias: a heróica, nativa da Europa, com raízes no antigo espírito celto-germânico; e a cristã, sobreposta a ela, trazida do Oriente Próximo, onde os sistemas de pensamento e valores eram exatamente opostos – e continuam a sê-lo – aos da Europa. O que importa, no Oriente Próximo, é pertencer à comunidade. Não se é um indivíduo, mas apenas membro de uma sociedade. A pessoa é um órgão de um organismo. Tudo se faz com enorme ênfase sobre o ritual, as regras, as leis. Leiam os livros de leis do Antigo Testamento, o Levítico, por exemplo, e poderão ter uma ideia do que estou dizendo.

Essa tradição do Oriente Próximo foi levada à Europa e imposta pelo poderio militar durante os séculos IV e V d.C., suscitando uma enorme desarticulação. Durante os séculos XI e XII, época a que nos estamos referindo, a Europa começou a assimilar esse material; a história do Graal e os romances arturianos representam essa assimilação. Belos tempos aqueles transcorridos entre 1150 e 1250! Por que essa florescência terá cessado repentinamente? Todos nós já ouvimos falar da Inquisição: o Colégio dos Cardeais ditando o que deveríamos pensar – o que Deus pensa – e como devemos nos referir a esta experiência, e não àquela, isto é, ao poder divino operando em nosso próprio coração. Tal foi a causa da interrupção, porque o romance do Graal é o romance de Deus em nosso coração, e nele o Cristo se transforma numa metáfora, num símbolo, daquele poder transcendental que é o esteio e o ser de nossa vida. Tal é o ensinamento que vamos extrair da história do Graal.

Em *A Busca do Santo Graal* a história começa com os cavaleiros da corte de Artur reunidos no grande salão de jantar, onde Artur só permitirá que a refeição seja servida depois que ocorrer alguma aventura. Naquele tempo, as aventuras sucediam-se incessantemente, e por isso ninguém imaginou que tivesse de se retirar sem jantar. Nesse caso, a aventura foi o aparecimento do Graal, levado por mensageiros angélicos cobertos por um véu e pairando sobre os convivas. Todos permaneceram sentados, em êxtase, até o Graal ser retirado. Tal foi o apelo à aventura; então Gawain, nome que reaparecerá muitas vezes, sir Gawain, o sobrinho do rei Artur, levantou-se e disse: "Proponho uma busca. Proponho que cada um de nós saia em busca desse Graal, e cada um de nós deverá contemplá-lo sem o véu."

É então que existe, no texto em francês antigo, um trecho que Malory, por uma razão qualquer, não traduziu, mas que, segundo me parece, condensa todo o sentido dessa simbologia do Graal: "Concordaram todos em sair nessa busca, mas pensaram que seria uma desgraça" (foi esta a palavra) "saírem em grupo." Pensemos na psicologia de grupo representada pela tradição oriental: "pensaram que seria uma desgraça saírem em grupo, e assim cada um entrou na floresta" (a floresta da aventura) "num ponto que cada um escolheu, onde era mais escuro e não havia caminho.

Todos aqueles que já tiveram algum contato com os gurus orientais têm conhecimento de que eles têm o seu caminho e sabem em que altura desse caminho você está. Alguns deles lhe darão sua imagem para que você a use e saiba aonde deve chegar, em vez de usar sua imagem pessoal. Tal é a diferença, e assim é a Europa.

Os cavaleiros penetraram na floresta no ponto por eles escolhido e em que não havia nenhum caminho. Quando há um caminho, é o caminho de outra pessoa, e você não está na aventura. E quanto à instrução, que se há de fazer? Podem-se obter indicações dadas por pessoas que seguiram algum caminho; mas é preciso que, obtidas essas indicações, você as traduza segundo seu próprio critério, e para isso não existem livros de normas. Nessa busca fantástica – este é um romance maravilhoso, no qual cada um dos cavaleiros segue o seu caminho –, quando alguém encontra o caminho de outrem e pensa: "Ele está chegando lá!" e começa a seguir por ali, logo em seguida se vê completamente perdido, muito embora aquele outro possa ter chegado ao destino. É uma história maravilhosa: o que pretendemos, a viagem, a meta, é a realização de algo que nunca antes existira sobre a terra, nossa própria potencialidade. Cada impressão digital é diferente de todas as outras. Cada célula, cada estrutura de nosso corpo é diferente da de qualquer outra pessoa que já esteve nesta terra; cabe a cada um de nós trabalhá-la, elaborá-la, colhendo nossas informações aqui e ali.

Tendo examinado sucintamente alguns dos antecedentes históricos subjacentes à tradição da busca, ilustrada pelos romances arturianos, passaremos às duas grandes histórias dessa tradição: a da busca do Graal e a de Tristão e Isolda.

A história de Tristão e Isolda é a história do amor que serve de guia, a história do amor como inspiração divina. A época dos primeiros trovadores, que foram os primeiros a celebrar esse grande tema, foi o século XII: o século dos trovadores. O grande tema foi o do amor cortês, que era, por definição, um amor adúltero.

Nas cortes daquele tempo, o casamento era um arranjo feito entre as famílias, e não uma união por escoiha individual. É o tipo de casamento que predomina até hoje no Oriente, e era o tipo de casamento do mundo antigo. Duas pessoas que nunca se tinham visto antes eram unidas num matrimônio sacramentado pela Igreja, que declara: "Dois corpos, uma só carne." O que na verdade significa: "Duas contas bancárias, uma só conta bancária." Não existe a centelha do amor, embora possa haver uma relação muito cálida, cordial e social, a produção de filhos e tudo mais. O amor entrava nessa situação como um destino, um destino aterrador, porque a reação social era a morte.

No *Tristão* de Gottfried von Strassburg, que Wagner tomou como herói para a sua ópera, há um momento maravilhoso em que Tristão traz Isolda da Irlanda para a Cornualha – ela nascera em Dublin – a fim de casá-la com seu tio, o rei Mark. A mãe de Isolda enviara com eles uma governanta, Brangaene, com o elixir do amor que deveria ser bebido por Isolda e pelo rei Mark. A bordo do navio, entretanto, ela se descuida da guarda do elixir e o jovem par o bebe, julgando que era vinho.

Ora, como não contavam mais que 15 anos de idade, eles não passavam de um casal de crianças e, não tendo a menor ideia do que lhes acontecera, começaram a sentir enjoo. Não sabiam o que estava acontecendo, porém Isolda (aparentemente, as meninas captam essas coisas mais depressa que os meninos) diz: "L'étoile cherche la mer." Ela pronuncia *la mer* como se fosse *l'amour*, uma espécie de intermediário. É o mar? Estamos com enjoo? Será isso o que chamam de amor?

O sentido do amor cortês residia na dor amorosa. A não ser que o sinta entranhado em você, de tal forma que dificilmente consiga suportá-lo, ele não aconteceu. A ideia era sentir; diz Buda que toda vida é sofrimento. É a experiência da dor de estar vivo. Onde estiver sua dor, aí está sua vida. Procure-a, pois.

Quando percebe o que aconteceu, Brangaene se assusta. Dirige-se a Tristão e diz: "Tristão, você bebeu a sua morte." Há então esta bela declaração na versão de Gottfried: "Não sei o que você quer dizer. Se ao falar em morte você tem em mente o meu amor por Isolda, ele é a minha vida. Se ao falar em morte você se refere ao castigo que a sociedade me há de impor, eu o aceito. Se ao falar em morte você se refere à danação eterna, eu a aceito." Eis a experiência individual refutando os valores de todo o sistema. É o que essas pessoas representam. Estamos diante de algo muito sério.

Tendo assim perlustrado o aspecto histórico da questão, passemos ao problema de Tristão, que expressa uma tensão entre a ordem social, que foi importada, implantada e imposta, e a vida individual. Essas coisas não combinam. A palavra provençal *amor*, correspondente a *amour* (do francês e do inglês), lida de trás para diante *é roma*. *Roma* é a Igreja Católica Romana e seus sacramentos, e *amor* é uma experiência individual. Por que tipo de magia se pode colocar Deus no coração de outras pessoas? Não é possível. Ou Ele está ali ou não está, tudo depende da experiência pessoal de cada um. Tal é o sentido da coisa. Consequentemente, quando chegamos ao Graal de Wolfran von Eschenbach, surge o problema de coordenar esses dois aspectos.

O tema do Graal faz reviver aquilo que se conhece como "terra devastada" e que constitui o tema preliminar para o qual a resposta é o Graal. Qual é o sentido da "terra devastada" em termos medievais e nos de T. S. Eliot em seu poema-chave *The Waste Land*? É exatamente esse. É o mundo das pessoas que levam uma vida sem autenticidade, fazendo o que delas se espera. No século XII, as pessoas eram forçadas a professar credos que elas poderiam ou não aceitar; no casamento, tinham de amar pessoas que talvez não tivessem aprendido a amar e deviam se comportar de acordo com os ditames dos cardeais. E, como veremos, quando Parsifal falhar em sua aventura do Graal, isso ocorrerá porque ele fez o que lhe mandaram, e não aquilo que o coração lhe ordenava.

Desejo propor uma explicação para as tradições fantásticas e para os níveis culturais que se foram sobrepondo na Europa, cuja cultura não é a mais recente, e sim a mais antiga do mundo, remontando às cavernas. Lascaux e as outras cavernas datam de 30.000 anos antes de Cristo, e no decorrer dos muitos milênios subsequentes não houve no planeta nada que se lhes assemelhasse. Depois, sobrepondo-se a essa tradição, veio a cultura neolítica, a tradição dos primeiros povos agricultores. Seguiram-se as grandes tradições da Idade do Bronze, as tradições dos guerreiros invasores indo-europeus e, mais tarde, a tradição romana e as tradições cristãs, cada qual se sobrepondo às anteriores. Desejo, pois, apresentar um panorama desse desenvolvimento antes de passar às duas grandes histórias: a de Tristão e a do Graal.

Merlin foi o grande "guru" do mundo arturiano. Em sua mente estava contido todo o padrão da época. No mundo dos cavaleiros arturianos houve dois grandes estágios ou períodos. O primeiro foi o da cristianização, poderíamos dizer, da civilização, da tosca Idade do Bronze, do mundo bárbaro da Europa. Veio em seguida a era da jornada individual, da aventura individual. Mas Merlin é uma figura inteiramente fictícia, associada aos mistérios druidas. É uma espécie de manifestação tardia da tradição druida. Os druidas eram os sacerdotes e guardiões espirituais dos celtas, que chegaram à Europa, vindos da Baváira, em duas etapas, durante os primeiros milênios antes de Cristo. A primeira etapa, conhecida como cultura de Hallstatt, constituiu o que se poderia designar como cultura do "carro de boi": ondas morosas de povos pastores com suas famílias transportadas em carros de bois, movendo-se pelas charnecas europeias e as domesticando. A segunda etapa da invasão, iniciada cerca de 500 anos antes de Cristo, ocorreu durante o período conhecido como cultura de La Tène, centralizada no sul da França e na Suíça. Foi então que os guerreiros apareceram com seus magníficos carros e atingiram as ilhas Britânicas.

Os povos que tinham habitado a Europa antes dessas invasões eram pré-célticos, pré-indo-europeus, e sua tradição remonta, talvez, ao tempo das cavernas. Mas seu período de maior florescimento foi o de Stonehenge. As datas de Stonehenge, construído em três ou quatro etapas diferentes, vão de 1800 a 1400 a.C. Segundo a tradição medieval, foi Merlin quem levou as pedras para Stonehenge.

210

Na Argélia existe um arco desse mesmo período, e todos vocês podem reconhecer este outro, de Micenas. A disposição das vigas perpendiculares e transversais é exatamente idêntica à de Stonehenge. De modo que Stonehenge, ou pelo menos o grande anel de blocos de pedra ali existente, data mais ou menos da mesma época que de Micenas, isto é, de meados do segundo milênio antes de Cristo, que é igualmente o período da Alta Idade do Bronze e das grandes dinastias do Egito imperial. Nesse mesmo período, a Síria foi um importante centro cultural e os comerciantes dali provenientes atravessaram o Mediterrâneo e seguiram pela costa até o ponto onde se localiza Stonehenge.

Existem dois tipos de bronze: um, a liga de cobre e arsênio, e o outro a de cobre e estanho. A liga de estanho era a mais usada e a mais importante; por isso, onde quer que se encontrasse estanho, instalava-se uma povoação de mineradores. Havia uma jazida importantíssima na Transilvânia e outra na Cornualha, onde, a partir do segundo milênio antes de Cristo, se instalou uma mineração.

Em Micenas há um grande morro conhecido como Tesouro de Agamenon, que era, na realidade, um grande monte sepulcral. Se acompanharmos o percurso dos comerciantes através do Mediterrâneo, encontraremos um monte semelhante no sudoeste da Espanha; depois, dirigindo-nos para o norte, chegaremos a Newgrange, sítio de outro monte sepulcral do mesmo tipo, que remonta a 3100 a.C. O que estou procurando salientar é que a região litorânea do sudoeste da Europa estava, talvez desde 3000 a.C., em contato direto com as elevadas culturas do Egito, da Mesopotâmia e da Síria. Tal é o fundamento profundo de nossa história.

Os deuses dos gentios são demônios dos quais, em nome de Deus, precisamos nos libertar. Essa rejeição de todos os seres deste mundo que não sejam nós mesmos é o que está por trás da ferocidade do trabalho missionário dos cristãos durante os séculos III, IV e V na Europa.

Vê-se aqui um mosaico do século XI que mostra Artur, o Rex Artus, no inferno, cavalgando um bode. Os ortodoxos associavam-no à adoração do demônio, e assim o próprio Artur é colocado lá embaixo.

Portanto, a parte da Europa que pertence ao período dos grandes monumentos megalíticos é também o que poderíamos chamar de mundo subterrâneo dos romances arturianos. E, com as grandes cavernas – a de Lascaux e outras – encontradas no sudoeste daquela região, há uma tradição atuando na Europa desde 30.000 anos antes de Cristo, com uma nova e importantíssima inflexão durante o segundo milênio a.C.

Foi então que ocorreu a invasão daqueles conhecidos como povo da acha-d'armas: os arianos, os indo-europeus. E, como guerreiros, eles chegam destruindo tudo e surge a sobreposição de uma sociedade guerreira, pastoril, patriarcal, à sociedade da mãe-deusa, orientada para a terra, agrícola. Eles chegaram à Europa vindos do norte do Mar Negro. Ali se dividiram em inúmeras comunidades especiais, porém aparentadas, e falavam línguas igualmente afins. Trata-se de um princípio histórico que se pode encontrar não somente nessa zona, mas também em outras. O povo oriundo de uma terra árida e relativamente desértica chega como conquistador ao rico vale de um rio. É um povo vigoroso, afeito a uma vida dura. Eles se impõem à área conquistada, mas absorvem a civilização dos vencidos que, por sua vez, absorvem a língua e a mitologia dos conquistadores, e se tem, então, esse casamento, O mesmo estava acontecendo no Oriente Próximo, nessa mesma época, com a chegada dos semitas. Novamente dois grupos: o povo da terra e o povo do deserto, que chega como conquistador.

Os celtas eram apenas um dos grupos dos indo-europeus. O primeiro grupo chegou por volta do ano 1000 a.C., arrastando-se, sobrecarregado com suas famílias e seus rebanhos. E então, na Suíça e no sul da França, surge um novo desenvolvimento, a cultura de La Tène, a cultura das grandes e vigorosas tribos guerreiras.

Esta é a tigela de Gringastip, encontrada na Dinamarca. Começamos aqui a ter alguma noção das divindades daqueles povos. O gamo perde os seus esgalhos e estes tornam a crescer. Todo animal que tenha esse tipo de ciclo é associado ao ciclo cósmico, e aqui o gamo se transforma num animal simbólico importantíssimo. Toda divindade que pode se apresentar como um animal pode também assumir a forma de um ser humano. Numa verdadeira tradição mitológica, a ênfase não é dada à forma do deus, e sim à sua energia. Essa energia pode se apresentar sob a forma de um animal, de um ser humano ou de uma rocha, qualquer forma. Eis a serpente que perde a pele para que ela torne a nascer; eis o chamado torque, que é um colar. O dourado é a cor do sol. A serpente é o animal da lua. Tem-se aqui o torque solar, feito de ouro, e a serpente que se desfaz da pele. A divindade representa a síntese desses dois mundos. É o mesmo tema simbólico do yoga Kundalini, cujos dois nervos, ida e pingalã, representam o lunar e o solar. E este é Cernunnos, uma das divindades célticas.

Resumindo, a velha cultura europeia da Idade do Bronze, à qual se sobrepõem as tradições guerreiras dos celtas, e agora chegam os romanos *(As Guerras Gálicas,* de César, 50 a.C.) e a sobreposição romana.

Este é um monumento do período romano, cuja data provável se situaria entre o século I a.C. e o século II d.C. A figura tem os esgalhos de um gamo: é o mesmo deus visto há pouco. Da cornucópia que ele tem no colo flui inexaurivelmente o alimento. É o Graal, o vaso da inexaurível vitalidade. O Graal é aquela fonte no centro do universo de onde jorram, para o mundo do tempo, as energias da eternidade. É a mesma energia que está no coração de cada um de nós. Da cornucópia sai o cereal que alimenta um gamo e um touro. O gamo é o animal selvagem; o touro, o animal doméstico, símbolo da vida lunar. São duas divindades romanas, Apolo e Mercúrio. No sexto capítulo de suas *Guerras Gálicas,* César descreve os deuses dos celtas, atribuindo-lhes, porém, nomes romanos. É admirável:

os romanos, e antes deles os gregos, foram capazes de compreender que as divindades dos outros povos eram as mesmas que eles adoravam porque constituem personificações das energias que criam e mantêm o universo. César podia, portanto, dizer a um gaulês: "Aquele a quem chamais de Cernunnos, nós chamamos de Plutão." Quando chegou à Índia em 327 a.C., Alexandre Magno reconheceu em Krishna um complemento de Héracles e em Indra, o de Zeus. Não houve ali, pois, uma tentativa de conversão, mas sim um maravilhoso reconhecimento. Mas se poderia objetar: "Aquele a quem chamais de Ashur, nós chamamos de Iavé." Por quê? Porque para as tribos célticas o povo do deserto, as divindades principais, eram os deuses tribais, os patronos de suas tribos, enquanto os deuses da natureza eram secundários ou inexistentes. Sucede, porém, que nas tradições grega e romana as divindades principais eram aquelas que sustentavam o universo, sendo o patrono tribal uma divindade secundária, a guardiã e conselheira casual de uma determinada raça. Essas duas perspectivas mitológicas são inteiramente opostas. Uma é exclusiva, a outra constitui o que qualificamos de sincrética. Com os romanos, portanto, começa a haver uma combinação das divindades clássicas e célticas, todas elas provenientes do mesmo tronco indo-europeu da Idade do Bronze. Há uma coordenação admirável.

O Império Romano era vasto e incluía todo o mundo do Oriente Próximo, o norte da África e a Europa. Alexandre chegara à Índia. O rei Açoka, o grande monarca budista do século III a.C., enviara missionários budistas a Chipre, à Macedônia e a Alexandria, de modo que o hinduísmo e o gnosticismo do budismo também atuavam no Império Romano, fundamentando aqueles símbolos, e esse povo sabia disso. O exército romano arregimentara um grande número de persas e os enviara à Bretanha para defender as fronteiras. O Danúbio era outra fronteira, e os exércitos romanos ali sediados incluíam muitos soldados vindos do Oriente. E então, durante o século V, os hunos originários da Ásia e comandados por Átila chegaram, arrasando tudo: atacaram os ostrogodos, que se lançaram sobre os visigodos, que por sua vez investiram contra os sármatas. As linhas romanas não puderam resistir. Roma caiu.

Vejamos agora um testemunho desse período, encontrado nos Pireneus e que constituiu uma enorme surpresa. Perto de Lourdes, a oeste, há uma pequena localidade chamada St. Pé, onde foi descoberto este monumento datado do século I d.C. Nele está escrito: "Lexiia, a filha de Odan, alcançou merecimento graças a seus votos a Artehe." Isso demonstra que, desde o período da Europa romana, Artur, Artehe, era reverenciado como deus. É um deus de origem céltica, e o lugar onde o vemos cultuado fica nos Pireneus. O nome Artus, Artur, está relacionado a Artemis, Arcturus, e todos estão ligados à divindade, o urso. Este animal é a divindade cultual mais antiga do mundo. E nessa parte do mundo existem santuários a ela dedicados que remontam aos tempos de Neandertal, talvez 100.000 anos antes de Cristo.

Falamos, aqui, do Império Romano até o século IV. Surge então Constantino, que o converte em império cristão. Como ficou dito, ao longo do Danúbio estacionavam soldados persas, e o mito persa daquela época era o de Mitra. Nesse mito, o grande sacrifício era o da morte de um touro, o touro cósmico original que libera para o mundo as energias da vida. É o sacrifício de um recipiente de energia para que esta se liberte. O contraste entre as religiões de Mitra e a cristã, contemporâneas e rivais no tocante ao predomínio sobre o espírito romano, estava no fato de que, na tradição cristã, o morto é o salvador, ao passo que na de Mitra o salvador é aquele que mata. Na realidade, o que é morto e aquele que mata constituem um mesmo poder.

Eis por que a tradição cristã foi injusta para com Judas. Foi ele o agente de nossa salvação. O negativo e o positivo são dois aspectos da atuação de um poder único no campo do tempo. Segundo os Evangelhos, durante a Última Ceia Jesus disse: "Aquele a quem eu entregar o pedaço de pão me há de trair." Em seguida mergulha um pedaço de pão no vinho e o estende para Judas. Não significa isso uma incumbência? Dentre os doze apóstolos, coube a Judas desempenhar o papel contrário no sacrifício.

Depois de Constantino, na segunda metade do século IV, vem Teodósio; este declara que "nenhuma religião existirá no Império Romano a não ser a cristã, porém a do trono bizantino". Começa então o êxodo para o Oriente de artistas romanos, sírios e outros, provocando um grande florescimento das artes persa e indiana e o completo colapso da arte europeia. Isso ocorreu nos séculos IV e V. Quando foi que a Europa se recuperou? No período a que nos estamos referindo, e a história foi bem outra. Um mapa que apresente a extensão do Império Cristão – a cristianização da Europa – inclui a Inglaterra e especificamente a Irlanda, convertida por São Patrício no século V. E o que acontece? Ao longo do Danúbio vivem as tribos germânicas. Há o colapso de Roma. Ocorrem as invasões. E vem agora a invasão que nos interessa. Os romanos foram obrigados a sair da Inglaterra por volta do ano 450 d.C,. a fim de reduzirem suas frentes. Não poderiam resistir. Com isso a Inglaterra ficou desguarnecida, como uma ostra privada da concha. Não havia defesa. Foi então que os anglo-saxões (os dinamarqueses, os frísios, povos da Dinamarca e da Alemanha) chegaram em levas.

É o período do guerreiro Artur. O deus primitivo estava nos confins dos Pireneus. Chegamos, pois, aos séculos IV e V d.C. na Bretanha, onde vive um homem chamado Artur, que luta pelos bretões, vale dizer, pelo povo celta, contra o inglês invasor. Esse Artur específico não era rei. Os cronistas da época, Gildas (m. 570) e Nenniu (fl. ca. 800), referem-se a ele como a um *dux bellorum*, um chefe de guerra. Era um militar, um lutador nato, treinado pelos romanos, e prestava assistência aos reis britânicos em suas batalhas. São-lhe atribuídas, dois ou três séculos depois de sua morte, grandes vitórias em doze batalhas. Doze? Aí está o Zodíaco. Temos um Rei Solar. Ele já está sendo identificado com os deuses. Assim, nas conversas do povo, esse Artus Dux Bellorum passa a ser sintetizado com a imagem divina.

Os bretões são derrotados. Os ingleses vencem, mas apenas na área que tinha sido dominada pelos romanos. Não chegam à Cornualha. Não conquistam Gales. Não alcançam a Escócia. A antiga tradição céltica sobrevive, portanto, na Irlanda, em Gales e na Escócia. Para mim, esta seria a matriz céltica. Todos os tipos de histórias célticas sobrevivem ali.

O povo do sul da Inglaterra, os bretões, imigrou para a Bretanha e entre eles desenvolveu-se uma lenda. Artur era o grande defensor. Ele há de voltar. Virá devolver-nos a nossa terra natal. Essa crença é conhecida como Esperança dos Bretões, e é da Bretanha que vem grande parte do fabulário arturiano, revivescido na tradição oral pelo material proveniente da Irlanda e de Gales, razão pela qual existe um vasto conteúdo céltico associado a essas histórias.

Enquanto isso, que estava acontecendo? No século VII surgiu um novo problema: o aparecimento do Islã. Os cristãos tinham estado a discutir a relação do Filho com o Pai, do Espírito Santo com o Pai e o Filho e outras questões similares. Chega então Maomé, que diz: "O único Deus é Alá, e Maomé é seu profeta." Que alívio! Tendo aniquilado todas as discussões filosóficas e teológicas com uma única afirmação: "O único Deus é Alá", o Islã espalhou-se rapidamente por grande parte do antigo Império Romano e, em um século, os mouros tinham penetrado na Espanha e estavam às portas da Índia.

Então, em 800 d.C., Carlos Magno unificou a Europa num Império cristão; quando lemos, entretanto, a história desse continente, perguntamo-nos como foi que a Europa subsistiu. Houve as invasões germânicas, depois os muçulmanos varreram o sul da Europa, e agora os escandinavos, os *vikings*, navegando pelos rios europeus, incendiando cidades. Foi durante esse período, os séculos VIII, IX e X, que entre as litanias se incluía a prece: "Livrai–nos, Senhor, da fúria dos normandos." Era um povo feroz que inspirava deliberadamente o terror. O mundo cristão em perigo suportou esse estado de coisas durante 300 anos e esteve a pique de soçobrar.

A Irlanda, que não fora invadida pelos povos germânicos, representou uma espécie de refúgio para as antigas tradições cristãs. Não obstante, durante o século IX, torres de abrigo foram construídas em toda o país. Na região noroeste existe uma cruz de pedra do século X. Num de seus lados vê–se um desenho simbólico que lembra os Chakras 4, 5, 6 e 7 da Kundalini e as duas serpentes de idã e pingalã. Assim, subjacentemente à tradição de que estamos falando, estão essas tradições esotéricas.

O império de Carlos Magno subsiste à tormenta e depois é dividido entre seus três filhos. Um deles recebe a parte conhecida hoje como França. O segundo recebe a Alemanha e o terceiro, a Alsácia-Lorena, que desde então tem pertencido ora à França, ora à Alemanha.

Começa, então, a ocorrer um fato interessante: a evolução das línguas modernas: o francês, a partir do latim, e o alemão, originário do germânico antigo. Ao contrário do latim, no qual o sujeito vinha implícito no verbo – *amo,* eu amo; *amas,* tu amas, etc., ele agora se separa do verbo. Mais uma vez, enfatiza-se o indivíduo: *ich liebe,* eu amo.

Em 1066 há uma nova conquista das ilhas Britânicas, empreendida dessa vez por Guilherme, o Conquistador. Em 1097, o papa Urbano prega a primeira Cruzada e a Europa interrompe as lutas regionais para unir-se numa causa comum: a ida ao Oriente Próximo para libertar, do domínio muçulmano, os santuários da Terra Santa. Assim, durante os séculos XI e XII, todo rapaz era obrigado a levar a vida de um guerreiro, de um cavaleiro, de um lutador. E quando a profissão é a guerra, os divertimentos são os jogos bélicos. Daí decorre toda a tradição de justas e torneios: tendo suas damas como público, os jovens se exibiam, derrubavam uns aos outros dos cavalos, cada qual combatendo por sua dama, cujo lenço ostentavam em seus elmos.

É conhecida a bela história de Ginevra, ou Guinevere, e de Lancelot, seu amante. Com o fito de mostrar o seu poder, ela faz com que ele participe do torneio como um tolo. "Perca, não ganhe", diz ela. "Faça com que o derrubem do cavalo até eu lhe fazer um sinal, e então lute." E assim Lancelot, um cavaleiro que sempre obedecia aos desejos de sua senhora, entra no torneio, é derrubado e em seguida, a um sinal de Guinevere, derrota o adversário.

Tal é o plano de fundo de Tristão e do Graal. Encontramos essa grande informação esotérica nas imagens, juntamente com o que parece ser tão-somente um desempenho lúdico superficial.

12

Um coração nobre: o amor cortês de Tristão e Isolda

Godofredo de Monmouth, em sua *História dos Reis da Bretanha*, é quem nos fornece o primeiro relato de Artur como rei. Sabe-se hoje, graças às Crônicas, que ele não foi rei, e sim um *dux bellorum*, um chefe guerreiro que ajudou os reis britânicos a defenderem a terra contra os invasores anglo-saxões e jutos. Depois que ele morreu, a terra foi conquistada, pelo menos a parte hoje conhecida como Inglaterra. As terras célticas e o antigo povo celta não foram dominados: escoceses, galeses, cómicos, irlandeses, assim como a população da ilha de Man. Poder-se-ia dizer que esse é o tesouro das antigas tradições célticas. É daí e da Bretanha que vem esse material.

Tem-se, então, a conquista dos ingleses, que haviam conquistado os celtas. A conquista dos ingleses em 1066, única data reconhecida pela maioria das pessoas, por Guilherme, o Conquistador, traz para a Bretanha os franceses do Norte, os normandos.

A situação assemelhava-se muito à de um *campus* universitário. Os calouros tinham sido perseguidos pelos veteranos. Os celtas tinham sido perseguidos pelos ingleses. No ano seguinte, eles passam de ano. Segue-se outra classe de calouros; os calouros anteriores são agora os veteranos, e cabe-lhes perseguir os recém-chegados. Mas essa classe de veteranos foi anteriormente a classe de calouros, que foi perseguida por veteranos, que estão agora no terceiro ano. Existe, assim, uma espécie de camaradagem, de solidariedade entre os terceiranistas e os calouros, contra os veteranos atuais. Consequentemente, os celtas (os terceiranistas) e os normandos (os calouros) se contrapõem aos ingleses (os veteranos).

Os ingleses foram mandados para os chiqueiros e ninguém falava inglês na Inglaterra. Todos falavam o francês normando. Até hoje usam-se palavras francesas para designar a carne servida às mesas e palavras inglesas para a carne nos açougues. *Swine*, no açougue; *pork*, à mesa, calves (bezerros), no açougue; vitela, à mesa.

Os normandos não tinham televisão; que faziam, então, para passar o tempo? Bem, eles gostavam de ouvir histórias, e as velhas narrativas célticas constituem algumas das melhores histórias no mundo. Assim toda a tradição da literatura oral bárdica que se desenvolveu – "A Esperança dos Bretões", etc. –, era repetida pelos bardos nas cortes normandas.

Foi então que surgiu a grande dama da Idade Média, Alienora da Aquitânia. Alienora foi esposa de dois grandes reis. Casada com Luís VII de França, ela o acompanhou nas Cruzadas e voltou completamente enfarada do marido. Uma bela manhã, ele acorda e descobre que Alienora tinha ido se com o futuro rei da Inglaterra, Henrique II. É, portanto, a esposa de dois reis, mãe do rei Ricardo Coração de Leão e do rei João, e avó de todas as cabeças coroadas da Europa da geração seguinte. Ela foi tudo isso. Sua época correspondeu exatamente à dos romances do Graal.

Mas de onde veio Alienora da Aquitânia? Veio do sul da França. Traz, portanto, o sul da França para o trono inglês e é herdeira das tradições de toda a Europa. Seu avô, Guilherme de Poitiers, foi o primeiro trovador. A tradição arturiana, levada pelos bardos, chega ao continente. Mas o continente não está interessado em Artur, e sim em seus cavaleiros, nas histórias dos heróis celtas transformados em cavaleiros cristãos revestidos de armaduras. Entretanto, as histórias entram no campo do amor cortês. Alienora, sua neta Branca de Castela e sua filha Maria de Champagne foram as grandes damas daquela época. Foram elas as incentivadoras da temática do amor cortês.

E, como já disse anteriormente, o amor cortês estava ligado ao amor, e não ao casamento. Toda a tradição trovadoresca está ligada ao amor, e é nessa época que tem início a nossa tradição psicológica. Qual é a psicologia do amor? Que acontece quando ele entra em cena? Os trovadores discordavam quanto à definição do amor. Uma das formulações mais felizes foi a do trovador Girault de Bornelh: "Os olhos são os batedores do coração. Eles vão na frente para encontrar uma imagem que possam recomendar ao coração. E, tendo-a encontrado, se esse coração (e aí vem a palavra-chave) for um coração cavalheiresco (ou seja, um coração capaz não somente de luxúria, mas também de amor, duas coisas inteiramente distintas), nasce então o amor. Isto era uma novidade."

Quando se fala sobre o amor do alto de um púlpito, percebe-se que existem dois tipos de amor, nenhum deles pessoal. O primeiro é a luxúria, que eu defino como a paixão das partes uma pela outra. É completamente impessoal. O outro tipo de amor é o amor espiritual, o amor cristão, que determina "ama ao teu próximo como a ti mesmo", seja ele quem for. É igualmente impessoal. Chega agora à Europa, a experiência pessoal: "Os olhos vão na frente para encontrar uma imagem que possam recomendar ao coração." Não se trata de um coração lascivo, mas sim de um coração que sabe como corresponder a uma imagem. É a salvação: deleitar-se no divino que se manifesta numa pessoa. Quando o coração está inteiramente tomado por essa imagem do amor, nada mais importa; e na tradição cavalheiresca nada mais importava. *Amour*. E qual é o maior perigo? A honra. Por isso encontramos nessas tradições medievais o conflito entre a honra e o amor. O sacrifício supremo para um coração nobre é o da honra pelo amor. Tal é, pois, o tema com que aqui nos defrontamos.

Existe um sem-número de belíssimas lendas ligadas aos trovadores. Há um volume inteiro do século XII sobre as vidas dos trovadores e as loucuras que eles cometiam para conquistar a estima de uma mulher. Um deles se apaixonou por uma dama cujo nome significava lobo. Vestiu-se com a pele de um lobo e fingiu atacar um rebanho de ovelhas. Naturalmente, os cães pastores investiram contra ele e o deixaram em péssimo estado: ele foi levado ao castelo da mulher amada para ser tratado, por ela e pelo marido. Outro comprou o manto de um leproso, decepou dois dedos e se sentou entre os leprosos. Ao sair de seu castelo, a senhora exclama: "Céus! Aquele é Gérard!" E assim ele lhe conquista a estima. Essas histórias trovadorescas são maravilhosas.

Existiam também os tribunais do amor, nos quais as damas serviam de juízes. Houve, por exemplo, o famoso caso do cavalheiro que se ofereceu como amante a uma dama, ao que ela respondeu: "Não, eu já tenho um amante. Mas, se eu o despedir ou o perder, você será o primeiro da lista." Bem, o marido dela morreu, ela se casou com o amante e lá veio o candidato dizendo: "Aqui estou eu." E ela: "Ainda não, eu me casei com meu amante." Ele retrucou: "Bem, você sabe que não existe amor no casamento." Ele levou o caso ao tribunal, que declarou haver contradição nos termos do amor no casamento, continuando ele como o primeiro da lista. No mundo medieval havia, pois, essa tensão entre as duas tradições.

A língua mais importante em que se celebrava o amor cortês era o provençal, ou *langue d'oc*, a língua falada no sul da França. Passei um ano inteiro estudando a *langue d'oc* na Universidade de Paris; foi extremamente aborrecido. O interesse, porém, é formal; trata-se, por exemplo, de encaixar o nome da dama no poema sem que o marido o perceba. Por isso, essa maneira velada de se dirigir à dama suscitou inúmeras complexidades no virtuosismo poético.

No amor cortês, era importante que a dama se certificasse de que seu pretendente fosse um homem de coração nobre, e não apenas um rapaz lascivo. Vem daí toda essa tradição de adiamentos, provas e julgamentos. Se o candidato for hábil no manejo da espada e da lança, ele será incumbido de guardar uma ponte. Na Idade Média, o tráfego era consideravelmente dificultado pelos jovens que montavam guarda e não permitiam a passagem de ninguém. Mas se ele for mais capaz de manejar a pena que a espada, ser-lhe-á ordenado que escreva poemas e coisas do gênero. Tendo-se certificado de que o coração do jovem é o cortês, e não o lascivo, a dama poderá conceder-lhe o que é designado como *merci*. É um termo técnico. A *merci* e o grau de *merci* (recompensa) concedidos dependem da opinião da dama a respeito do seu apaixonado. Pode ser o privilégio de beijar-lhe a nuca uma vez em cada semana de Pentecostes, ou pode ir muito além. A dama que aceita as provas de devoção sem expressar finalmente, num momento qualquer, nem *merci* nem rejeição, é *sauvage*, selvagem. Há uma narrativa medieval que fala de uma mulher *sauvage* cujo pretendente, desejoso de demonstrar seu valor numa batalha, se arrisca de maneira tão insensata que é morto. Só então ela compreende.

Surgem assim no continente os romances arturianos, as histórias de cavaleiros. O primeiro autor de tais romances foi Chrétien de Troyes, o poeta da corte de Maria de Champagne. Chrétien começou a escrever no final do século XII – 1160 a 1190 são as datas principais. Costumava-se pensar que ele inventava as histórias, mas hoje se sabe que não. Ele foi o primeiro a registrar as narrativas dos bardos celtas. Sua primeira obra, hoje perdida, foi o *Tristão*, que deve datar de 1160, aproximadamente. Sucedeu-lhe toda uma enxurrada de Tristões. O de Thomas da Bretanha é importante, mas o maior de todos, o que foi utilizado por Wagner, é o de Gottfried von Strassburg, que data mais ou menos de 1210, meio século depois do de Chrétien.

Nem todas as damas da corte se agradavam de *Tristão*. Um casalzinho bebe uma poção, fica imediatamente possuído pelo amor e vai para a floresta. Portanto, esse amor ardente ocorre numa floresta. Nada disso: o amor deve se desenvolver na corte.

A segunda obra de Chrétien – percebe-se que ele escrevia para Maria – foi *Érec*. É a bela história de um jovem cavaleiro de grande reputação que um dia se apaixona. É um tema tão moderno quanto antigo. Sua carreira é destruída pela dedicação ao objeto de seu amor. Honra ou amor, eis o tema. A honra fica arruinada. Ele já não vence as batalhas e, quando se dá conta disso, passa a rejeitá-la. É o que acontece normalmente hoje em dia: as pessoas casam-se aos 20 anos e se divorciam aos 28, para se refazerem. Ele então a põe de lado e se dispõe a lutar para recuperar a reputação. Ela corre atrás dele (está presente o tempo todo) até que finalmente sua lealdade, mesmo rejeitada, resolve todo o problema.

A obra seguinte de Chrétien é *Cligès*, uma estranha história. Contavam-se naquele tempo muitas histórias vindas do Oriente, e em *Cligès* encontram-se muitos elementos orientais. Alguns eruditos que a consideram uma história moral veem como imorais outras nas quais se fala em adultério.

Esta é uma história moral. A dama não concederá *merci* ao seu apaixonado, porque é casada, nem cometerá adultério; eles provocam a morte do marido e assim ela pode ter o seu amante. É uma história moral, porém de um tipo que não terá muito sucesso na Idade Média. Ninguém lhe deu prosseguimento.

Vem agora a grande obra de Chrétien, o seu *Lancelot*. Lancelot era o maior dentre os cavaleiros de Artur; apaixonou-se por Guinevere e passou por todas as provas. Tornou-se *le fou*, o que está absolutamente louco de amor, e os dois se sentem completamente arrebatados por uma paixão abrasadora. Bem, ela acaba sendo raptada. As mulheres da Idade Média, assim como as da antiga tradição grega, tinham o hábito de ser raptadas e depois salvas. Helena de Troia foi raptada várias vezes. A Guerra de Troia foi travada com o fito de trazê-la de volta para seu marido Menelau.

Bem, Guinevere foi novamente raptada, dessa vez pelo senhor de um castelo, que equivale ao mundo subterrâneo. Artur não a vai buscar;

quem o faz é Lancelot. E vai com tanta pressa que utiliza dois cavalos, que morrem sucessivamente. Depois de perder dois cavalos, não se dispondo de outro e tendo de andar metido numa armadura, não se pode ir longe muito depressa. Ei-lo avançando laboriosamente, até se deparar com uma carroça conduzida por um labrego, um camponês: a carroça conduz algumas pessoas que estão sendo levadas para a forca ou outro castigo qualquer. E ele pensa: "Se eu estivesse naquela carroça, poderia socorrer Guinevere com mais rapidez. Mas nesse caso eu estaria desonrando minha armadura e meu papel de cavaleiro", de modo que dá três passos vacilantes antes de subir na carroça. Mas acaba subindo, e tem início uma aventura.

Essa aventura inclui dois julgamentos, um dos quais é o meu preferido dentre os julgamentos da Idade Média: é o Julgamento da Cama Perigosa. Alguns cavaleiros têm de passar pela experiência da Cama Perigosa. Entra-se num quarto absolutamente vazio, em cujo centro há uma cama provida de rodas. O cavaleiro entra, revestido com toda a armadura – espada, lança, escudo, toda aquela pesada parafernália – e vai se meter na cama. Quando se aproxima, a cama desliza para um lado. Ele tenta de novo, mas ela desliza para o outro lado. O cavaleiro pensa, enfim: "O melhor é pular." Assim, com todo aquele equipamento, ele pula e logo que cai na cama esta começa a espinotear pelo quarto como um cavalo selvagem, chocando-se contra as paredes e tudo o mais, e finalmente para. Dizem-lhe então: "Ainda não acabou. Conserve sua armadura e mantenha o escudo sobre a cabeça." E chovem sobre ele flechas e dardos disparados por bestas – pum, pum, pum, pum. Aparece depois um leão que ataca o cavaleiro, mas este corta as patas do animal e os dois terminam caídos numa poça de sangue.

Então, as damas do castelo, que deve ser desencantado graças a essa grande façanha, chegam e veem seu cavaleiro, seu salvador, jazendo ali como morto. Uma delas arranca um pedaço de pele das vestes, aproxima-a do nariz do cavaleiro e a pele freme ligeiramente: ele respira, está vivo. Elas tratam dele para que recupere a saúde e o castelo é desencantado. Lancelot passou pela prova.

Falando sobre esses assuntos, meu grande amigo Heinrich Zimmer perguntou certa vez: "Qual o significado de um julgamento como esse?" É a pergunta que deve ser feita quando se vai interpretar os símbolos. Cumpre descobrir o significado de coisas desse tipo. A resposta que ele deu, e que provavelmente seja correta, é a de ser esta a experiência masculina do temperamento feminino: não faz muito sentido, mas é assim. É o que acontece sempre. E ele acrescentou: "A prova consiste em resistir." Seja paciente e não tente esclarecer nada. Limite-se a resistir, e hão de ser suas todas as dádivas do belo sexo.

A prova seguinte à qual nosso amigo Lancelot foi submetido é a da chamada Ponte da Espada. Trata-se de uma ponte, formada por uma espada, sobre uma torrente atroadora. Lancelot tinha de passar com as mãos e os pés nus sobre o aguçado fio da espada. Vocês conhecem o romance de Somerset Maugham, *O Fio da Navalha*? É um tema extraído do Upanishad Kana. "Viajar ao longo de seu próprio caminho é como viajar sobre o fio de uma navalha." De fato: ninguém o havia empreendido antes.

E, particularmente se o que se está perseguindo for a própria felicidade, a própria paixão, é tão fácil oscilar e cair na torrente da paixão que nos leva de roldão! Há aqui uma verdadeira lição. Tendo, pois, sobrevivido à Cama Perigosa e em seguida à Ponte da Espada, Lancelot desencantou o castelo onde Guinevere estava aprisionada. Ele se aproxima para receber-lhe a boa acolhida e a gratidão. Mas ela se mostra fria como gelo. Por quê? Porque ele dera três passos vacilantes antes de subir naquela carroça. Como ela sabia? Ela é a deusa: as mulheres sabem dessas coisas. Eis aí a bela história de Lancelot, a obra-prima de Chrétien de Troyes.

Sua história seguinte, *Yvain*, da qual existe também uma versão em língua galesa, é conhecida como a da Dama da Fonte. Não contarei a história toda, limitando-me a um breve resumo. Um cavaleiro vai à corte de Artur e fala de uma aventura na qual fracassara. Havia um castelo, uma árvore, uma nascente embaixo da árvore, uma pedra ao lado da nascente e uma concha pendurada à árvore; a aventura consistia em despejar água da nascente sobre a pedra; nesse momento ergueu-se uma terrível tempestade, todas as folhas e passarinhos foram soprados da árvore, e eis que saiu do castelo o violento Cavaleiro Negro, o cavaleiro do trovão, que entrou em luta com aquele que havia despejado a água e o derrotou. Ao ouvir essa história, *sir* Yvain declara que tentará a aventura. E assim o faz. Quando o cavaleiro sai do castelo, Yvain atravessa-lhe o corpo com a lança. O cavaleiro moribundo se vira e, ainda cavalgando, galopa para dentro do castelo. Yvain o segue, mas se vê preso com seu cavalo entre as portas levadiças, os pesados portões do castelo que haviam sido baixados.

Uma linda jovem do castelo, criada da rainha, o vê naquela situação e pensa: "É um belo cavaleiro. Deveria casar-se com a minha senhora, que acaba de perder o marido." É a história de *O Ramo Dourado*, contada por Frazer, na qual aquele que mata o sacerdote se torna sacerdote da rainha. É a reminiscência de um tema mitológico muito antigo.

Yvain torna-se esposo da rainha e se esquece da corte de Artur. Sabemos como são essas coisas: você encontra a sua felicidade, porém esta o afasta do mundo dos deveres. Ei-lo, portanto, com ela, e os cavaleiros de Artur vêm e despejam água sobre a pedra. É preciso que ele saia, como o Cavaleiro do Trovão, e trave uma luta com Gawain. Nenhum dos dois pode derrotar o outro, nem sabe quem é esse outro. Eles então tiram os elmos e Gawain exclama: "Ah, é você, Yvain! Volte para a corte." Ele acompanha os cavaleiros, volta para a corte e se esquece da dama.

Temos aí um problema espiritual básico: a ruptura entre dois mundos. A dama lhe envia um mensageiro e diz: "Você me perdeu." Yvain aventura-se a voltar para ela. A história toda se refere à dificuldade em recuperar a relação com nosso verdadeiro ser e trazê-lo à corte. É o problema fundamental da vida. E aí o temos nessa história.

Recapitulemos: Chrétien escreveu uma história de Tristão que se perdeu, e depois *Erec, Cligès, Lancelot, Yvain* e, finalmente, *Perceval*, que é narrativa do Graal. Porém, antes de falar de Parsifal, desejo repetir a história de Tristão e chamar a atenção para seus pontos principais.

Houve seis ou oito Tristãos na Idade Média. O mais importante é o de Gottfried von Strassburg, que morreu antes de terminar a narrativa, o que nos obriga a nos reportar à história em que ele se inspirava. O que caracteriza a narração medieval é o fato de o narrador não inventar a história: ele a desenvolve. Toma uma história tradicional e a interpreta; confere-lhe uma nova profundidade e significado em termos das condições particulares de sua época. A história de Tristão é a de um jovem cujos pais morreram. O herói épico típico é órfão ou filho de uma viúva. O irmão da mãe de Tristão é o rei Marcos da Cornualha. Tristão nasceu na Bretanha. Têm-se, aqui, portanto, a Bretanha e a Cornualha, todo o mundo céltico. Tristão vai para o castelo do tio e chega justamente quando ali aporta Morold, um emissário da corte de Dublin. O rei da Irlanda derrotara o rei da Cornualha e exigia que a cada quatro ou cinco anos lhe fossem enviados rapazes e moças para servirem na corte irlandesa. Essa história se baseia na lenda cretense de Teseu e do Minotauro. Morold tinha ido buscar os jovens e as donzelas.

Isolt, a rainha da Irlanda, é a mãe de Isolda. Ela havia preparado um veneno e o colocara na espada de Morold. Tristão diz ao tio: "Deixe-me enfrentar esse sujeito." O tio retruca: "É muito perigoso." Mas Tristão insiste: "Não, é a única maneira." Prepara-se então uma justa, uma luta de campeões entre Morold e Tristão.

Tristão cavalga de encontro a Morold, cuja espada o fere no joelho; o veneno é injetado e ele fica como que morto, mas reage, golpeando com a espada a cabeça de Morold e arrebentando-lhe o elmo; um pedaço da espada de Tristão fica preso no crânio de Morold.

Quando o corpo deste é reconduzido à Irlanda, sua sobrinha Isolda, que amava o tio, arranca-lhe da cabeça o pedaço da espada de Tristão e o guarda em seu escrínio, como lembrança do tio.

Enquanto isso, Tristão adoece gravemente. O ferimento inflama e fica gangrenado. Ele pede ao tio: "Coloque-me num barquinho com minha harpa e ele me levará até a fonte deste veneno." De fato, por artes mágicas, o barco o leva à baía de Dublin. O povo ouve aquela linda música – era um rapaz prodigioso – e o leva à rainha Isolt para que ela o cure. Tendo Tristão se disfarçado e declarado se chamar Tantrist, Isolt não o reconhece nem percebe que é o veneno dela que o está matando, e o cura.

Quando a ferida se cicatriza a ponto de se poder tolerar o mau cheiro exalado pelo rapaz, ela convida a filha, Isolda, para vir ouvi-lo tocar harpa. Ele o faz maravilhosamente e os dois logo se apaixonam, sem se darem conta disso. Tal é o conteúdo da história de Gottfried. Eles estão loucamente apaixonados, mas não o sabem. Tristão toca a harpa melhor do que nunca e se torna professor de Isolda.

Essa história teve como modelo a de Abelardo e Heloísa, que data de 1116, um século antes. Abelardo era professor de Heloísa e a seduzira.

Logo que se vê curado, aquele tolo volta para a Cornualha e diz: "Ah, tio Marcos, conheci uma moça maravilhosa. É a esposa que lhe convém." Refere-se a ela com tamanho entusiasmo que o tio e os barões dizem: "Bem, por que você não a vai buscar?" De modo que Tristão, novamente sob o nome de Tantrist, volta a fim de buscar Isolda para seu tio Marcos.

Estão vendo o problema do amor cortês? Tristão apaixonara-se. O tio nunca vira Isolda. O csamento de Marcos e Isolda é uma violência medieval típica. Nele não está envolvido o amor. Assim, do ponto de vista do amor cortês, Marcos está desqualificado. É simplesmente o homem tecnicamente qualificado como *jaloux*, o enciumado, o marido.

Tristão vai buscar Isolda. Acontece, porém, que um grande dragão começara a perturbar o país e o rei dissera: "Aquele que matar esse dragão poderá ter Isolda como esposa." Aí está novamente o velho e típico tema medieval. O tema do dragão é pouco habitual, mas não nas histórias. Havia, entretanto, um jovem senescal ou cortesão que cobiçava Isolda, mas não tinha coragem de ir matar o dragão. Mas ele não se afasta. Como ninguém se dispõe a ir matar o dragão, ele permanece ali por perto. Talvez possa vir a se apresentar como candidato. E assim Tristão parte para enfrentar o dragão.

Mas Gottfried era um clérigo, ura sacerdote de nível inferior; não era nobre nem guerreiro, e descreve a morte do dragão de maneira muito engraçada: com uma mordida o dragão corta metade do cavalo, coisas assim. Seja como for, Tristão mata o dragão com sua lança; o dragão expira e, para fazer valer seu direito, Tristão corta-lhe a língua e a coloca embaixo da camisa. É a pior coisa que se pode fazer com uma língua de dragão, pois ela é venenosa.

Lá se vai Tristão caminhando com a língua do dragão dentro da camisa, mas ela o ataca de surpresa e ele cai numa lagoa. Lá está ele debaixo d'água, só com o nariz de fora. Enquanto isso, o outro camarada corta a cabeça do dragão e faz valer o direito à Isolda.

Isolda e a mãe estavam passeando e, ao passar pela lagoa, olharam para baixo. "Veja só! Lá está um nariz, e por baixo dele há um homem!" Tiram Tristão da água e, como a rainha Isolt estava habituada a curar as pessoas, levam-no para casa a fim de cuidar dele. Com ele estão a espada e a armadura.

Tristão não demora a sarar e um belo dia, quando estava no banho, Isolda se põe a brincar com a armadura. Tira a espada da bainha e... surpresa! Falta um pedacinho da lâmina. Ela corre ao escrínio e pega o pedaço de espada extraído da cabeça do tio Morold. O pedaço da espada se ajusta. Segurando a espada, ela se dirige a Tristão, que continua no banho, e se prepara para feri-lo. Mas ele diz: "Espere. Se você me matar, aquele outro sujeito a conquista." Como a espada estava começando a ficar pesada, ela se contém.

Quando, finalmente, Tristão se recobra, começa a bela história da entrega de Isolda ao matador do dragão. Chega o bobalhão carregando a cabeça do dragão e Tristão diz: "Vamos abrir-lhe a boca para ver o que há lá dentro. Não há nenhuma língua. Onde está ela? Bem, aqui está!"

E assim Tristão obtém a moça, mas, em vez de ficar com ela, dispõe-se a conduzi-la ao rei Marcos. Pode-se ver como ele era tolo. Como tem apenas 15 anos, não sabe o que realmente lhe aconteceu.

A mãe de Isolda prepara, então, uma poção do amor, mas aí existe um segredo. O veneno e a poção do amor são essencialmente uma mesma poção – a dor do amor, a doença que leva à morte e que nenhum médico consegue curar, e tudo o mais.

E assim a mulher que o trouxera até ali, envenenando-o, está agora preparando a poção do amor, que irá constituir a culminância de todo esse caso. Vem depois a sequência que já foi narrada: Brangaene, a pequena ama de Isolda, recebe instruções para acompanhá-los, guardar a poção e oferecê-la a Marcos e Isolda quando eles se casarem; porém, no barco que os leva à Cornualha, ela se descuida e Tristão e Isolda bebem a poção.

Surge agora um problema de ordem teológica. Se a poção do amor compele a pessoa a amar, o amor de Tristão e Isolda, embora adúltero, não é um pecado mortal. Para cometer esse tipo de pecado, é preciso que se trate de uma falta grave, que haja reflexão suficiente e pleno consentimento da vontade. Se ele foi praticado por artes da magia, não houve consentimento da vontade e o amor é perfeitamente inocente. Pensemos sobre isso. Para resolver tal problema, diversos autores da história de Tristão estabeleceram que a poção do amor atuaria durante dois ou três anos e que depois, cessada a sua ação, começaria o pecado.

O casal bebe, pois, a poção, e aí está a situação a que me referi anteriormente: eles bebem a própria morte. Eis uma afirmação heroica na Idade Média: "Eu aceito o fogo do inferno por isso, e não será o inferno se eu estiver ardendo de amor por Isolda." É o que diz. A maior vilania nesta história é que, não suportando a ideia de ficar com Marcos, Isolda convence Brangaene a tomar o lugar dela na cama, na noite de núpcias. Brangaene desempenha o seu papel e Marcos julga que ela é Isolda. O que o torna duplamente desqualificado. É uma desatenção a pormenores que simplesmente o elimina.

Tristão e Isolda têm, portanto, o seu caso amoroso e o rei Marcos acaba percebendo. Os dois mereceriam a morte, mas ele não pode suportar essa ideia. Ele os ama. É um homem de nobres sentimentos. E é uma maneira belíssima de lidar com o problema; ele diz apenas: "Desapareçam de minha vista. Saiam daqui." E eles vão para a floresta.

O que vem a seguir é a narrativa dos anos passados por Tristão e Isolda na floresta. Os dois chegam a uma caverna escavada pelos gigantes de eras pré-cristãs (voltamos aos velhos tempos célticos e germânicos), sobre cuja entrada existe uma inscrição: "Uma Capela para Amantes." Eles entram e toda a capela é simbólica. Cada detalhe tem um significado simbólico: castidade, lealdade, pureza, etc. Evidentemente, neste contexto, todos esses termos têm novos significados. Onde deveria estar o altar, há um leito de cristal, e nesse altar o sacramento é o sexo. É o que pretendiam dizer Gottfried von Strassburg e o povo medieval. O sacramento do amor é a relação sexual. Que é um sacramento.

Ei-los, pois, na cama; tudo é muito bonito, e logo acima deles há uma abertura no teto pela qual a luz penetra. Um belo dia ouvem nos bosques o som de trompas de caça, as trompas de caça do rei Marcos. Tristão reflete: "Se o rei Marcos se aproximar, olhar pelas aberturas e nos vir dormindo juntos, há de ser muito ruim." Que faz então? Coloca a espada entre ele e Isolda. Percebem o sentido desse gesto? A honra contra o amor? Tal foi o pecado de Tristão: colocar a espada entre eles.

Quando Marcos olhou para baixo, viu os dois com a espada de permeio e disse: "Oh, eu os interpretei mal!" Convida-os, pois, a voltarem à corte, o que supostamente haveria de por fim ao caso. Mas, evidentemente, eles persistem, são novamente apanhados e dessa vez não há desculpa. Tristão é mandado para a Bretanha, mas antes que ele parta Isolda terá de se submeter a uma prova, que pode ter sido uma verdadeira ordália medieval. Terá de jurar que não se deitou com homem algum, a não ser com o marido. Depois de fazer esse juramento, ela deve tomar na mão uma barra de ferro incandescente. Se a mão não se queimar, estará vingada e livre da acusação.

Quando se encaminhava para esse julgamento, Isolda teve de atravessar um rio num bote. Tendo-se disfarçado, Tristão tomou o lugar do barqueiro, É ele, portanto, o condutor que a transporta pelo rio; quando a ergue para tirá-la do barco, dá um jeito de tropeçar e cair em cima dela.

Ela então vai para o julgamento e diz: "Não me deitei com homem algum a não ser com meu marido e com o barqueiro que caiu em cima de mim," Ela não mentiu, e a barra de ferro não lhe queima a mão. Gottfried declara: "Como veem, Cristo é como um cata-vento; ele gira para onde o vento sopra." Talvez seja por isso que Gottfried não concluiu o livro. Não se sabe como ele morreu, mas naquele tempo se queimava gente por afirmações desse tipo.

Seja como for, Tristão vai para a Bretanha e tem início a última parte da história. Na Bretanha, ele ouve falar de uma jovem senhora cujo nome é Isolda. É conhecida como Isolda das Brancas Mãos. E o tipo de coisa que acontece nos romances medievais: ele se apaixona pela dama, a coitada da Isolda das Brancas Mãos. Mas, visto não ser ela *a* Isolda, ele não consegue ter relação sexual com ela, não consegue se forçar a realizar o ato.

E assim lá vai ela, um dia, cavalgando em companhia do irmão, quando o cavalo pisa numa poça e a água espirra e molha sua coxa; ela diz então ao irmão: "Esse cavalo é mais atrevido que Tristão." E o irmão pergunta: "Como assim?" Ela explica e, resmungando, ele vai procurar Tristão. Mas, quando Tristão lhe fala de seu amor por outra Isolda, ele compreende tudo.

Tristão entra então numa batalha e é ferido de morte. A única pessoa capaz de curá-lo seria sua amada Isolda; por isso ele incumbe o irmão de sua esposa de ir buscá-la para ele. Os dois fazem um trato: se Isolda concordar em vir, o barco terá uma vela branca; se ela recusar, a vela será negra. Ele está, portanto, morrendo nos braços da esposa; o barco se aproxima e ela lhe diz que a vela é negra (na verdade, ela é branca) e ele morre. Eis a história de Tristão. Por ela perpassam ecos de Teseu e do Minotauro.

A situação que se propõe é, portanto, a do amor contraposto ao casamento; poderíamos designá-la como a da contracultura *versus* cultura. Na Europa medieval, os casamentos eram habitualmente arranjados pelas famílias; a aristocracia considerava esses arranjos intoleráveis, o que motivou a celebração dos temas de amor. Como conciliar tais coisas?

Pretendo apresentar agora a resposta do Graal, que é, em minha opinião, uma das mais importantes histórias medievais. Considero o *Parsifal* de Wolfram von Eschenbach a história máxima da Idade Média. Eu o colocaria acima da *Divina Comédia* de Dante, pois Dante termina no céu, enquanto Gottfried termina na terra, e a questão é resolvida aqui, agora, na carne, e de maneira magnífica.

... cnura tenue le faint gaaal couvert
dun blanc same, mais il ny ot oncques
cellui qui peust veoir qui le portoit. Si vint
par mi le grant huys du palais.

Et maintenant quil y fut entrez,
fu le palais remplis de si bonne
odeur que si toutes les espices
du monde y feussent entrees et espandues
et il ala tout entour le palais dune part
et dautre et tout ainsi comme il passoit p[ar]
devant les tables estoient tout mainten[ant]

13

Em busca do Santo Graal: a lenda de Parsifal

Qual a fonte da história do Graal, de onde vem ela? Chrétien de Troyes afirma ter colhido essa lenda num livro que lhe fora dado pelo conde Filipe de Flandres, amigo de sua protetora Maria de Champagne. Desconhecemos a origem desse livro que é, entretanto, a fonte mais antiga da história do Graal.

Chrétien limitou-se a versificar a história em francês antigo. Era um versejador tão habilidoso que um sábio alemão o declarou capaz de extrair estrofes da manga da camisa, como um mágico. Seus versos fluem harmoniosos, mas ele jamais terminou sua versão da história, Chrétien era clérigo e é possível que, à medida que prosseguia a narrativa, não lhe agradasse a feição que ela ia assumindo. A história teve prosseguimento graças aos chamados continuadores de Chrétien, Alguns eruditos identificam três autores, enquanto para outros eles teriam sido cinco. Mas na verdade eles não continuaram a história. Acrescentaram muitos outros elementos célticos, referentes em grande parte a Gawain, e um conjunto de aventuras inteiramente diversas.

Referi-me anteriormente aos dois cistercienses que escreveram a história do ponto de vista monástico. Não sabemos como eles se chamavam. Houve primeiro a *Queste del Saint Graal*, e depois a *Estoire del Saint Graal*. Seguiram a linha adotada por um homem chamado Robert de Boron, que também interpretara essa história em termos dos recipientes da paixão de Cristo. Tais são, pois, as versões eclesiásticas do Graal. O heroi Galahad é designado como Galehaut, nome que se supõe derivar do hebraico e que significa "cheio de sabedoria". Seu cunho é nitidamente eclesiástico.

Uma das coisas que ressaltam na história é a desqualificação da maioria dos cavaleiros devido ao seu caráter secular. Os únicos que venceram todas as provas foram *sir* Bors e *sir* Galahad. O pobre Lancelot chegou bem perto do Graal. Chegando ao castelo, ele se aproximou de uma sala onde um velho sacerdote celebrava a missa. Ao elevar a hóstia, o sacerdote quase caiu, pois ela se havia transformado no corpo do jovem Cristo. Era um peso maior do que ele poderia sustentar. Condoído, Lancelot se dispunha a entrar na sala para ajudar o sacerdote, mas foi derrubado, pois não merecia estar presente. Por quê? Por causa de seu amor por Guinevere. Para obter o perdão por um pecado, é preciso que haja uma verdadeira contrição. Ele não sentia nenhuma contrição, nenhum arrependimento de seu amor por ela. Isso é muito bonito. Para um monge, alcançar semelhante percepção é altamente elogiável.

A história, entretanto, foi inteiramente desenvolvida por Wolfram von Eschenbach, um cavaleiro bávaro. Ele compreendeu muito melhor que Gottfried, melhor do que os monges, qual era o espírito cavalheiresco. E assim apresenta o herói – Perceval, Parsifal, Parzival – como ideal do cavaleiro do século XII.

Wolfram afirma que Gottfried não compreendeu a história. "Minha fonte", diz ele, "é o poeta Kyot." Não sabemos quem era esse poeta, mas se supõe que ele tenha estado na Espanha, onde ouvira a história narrada por um alquimista mouro. Vêm daí os temas alquímicos nela contidos. Em sua versão, o Graal é um recipiente de pedra, trazido do céu. O que se nota aí é uma imitação da Kaaba muçulmana, a pedra de Meca que veio do céu.

O Graal foi trazido do céu por anjos neutros. Eis aí a chave. Lúcifer, o mais orgulhoso dos anjos, foi convidado a inclinar-se perante o homem, tido como a suprema criação de Deus. Este dissera: "Inclinem-se somente perante mim." Mas agora ele altera as regras e diz: "Incline-se perante o homem." Lúcifer se recusa. Segundo a interpretação cristã, foi o orgulho que o impediu de se inclinar: Lúcifer não se inclinaria perante o homem. Segundo a interpretação muçulmana xiita, tal recusa se deve ao seu amor por Deus: Lúcifer não poderia se inclinar perante ninguém, somente perante Deus. De modo que Satã, que está no inferno, é o mais verdadeiro adorador de Deus. Afirma-se que o maior sofrimento do inferno não é o provocado pelo fogo nem pelos tormentos físicos, e sim pela perda para todo o sempre da visão do amado, que é Deus. E qual é o sustentáculo de Satã no inferno? A lembrança da voz do seu amado quando este lhe ordenou: "Vai-te." Tal é a versão xiita da queda de Lúcifer.

Como quer que seja, houve essa guerra no céu e alguns anjos ficaram do lado de Deus, enquanto outros ficaram com Lúcifer: o par de opostos. O mistério metafísico consiste em ultrapassar os opostos. Sempre que encontramos essa oposição do bem e do mal, estamos simplesmente no campo da ética. Adão e Eva foram expulsos do Paraíso quando descobriram a diferença entre o bem e o mal. A Natureza não conhece nada disso. Os anjos neutros não estavam nem do lado de Deus nem do lado de Lúcifer; Wolfram interpreta o nome de Parzival como *perce à val*, aquele que segue pelo meio do vale, passando entre os pares de opostos. O que é uma heresia. Estamos no campo da tradição gnóstica.

Wolfram inicia seu romance com uma longa estrofe na qual alerta para o fato de o preto e o branco serem qualidades inerentes a toda ação. Em todo ato existe tanto o bem como o mal. Que fazer, então, quanto ao modo de viver? E ele responde: como tudo o que se faz tem dois efeitos, a única solução é inclinar-se para o lado do bem.

Após esta abertura, Wolfram volta a Chrétien e começa a nos falar de Gamuret, o pai de Parsifal. Cavaleiro cristão, ele era também um aventureiro que foi à Terra Santa, onde se colocou a serviço do califa de Bagdá. O que Wolfram está dizendo agora é que a virtude não está confinada no mundo cristão, a despeito do conflito entre as duas tradições, a muçulmana e a cristã.

Gamuret, cavaleiro do califa, chega a um castelo que está sendo sitiado por dois exércitos, um muçulmano e um cristão. Ele se coloca a serviço da rainha daquele castelo, conhecida como Rainha Negra de Zazamanc. É uma rainha turca e personagem histórica real. Era no tempo das cruzadas, quando chegava à Europa todo tipo de narrativas de aventuras orientais; falava-se em templos orientais, em maravilhas orientais.

Foi também por essa época que o Islã conquistou a Índia. Tal conquista, iniciada em 1001 d.C., prosseguiu até cerca de 1550. Havia, portanto, narrativas de muçulmanos que lutavam em duas frentes: na Índia e nos países cristãos europeus.

Wolfram situa a sua cena no universo dos campos de batalha medievais; não é nenhum reino de fadas, como os que vemos em outros romances arturianos, mas, pelo contrário, um universo comum. Muitos de seus personagens foram identificados. O nome da Rainha Negra de Zazamanc é Belak, termo que, transposto para uma língua oriental, é "Belakane", que significa ter sido ela a viúva de um guerreiro chamado Belak, morto na batalha de Alepo. São personagens históricos reais. Gamuret, a serviço da Rainha Negra de Zazamanc, suspende o sítio. Torna-se assim seu herói, seu cavaleiro, e se casa com ela. É agora o rei de Zazamanc, e ela não quer que ele volte a lutar e se faça matar, de modo que o proíbe de ir guerrear. Para ele, viver é lutar; por isso, depois de gerar um filho na Rainha Negra de Zazamanc, ele parte sem se despedir.

E volta à Bretanha, onde Herzeloyde, uma jovem rainha solteira, decidira organizar um torneio. Quem o vencesse a receberia como prêmio. Realiza-se, então, o torneio e, evidentemente, quem vence é o rei de Zazamanc, isto é, Gamuret, que se casa com Herzeloyde. Ele a engravida, volta ao serviço do califa de Bagdá, envolve-se noutra luta e é morto. Há, portanto, duas viúvas desse grande guerreiro, uma no Oriente e outra na Bretanha.

A Rainha Negra de Zazamanc dá à luz um menino que é metade negro e metade branco. Seu nome é Feirefiz, que significa *fils*, o filho de várias culturas, de várias cores. É um jovem belo e nobre.

Enquanto isso, Herzeloyde está enfarada das justas cavalheirescas e de todas aquelas lutas. Não deseja que seu filho (ela sabe que vai ter um menino) se envolva naquilo. Vai, portanto, para o campo. Recolhe-se numa fazendola e não quer saber do que se passa na corte. Nasce um belo menino, dotado de coração tão nobre quanto o do pai; vale dizer, era por natureza um cavaleiro. Desconhecia tudo o que pudesse dizer respeito aos cavaleiros, mas aprendeu a fazer dardos. Certo dia, avistou uma ave e impulsivamente a matou. Ao perceber o que tinha feito, ele chorou. Desconhecia o alcance de seus atos. Quando tinha cerca de 15 anos – é um rapaz loiro, inexperiente e tosco – e passeava pelos campos, passou por ele um cavaleiro que cavalgava com uma jovem e ele ficou estarrecido. Em seguida vieram outros três cavaleiros, que lhe perguntaram: "Viu passar por aqui um homem com uma dama?" Ele se ajoelhou. Julgou que fossem anjos. Sua mãe não lhe falava de cavaleiros, e sim de um Deus, de anjos e coisas tais. Era tudo o que ele conhecia, de modo que caiu de joelhos. Um dos cavaleiros lhe disse: "Levante-se, ninguém se ajoelha diante de cavaleiros."

243

"Cavaleiros? O que são cavaleiros?"

"Bem, nós somos cavaleiros."

"Como é que se faz para ser cavaleiro?"

"É preciso ir para a corte de Artur."

"Onde é a corte de Artur?"

"No fim do caminho."

Ele volta à mãe e declara: "Quero ser um cavaleiro." Ela desmaia. Depois de recobrar os sentidos, ela diz consigo mesma: "darei um jeito." Prepara para ele um ridículo traje de pano grosseiro, uma espécie de saco de estopa que quase lhe chega às panturrilhas, conferindo-lhe a aparência de um tolo. Mas que rapaz ele era! Monta no cavalo da fazenda, levando ao ombro a aljava cheia de dardos, e parte sacolejando. Ela corre atrás dele, mas, quando ele desaparece numa curva, ela cai morta. Matar a própria mãe não é uma boa maneira de começar a vida; mais uma vez, porém, ele não sabia o que tinha feito.

Estava Parsifal chegando à corte de Artur quando se aproximou dele um cavaleiro envergando flamejante armadura vermelha e trazendo um cálice dourado. Era um rei, um dos mais poderosos reis do mundo, convencido de que o rei Artur havia roubado alguma propriedade sua. Desafiou, portanto, o rei Artur entrando a cavalo em sua corte e se encaminhou diretamente para a mesa à qual estavam sentados Artur, com Guinevere ao lado, e seus cavaleiros. Tomando das mãos de Guinevere o copo de vinho, ele atirou o líquido no rosto dela, dizendo: "Aquele que quiser vingar esta afronta espere-me lá fora, no pátio." Nesse instante vem chegando o labrego, que pensa: "Ah, hei de ser o campeão!" E fica lá fora para matar o rei.

Ao ver se aproximar aquele fenômeno montado num rocim e metido num traje ridículo, ele sequer insultou sua lança usando-a adequadamente. Pegou-a pela outra extremidade e contentou-se em desmontar Parsifal com um único golpe. Parsifal e seu cavalo foram derrubados. Parsifal apanhou um dardo na aljava e o arremessou contra o visor do cavaleiro, atingindo-o no olho, matando-o. Esta não é a maneira mais adequada de se matar um cavaleiro, e por isso a corte de Artur está agora duplamente envergonhada.

Entretanto, tendo percebido que alguma coisa estava acontecendo, Artur enviara um jovem pajem para ver o que se passava no pátio. O pajem encontrou Parsifal arrastando o Cavaleiro Vermelho, tentando retirar-lhe a armadura, mas sem saber como o fazer. O pajem o ajuda, fá-lo vestir a armadura e Parsifal monta no ginete do rei. Ele sabe fazer o animal andar, mas não o sabe deter. Ei-lo, pois, a galope.

O cavalo galopa o dia inteiro e, ao entardecer, se detém junto a um pequeno castelo rural. É o castelo de Gurnemanz, um velho cavaleiro cujos três filhos haviam sido mortos em torneios e que tinha uma filha muito jovem e solitária. E eis que para ali aquele cavaleiro vermelho. Pelo que sabem, aquele só pode ser o Cavaleiro Vermelho, o grande rei. Convidam-no a entrar. Tiram-lhe a armadura e se deparam com aquele rapaz ridículo. Foi um choque! Gurnemanz, entretanto, sabe avaliar os homens e percebe que se trata de um rapaz valoroso, E também, pensa ele, pode ser um candidato à mão de minha filha. De modo que Gurnemanz passa a ensinar a Parsifal as artes dos cavaleiros: o manejo das armas e o código de honra. Uma das regras impostas por esse código é que jamais se façam perguntas desnecessárias.

No romance, esse período é encantador, idílico. O velho, finalmente, oferece a filha a Parsifal. É uma típica situação antiga, mas, como já ficou dito, é o problema da Terra Devastada, das pessoas que vivem uma existência inautêntica, que não vivem a própria vida, e sim aquela que lhes é imposta pela sociedade. Parsifal reflete: "Não me casarei com uma mulher que me é dada; hei de conquistar minha esposa." É o início da união do casamento com o amor, a primeira reação à ruptura dessas duas coisas. Segue-se uma bela cena na qual Parsifal se despede do velho e parte.

Parsifal dá rédeas soltas ao cavalo. Nessa tradição, o cavalo representava a vontade em estado natural, enquanto as rédeas simbolizavam o controle racional. Aqui, quem nos conduz é a natureza. Comparemos essa tradição com a tradição cristã, proveniente do Oriente Próximo, na qual a natureza tanto pode ser boa como má, mas na qual devemos ser bons; uma tradição que não nos diz: "Ceda à natureza," e sim: "Corrija a natureza." Wolfram diz: "Ceda." E a natureza daquele cavalo leva Parsifal a um castelo.

É o castelo de uma jovem rainha órfã que tem a mesma idade que ele. Seu nome é Condwiramurs – *conduire amours* –, o guia do amor. No castelo reinava grande aflição. Ele entra, e quando lhe retiram a armadura, a primeira coisa que sempre se fazia, então, era retirar a armadura de um

245

cavaleiro, verifica-se que ele está coberto de ferrugem porque a armadura está toda enferrujada. Dão-lhe um banho e uma roupa macia. Portanto, ele é recebido, banhado e vestido com roupas macias. Oferecem-lhe também uma cama para dormir.

Parsifal acorda no meio da noite. Há alguém ajoelhado à beira da cama, chorando. É a rainhazinha. "Oh!", exclama ele, lembrando-se de que sua mãe lhe recomendara só ajoelhar-se diante de Deus. "Se quiser esta cama, eu poderei dormir ali." Ela retruca: "Se você prometer não lutar comigo, eu me deitarei e lhe contarei a minha história." Conta Wolfram que ela estava vestida para a guerra: usava uma camisola transparente. Ela se deita e diz: "Vou contar-lhe o que está acontecendo. O rei está aqui. Ele mandou seus cavaleiros tomarem o meu castelo." Sempre a mesma velha história medieval. "Ele pretende juntar minhas terras às dele e casar comigo para confirmar a apropriação." E acrescentou: "Não me casarei com ele. Prefiro atirar-me no fosso do alto de minha torre. Você viu quão alta é a minha torre e quão profundo é o meu fosso." "Bem", diz Parsifal, "quem comanda o exército dele?" Ela lhe diz o nome desse grande cavaleiro e ele declara: "Bem, hei de matá-lo pela manhã." Ela responde: "Que bom!" E ele adormece.

De manhã, a ponte levadiça é baixada e por ela avança o Cavaleiro Vermelho; pouco depois Parsifal lança por terra o chefe das forças invasoras. Arranca-lhe o elmo e está prestes a cortar-lhe a cabeça quando o cavaleiro diz: "Rendo-me; pode tomar-me ao seu serviço." Bem, ele aprendera a lição, e então ordena: "Vá à corte de Artur e diga-lhe que Parsifal o enviou." Nos meses seguintes chegam à corte de Artur muitas pessoas dizendo: "O cavaleiro chamado Parsifal me enviou." E Artur declara: "Parece que perdemos um cavaleiro de valor." E a corte sai à procura de Parsifal.

De regresso ao castelo, Parsifal encontra Condwiramurs, que penteara os cabelos para cima, à maneira das mulheres casadas. Estão casados. É o casamento por amor, o amor do intelecto, do caráter, o amor superior, e eles vão para a cama. Sendo ambos ignorantes das práticas amorosas, limitam-se a ficar ali deitados. E Wolfram diz: "Poucas damas, hoje em dia, ficariam satisfeitas com uma noite assim." Houve, então, uma segunda noite e depois uma terceira, quando então Parsifal refletiu: "Ah, sim, minha mãe me contou!" E Wolfram relata: "Se me perdoarem pelo que lhes vou contar, direi que eles entrelaçaram braços e pernas pensando: 'Eis o que deveríamos estar fazendo o tempo todo'; e assim se consumou o casamento." Sem sacerdotes. Resposta: o casamento é a confirmação do amor, e o amor sexual é a santificação do casamento. É a união dos dois termos.

Foi a primeira vez que isso ocorreu, e constitui realmente o ideal do casamento em nosso mundo contemporâneo: o casamento por amor. É o tipo mais difícil de casamento, pois se baseia inteiramente na relação de uma pessoa com outra, e não numa função qualquer.

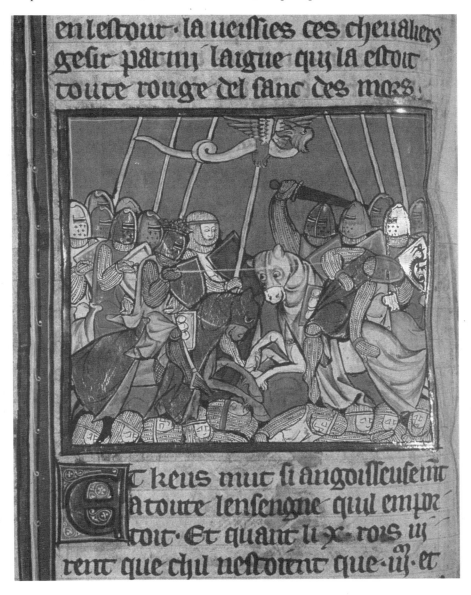

O que se deve salientar aqui é que não foi um casamento iniciado com o ato físico do sexo: eles se casaram quando ela penteou os cabelos para cima. Wolfram afirma que esse casamento começa pelo espírito e se consuma na carne.

Eles tiveram um filhinho e ela está novamente grávida quando Parsifal pensa: "Que estará acontecendo com minha mãe?" Bem, a mãe havia morrido mas ele não sabe. Passaram-se dois anos. Ele é um dos grandes cavaleiros. Conseguiu realizar-se no mundo e está pronto para a aventura espiritual. Não se traía de ser um cavaleiro monacal, de um Galahad, nem de considerar o espírito como realização vital, nem de trocar a vida por uma coisa qualquer. Ele pede permissão para voltar à sua casa para ver a mãe, e a rainha lhe dá essa permissão.

Lá vai ele, portanto. As rédeas estão novamente soltas sobre o pescoço do cavalo e naquela tarde ele se detém junto a um lago. Ao longe, vê-se um barco e nele estão dois homens pescando; um deles ostenta penas de pavão no gorro. É o rei do Graal, que nesta história simboliza todo o problema da Terra Devastada. O rei do Graal não conquistou sua posição: herdou-a. Certo dia, quando era um belo jovem, saiu do palácio em seu cavalo, lançando o grito de guerra "Amors."

Isso fica bem num belo jovem, mas não é um intento próprio do guardião do Graal, símbolo da suprema realização espiritual. Ele cavalgou, poder-se-ia dizer, no nível de Chakra 2, e não de Chakra 6. E assim ele cavalgou até uma floresta, de onde saiu um cavaleiro pagão vindo da Terra Santa, das vizinhanças do Santo Sepulcro. Os dois cavaleiros assestaram suas lanças e galoparam um contra o outro. A lança do rei do Graal matou o cavaleiro pagão e a lança deste castrou o rei; a ponta da lança se quebrou e permaneceu na ferida.

Que nos está dizendo Wolfram? Está dizendo que o ideal espiritual da Idade Média, que estabelecia uma distinção entre a graça sobrenatural e a natural, tinha castrado a Europa. A graça natural – o movimento do cavalo – não é permitida, não é ela que determina a vida. O que determina a vida é a graça sobrenatural, essa concepção de alguma coisa espiritual que nos vem por intermédio dos cardeais da Igreja, que dizem o que é bom e o que é mau. A natureza foi morta na Europa. Matou-se a energia da natureza: tal é a lição de Wolfram, e ele o declara. A morte daquele cavaleiro pagão simboliza isso, e sua consequência é a impotência espiritual do rei do Graal.

Sofrendo dores terríveis, o rei do Graal volta para a corte. Quando a ponta da lança é retirada da ferida, nela se vê escrita a palavra *Graal*. O que significa: a natureza tende naturalmente para o espírito, enquanto ele, o senhor do espírito, rejeitara a natureza. A Terra Devastada. Como será curada a Terra Devastada? A resposta é: por intermédio do ato espontâneo de um coração nobre, cujo impulso não esteja voltado para o ego, e sim para o amor; não no sentido de amor sexual, e sim da compaixão. Tal é o problema do Graal.

Parsifal, à beira do lago, diz: "Está ficando tarde. Haverá por aqui algum lugar onde se possa passar a noite?" Quem responde é o próprio rei: "Depois daquela curva você verá um castelo; chame e eles baixarão a ponte levadiça. Se você entrar, não se perca, muitas pessoas se perdem ali. Vê-lo-ei esta noite. Serei seu anfitrião." Tudo fica resolvido. Ele chega ao castelo e é recebido com grandes esperanças.

O interessante em relação aos encantamentos é que as pessoas sob seu efeito sabem como suspendê-lo, mas não o podem fazer. A pessoa que deverá suspendê-lo não sabe como deverá proceder, mas, se agir espontaneamente, fará exatamente o que precisa ser feito. Assim, os habitantes do castelo sabem que há de vir um cavaleiro que, pelo ato adequado, suspenderá o encantamento. E pensam: "Aí está ele, esse belo rapaz."

Naquela noite, houve uma grande festa no vasto salão, simbolicamente descrito, em termos belíssimos, por Wolfram, durante a qual o rei foi trazido numa liteira. Ele não consegue ficar em pé, nem se sentar, nem deitar. T. S. Eliot foi buscar diretamente em Wolfram von Eschenbach a seguinte frase que utilizou em *The Waste Land;* "Aqui não se pode sentar, nem ficar em pé, nem deitar". Parsifal – e eis o ponto crucial, o momento crítico da história, cheio de compaixão, faz menção de perguntar "Que é que o faz sofrer, tio?" Mas logo se recorda: "Um cavaleiro não faz perguntas." E assim, em nome de sua imagem social, ele dá continuidade ao princípio que rege a Terra Devastada, segundo o qual devemos agir de acordo com o que nos foi ensinado, e não segundo a espontaneidade de um coração nobre.

A aventura falha. O rei se mostra muito cordial e educado. Todos sabem o que aconteceu, menos Parsifal. O rei, na qualidade de anfitrião, oferece ao hóspede um presente, uma espada. É uma espada que se quebrará num momento crítico, tal como ele havia falhado num momento crítico.

Conduzido ao seu quatro, Parsifal é colocado gentilmente na cama e quando acorda, de manhã, não há vivalma no castelo; o lugar está completamente silencioso. Ele olha pela janela; lá está o seu cavalo, com a lança e o escudo. Ele não sabe o que aconteceu. Desce, monta no cavalo e, quando vai atravessando a ponte, esta é erguida um pouco antes da hora e prende as patas traseiras do animal. Uma voz grita: "Prossiga, seu tolo." Esta frase se encontra no *Parsifal* de Wagner.

Parsifal passa os cinco anos seguintes tentando voltar àquele castelo. Cavalga por ali sem saber onde está, o que está fazendo, com pessoas a amaldiçoá-lo. Entrementes, a corte de Artur está à sua procura. Certa manhã, no começo do inverno, estava ele a cavalgar em busca do castelo, sem o conseguir encontrar. Embora ele e o castelo estivessem exatamente ali, Parsifal não o podia ver. Avista sangue vermelho e penas negras sobre a brancura da neve num lugar em que um falcão atacara um ganso. Isso o faz pensar em Condwiramurs, em seus lábios vermelhos, sua pele branca, seus cabelos negros. Está fascinado, num transe amoroso.

Nesse meio tempo chega a corte de Artur, com seus pavilhões e suas tendas. Um jovem pajem divisa ao longe aquele cavaleiro montado no seu cavalo, olhando para a neve. Ele alerta a corte, e *sir* Segramors, um jovem e impetuoso cavaleiro, precipita-se para a tenda de Artur, arranca as cobertas de Artur e Guinevere, que estão completamente nus, e pede para ser o primeiro a ir atacar o cavaleiro desconhecido. Rindo, os dois consentem e ele parte ao encontro do fascinado Parsifal, cujo cavalo, aquele cavalo maravilhoso, simplesmente se vira de tal forma que a lança de Parsifal manda Segramors pelos ares. Eles então enviam *sir* Keie, o mais desajeitado do grupo de Artur, o qual também é derrubado e acaba com um braço e uma perna quebrados. Enviam então *sir* Gawain, que vai desarmado. Gawain tem seus 36 anos, e é homem experiente. É conhecido como o cavaleiro da dama. Vendo Parsifal ali parado, absorto, diz com seus botões: "Isso é um transe amoroso." Arremessa então o seu grande lenço amarelo de modo que ele caia sobre as marcas na neve. Quebra-se o transe de Parsifal, os dois conversam amistosamente e Gawain o convida a ir à corte de Artur.

Leva, pois, Parsifal à corte de Artur. Todos o saúdam alegremente e organiza-se um piquenique. Uma grande toalha redonda feita de seda oriental é estendida no campo florido e todos se sentam em derredor – cavaleiro, dama; cavaleiro, dama – aguardando a aventura que deverá preceder a refeição. E então, no horizonte, eles avistam uma espécie de mula rosada e alta, cavalgada por uma dama cujo rosto lembra o de um javali e cujas mãos são quase tão bonitas quanto as de um macaco; ela traz um chapéu muito em voga, de estilo londrino. É a mensageira do Graal. Ela cavalga diretamente até Artur e diz: "Você está para sempre desgraçado, por ter recebido em sua corte este monstro tolo." Em seguida dirige-se a Parsifal e diz: "Apesar da beleza de seu rosto, você é mais feio que eu." Conta então o que ele fizera e acrescenta: "A maldição de Deus caiu sobre você." E, virando-se para os presentes, ela declara: "Vou sugerir outra aventura. Há um castelo onde estão quatrocentos cavaleiros e quatrocentas damas, e todos estão encantados. Quem irá desencantá-los?"

Vários cavaleiros se dispõem a embarcar nessa aventura e, ao sair, Gawain diz ao envergonhado Parsifal: "Entrego-o à bondade de Deus." Parsifal retruca: "Eu odeio Deus. Nada tenho a ver com Deus. Pensei que o estava servindo. Pensei que agir segundo o que me foi ensinado era o procedimento sagrado. E veja o que ele fez comigo. Não quero saber de Deus." Parsifal então se afasta e prossegue em sua busca.

A certa altura ele chega a um eremitério e o eremita lhe diz: "Entre e venha jantar." Quando ele se senta, o eremita diz: "Vamos dar graças." Parsifal responde: "Eu não dou graças. Tenho ódio de Deus." O eremita, cujo nome é Trevrizent, retruca: "Você odeia Deus? Quem está louco aqui? Deus retribui com largueza o que você lhe dá. Dê-lhe amor e terá o Seu amor; dê-lhe ódio e terá o Seu ódio." É interessante essa ideia de que a relação com Deus é uma função nossa. Parsifal lhe fala de sua aventura e acrescenta: "Estou voltando àquele castelo." Trevrizent diz: "Não é possível. A aventura tem de ser feita espontaneamente, logo da primeira vez; não é possível voltar a ela." Parsifal insiste: "Pois hei de consegui-lo." E sai.

Bem, a história prossegue indefinidamente. Gawain salva, enfim, os 400 cavaleiros e as 400 damas e, nesse meio tempo, se apaixona. Trata-se de um rapaz que conhecera muitas mulheres e que finalmente é subjugado. Um dia, cavalgando colina acima, ele avista uma mulher sentada junto ao seu cavalo e se apaixona. Ele desce do cavalo e diz à moça: "Sou o seu servo." "Ora", diz ela, "não seja tolo. Eu não aceito as coisas dessa maneira."

Mas ele insiste: "Quer aceite, quer não, sou o seu servo." Ela responde: "Eu o farei passar por maus bocados." E ele: "Você estará apenas maltratando o que lhe pertence." E foi o que ela fez – é uma história turbulenta. Gawain, contudo, manteve-se fiel ao seu compromisso.

Em tudo isso, a grande virtude é a lealdade, a fidelidade: fidelidade no amor, no casamento. E a virtude maior neste caso cavalheiresco. Gawain resolve todos os problemas daquela mulher realmente maluca e eles vão se casar. A corte de Artur, assim como os 400 homens e as 400 mulheres do castelo desencantado por Gawain, estão reunidos para aquela grande festa quando um cavaleiro solitário se aproxima, atravessando a planície. Gawain e o estranho investem um contra o outro, derrubam-se reciprocamente das selas e só então descobrem quem são. O intruso, evidentemente, é Parsifal, que então é convidado: "Estamos nos divertindo à grande no casamento de *sir* Gawain; junte-se a nós." Como diz Wolfram: "Havia amor e alegria nos pavilhões."

Vendo, porém, o que se passava, Parsifal sente-se incapaz de ficar, pois seu coração é fiel a Condwiramurs, de modo que por amor a ela abandona a maior festa jamais vista na Idade Média e vai embora. Ao sair da escura floresta, ele se depara com um cavaleiro pagão que cavalga em sua direção; é a repetição da velha história. Os cavaleiros arremetem um contra o outro, derrubam-se mutuamente, enfrentam-se com suas espadas; a espada de Parsifal se quebra ao bater no elmo do cavaleiro pagão, que atira para longe a própria arma, dizendo: "Não luto com um homem desarmado. Vamos nos sentar." Os dois se sentam e tiram os elmos. O cavaleiro pagão é branco e preto. É Feirefiz, irmão de Parsifal. E assim eles se põem a conversar sobre o pai.

Parsifal diz: "Perto daqui está havendo uma grande festa; talvez você goste." Os dois voltam, pois, para a festa e Wolfíam nos conta que as damas se sentiram particularmente encantadas pela beleza de Feirefiz, provavelmente devido à sua curiosa aparência.

E eis que surge no horizonte, montada numa mula alta e rosada, a dama do chapéu em estilo londrino e rosto de javali; ela se dirige a Parsifal e lhe diz: "Vá para o castelo do Graal. Graças à sua lealdade você concluiu a aventura, E leve seu amigo." Isso é importante. Muito poucos cristãos conseguiam ir ao castelo do Graal, e eis que a mensageira deste convida um pagão, um muçulmano. O que importa é a estatura espiritual, e não o fato de ser ou não batizado, circuncidado ou não.

Os dois vão, pois, ao castelo, onde acontece a aventura cerimonial. Entra a Donzela do Graal. É interessante lembrar que os membros do clero daquela época eram tão imorais que o próprio papa Inocêncio III os qualificou de porcos. Santo Agostinho, no século V, desculpara implicitamente essa imoralidade quando, ao responder à declaração herética dos donatistas que contestavam a validade dos sacramentos ministrados por clérigos imorais, declarou: "Não, o sacramento é incorruptível e isso não importa." A moralidade do clero, portanto, não tinha importância, e o resultado foi o que se viu durante os séculos XII e XIII.

O castelo do Graal, entretanto, não é uma igreja, e o Graal é conduzido por uma virgem, a Donzela do Graal. Ela *é* realmente uma virgem. Essas pessoas são de fato o que se diz serem, sem nenhuma falsidade. A Donzela do Graal é uma bela jovem e aquele muçulmano entende de mulheres; os convivas não tardam a perceber que ele não vê o Graal, mas apenas a moça. Começam então a murmurar e a achar que ele deveria ser batizado. Quando cheguei pela primeira vez a esta parte da história, fiquei ansioso, na expectativa de que Wolfram não me frustrasse. E ele não me frustrou.

Aparece um velho sacerdote trazendo uma pia batismal vazia, feita de rubi, e Wolfram informa que se trata de um velho sacerdote que convertera e batizara muitos gentios. A pia batismal é virada na direção do Graal e se enche com a água ali contida. O nome do Graal é *Lapis exilis,* o nome da pedra filosofal. Portanto, o pagão está sendo batizado com essa água do Graal, mas então ele diz: "Que é isso? Que está acontecendo? Que é que vocês estão fazendo?" E eles respondem: "Estamos fazendo de você um cristão." "Que significa isso?", pergunta ele. Ao que lhe respondem: "Significa que você abandona o seu Deus e aceita o nosso." E ele: "Vosso Deus é o Deus dela?" "Sim", respondem eles. E ele diz: "Eu sou um cristão."

Ei-lo, pois, batizado, e então não somente ele vê o Graal como sobre este aparece uma inscrição:

> Se, pela graça de Deus, algum membro desta comunidade se tornar o governante de um povo estrangeiro, façam-no velar para que eles tenham assegurados os seus direitos.

Creio ter sido esta a primeira vez, na história da civilização, em que se expressou tal pensamento. A Magna Carta foi outorgada em 1215, na Inglaterra, mas nesse caso eram os barões que exigiam do rei os seus direitos. A concepção aqui é a de um rei que governa, não em seu nome, mas em nome do seu povo. Encontramos em Wolfram, portanto, o casamento por amor, o amor confirmado no casamento pela fidelidade e o rei governando em nome do povo. É um tema grandioso, e isso no começo do século XIII.

Parsifal pergunta ao rei: "Que é que o faz sofrer?" O rei fica imediatamente curado e o próprio Parsifal torna-se rei do Graal, guardião dos mais altos valores espirituais: a compaixão e a lealdade. Chega sua bela esposa, que tem agora dois meninos,um dos quais é Lohengrin, e se segue uma bela cena de reunião.

Finalmente, Trevrizent – o eremita que dissera a Parsifal: "Você não o pode fazer", quando este lhe declarara que voltaria ao castelo – lhe diz: "Graças à firmeza do seu propósito, você mudou a lei de Deus." São palavras importantes. O deus que existe dentro de nós é quem faz as leis e quem as pode modificar. E ele está dentro de nós.

Créditos das Fotos

Fotos de Domínio Público:

pp. 6, 9, 10, 14, 14, 16, 22, 23, 27, 54, 59, 63, 76, 89, 94, 96, 97, 98, 108, 11, 121, 149, 152, 153, 158, 168, 169, 176, 177, 180, 187 e 213.

Capítulo 1:

p. 18: Musée de l'Homme.

p. 20: Cortesia, Department of Library Sciences, American Museum of Natural History.

p. 24: Depto. de Arte.

p. 25: Coleção particular. p. 26: Staatliches Museum, Berlim.

p. 28: © Kari Bluff.

p. 29: Speculum Hominum et Angelorum, William Butler Yeats, A Vision, 1956, Macmillan, Nova York.

Capítulo 2:

p. 35: H. Teiwes/Arizona State Museum, University of Arizona.

p. 37: Bruce Hueko/Wheelwright Museum of the American Indian.

p. 38 (ambas): Bruce Hueko/Wheelwright Museum of the American Indian.

pp. 40, 41, 42, 43, 44, 45, 47, 48: Maud Oake/E. C. Oberholtzer Foundation.

p. 49: Cortesia, Department of Library Sciences, American Museum of Natural History.

Capítulo 3:

p. 53: Çatal Hüyük, house VI.A30; James Meüaart, Çatal Hüyük: A Neolithic Town in Anatolia, 1967, McGraw-Hill Book Company, Nova York.

p. 56: Desenhado por Grace Huxtable; James Meüaart, Çatal Hüyük: A Neolithic Town in Anatolia, 1967, McGraw-Hill Book Company, Nova York.

p. 57: Marija Gimbutas, Goddesses and Gods of Old Europe, 7,000 to 3,500 B.C., 1982, University of California Press.

p. 58: Scala/Depto. de Arte/IIeraklion Museum.

p. 60: Scala/Depto. de Arte/Heraklion Museum.

p. 61 (em cima): Cortesia de Joseph Campbell. 61 (embaixo): Preservations Records Office, Columbia University, International NE Studies.

p. 64: The University Museum, University of Pennsylvania.

p. 65: Scala/Depto. de Arte/Bagdad Museum.

p. 66 (em cima): Cortesia dos Curadores do British Museum. p. 66 (embaixo): Iraq Museum, Bagdad.

p. 69: Giraudon/Depto. de Arte.

p. 70 (ambas): Cortesia dos Curadores do British Museum. 71: Giraudon/Depto. de Arte/Musée du Louvre.

Capítulo 4:

p. 75: Bildarchiv Foto Marburg/Depto. de Arte.

p. 76 (embaixo): The Brooklyn Museum, Museum Collection Fund.

p. 77 (direita): Egyptian Museum, Cairo. p. 77 (esquerda): Bildarchiv Foto Marburg/Depto. de Arte. p. 78: Editorial Photocolor Archives/Depto. de Arte.

p. 80 Giraudon/Depto. de Arte.

p. 82: Cortesia dos Curadores do British Museum.

p. 84: Bildarchiv Foto Marburg/Depto. de Arte.

p. 87: Editorial Photocolor Archives/Depto. de Arte.

Capítulo 5:

p. 102: NASA.

Capítulo 6:

p. 114: Giraudon/Depto. de Arte.

p. 118: Editorial Photocolor Archives/Depto. de Arte. Coleção particular.

Capítulo 7:

p. 131: Coleção particular.

p. 133: Coleção particular.

p. 134: Coleção particular.

p. 136: Coleção particular.

p. 138: Coleção particular.

p. 140: Giraudon/Depto. de Arte/Musée du Louvre.

p. 141: Cortesia de Joseph Campbell.

p. 142: Arthur Avalon, The Serpent Power, Two Works of Laya-Yoga, Ganesh & Co., Madras.

p.143: Coleção particular.

Capítulo 8:

p. 147: Musée Guimet.

p. 148: Cortesia de Ganesh & Co., Madras.

p. 150: Cortesia de Ganesh & Co., Madras.

p. 154: Cortesia de Ganesh & Co., Madras.

p. 156: Victoria and Albert Museum/ Depto. de Arte.

pp.159, 160, 161, 163 (ambos): Cortesia do Ganesh & Co., Madras.

Capítulo 9:

p. 172: Museum of Fine Arts, Boston, Doação de Denman Waldo Ross.

p. 174: Victoria and Albert Museum/Depto. de Arte.

p. 182: Walter Dräyer, Zurique/Collection of Blanche Christine OIschak, Cortesia de Shambhala Publications.

Capítulo 10:

p. 184: Jane Ellen, Prolegomena to the Study of Greek Religion, 1976, Ayer Co., Salem, N.H.

p. 186: Musées Royaux d'Art et d'Histoire, Bruxelas.

p. 189: Bildarchiv Foto Marburg/Depto. de Arte/National Museum, Atenas.

p. 190 (ambas): C. Kerényi, Eleusis: Archetypal Image of Mother and Daughter, Bollingen Series LXV, 4, 1967, Princeton University Press.

p. 192: Scala/Depto. de Arte/Museo Gregoriano Profano.

p. 193: Jane Ellen Harrison, Prolegomena to the Study of Greek Religion, 1976, Ayer Co., Salem, N.H.

p. 194: Cortesia de Joseph Campbell. p. 197: Practicum musica, Garfonius, 1493, in Edgar Wind, Pagan Mysteries in the Renaissance, W.W. Norton, Nova York.

p. 202: Robert Eisler, Orpheus the Fisher, desenhado por A. Becker e J.M. Watkins, Londres, 1921.

Capítulo 11:

p. 210: Ms. Royal 20 A.ll.Fol.3, Cortesia dos Curadores do British Museum.

p. 211: Depto. de Arte.

p. 214: Giraudon/Depto. de Arte. p. 215: The Danish National Museum.

p. 217: © Rebecca Bugge.

p. 218: Charles Musés, The Journal of Indo-European Studies, vol. 7, n°s 1-2, 1979.

p. 222: Shostal.

Capítulo 12:

p. 228: Bibliothèque Nationale, Paris.

p. 231: Ms. 805, Fol. 6 (detalhe), Pierpont Morgan Library, Nova York.

p. 235: Ms. Fr.122. F.1, 1344, Bibliothèque Nationale, Paris.

p. 238: Ms. Fr.112, Giraudon/Depto. de Arte.

Capítulo 13:

p. 242: Ms. Fr.343.F.4, Bibliothèque Nationale, Paris.

p. 247: Ms.Fr.95, Fr. 173, v.c. 1290, Bibliothèque Nationale, Paris.

p. 252 Giraudon/Depto. de Arte.

GRUPO EDITORIAL PENSAMENTO

O Grupo Editorial Pensamento é formado por quatro selos:
Pensamento, Cultrix, Seoman e Jangada.

Para saber mais sobre os títulos e autores do Grupo
visite o site: www.grupopensamento.com.br

Acompanhe também nossas redes sociais e fique por dentro dos próximos lançamentos, conteúdos exclusivos, eventos, promoções e sorteios.

editoracultrix
editorajangada
editoraseoman
grupoeditorialpensamento

Em caso de dúvidas, estamos prontos para ajudar:
atendimento@grupopensamento.com.br